자원고사성어

字源故事成語

荷潭 全圭鎬 著

明文堂

우리는 한국인이므로 우리의 고유언어인 한글을 사랑해야 하고, 더욱 발전시켜야 함에는 이론의 여지가 없겠다.

그러나 오천년(五千年)의 유구한 역사를 가진 우리 민족의 말 속에는 한문(漢文)으로 된 용어가 약 75%나 된다고 한다. 만약에 이렇도록 우리말과 함께 융화되어 있는 한자어를 외래어라고 해서 빼어낸다면 우리의 언어는 소통이 되지 않음은 물론 한갓 쓸모없는 쓰레기처럼 버림받는 언어가 될 것은 명약관화(明若觀火)하다.

본인(本人)이 강의하는 노원구 주부교양대학의 학생들은 모두가 한글 전용시대에 한글만 배운 학생들인데, 사회 생활을 하면서 한문의 필요성을 절실하게 인정하고, 늦었지만 배워야겠다는 의욕을 가진 30대 후반부터 60대까지의 만학생들이다. 이들의 욕구는 한자문맹에서의 탈피인데, 이러한 현상은 한글전용화 시대에 학생이었던 사람들의 보편적인 생각이라고 볼 수 있다.

다시는 국가의 어문정책에서 이러한 어리석음을 되풀이하여 국력의 막대한 소비를 막아야 한다.

요즘 학생들은, 「한자는 어려운 글이라고 생각하고 미리 겁부터 먹고 회피하는 것 같아서 필자(筆者)는 한자(漢字)는 쉽다」라는 생각으로, 가장 쉽게 배울 수 있는 방법을 연구하여 외람되게 자원식(字源式)으로 공부하면 쉬우면서도 재미있다는 것을 절실하게 느끼고 이 책을 쓰게 된 것인데 거기에다 「사자성어(四字成語)」를 첨부하여 일석이조(一石二鳥)의 효과를 거둘 수 있는 방법을 채택하였다. 또한 글자를 설명하면서 동양철학의 기본 요소들을 총 동원하였으므로 이 책으로 공부하면 동양철학적 사고를 가지게 되어서, 서양화 된 학생들의 사고를 바꿀 수 있는 계기가 되리라 의심치 않는다.

끝으로, 나의 스승이신 유정기(柳正基) 교수님의 「설문방식(說文方式)」을 많이 원용했으며 이 책으로 말미암아 교수님의 한문교육 열정에 조금이나마 보탬이 되었으면 좋겠다.

1997년 가을

정축년 가을 순성재(循性齋)에서 全圭鎬

1. 본책의 자원(字源)은 해서(楷書)를 놓고 풀이하였으므로 설문해자(說文解字)와 약간씩의 다른 점이 있음을 인정하나 배우는 자가 쉽게 공부할 수 있도록 노력하였다.

2. 낱말식 한자공부(漢字工夫)를 탈피하고 사자성어(四字成語)인 사자구성(四字構成)의 문장식(文章式) 방법을 선택하였으며, 개자(個字)와 문장(文章)을 함께 익힐 수 있도록 하였다.

3. 이 책의 내용은 초등학생부터 대학생(大學生), 일반인(一般人) 및 한문강의용(漢文講義用)으로도 손색이 없겠금 꾸민 책이다.

4. 같은 내용의 글자 「예(例) : 언(言)·어(語)·담(談)·론(論)·의(議)·강(講) 등」를 분석(分析)하여 개자(個字)의 용도를 정확하게 분별하고 설명하여 놓았으므로 언어(言語) 및 문자학(文字學) 연구(研究)에 획기적인 전기를 마련하였음을 말하여 둔다.

5. 고사성어(故事成語)와 사자성어(四字成語)가 같이 혼합되어 있으며 고사(故事)부분이 뚜렷한 문장은 깊이있게 설명을 붙여 놓았다.

6. 자원(字源)난의 개자(個字) 밑에 낱말을 싣고, 그 낱말의 해석을 넣지 않은 것은 공부(工夫)하는 이에게 주위를 환기시켜서 모르는 것은 찾아 보면서 공부(工夫)하라는 뜻이며 비교적 어려운 한자(漢字)는 하단의 점선 밑에 자세하게 음과 훈을 달아 놓았다.

7. 본책(本冊)에 수록된 사자성어(四字成語)의 내용(內容)은 가급적 어려운 글을 피하고, 쉬운 글을 선택하였으며, 특히 인구(人口)에 회자되는 글을 수록하려고 노력하였다.

목차

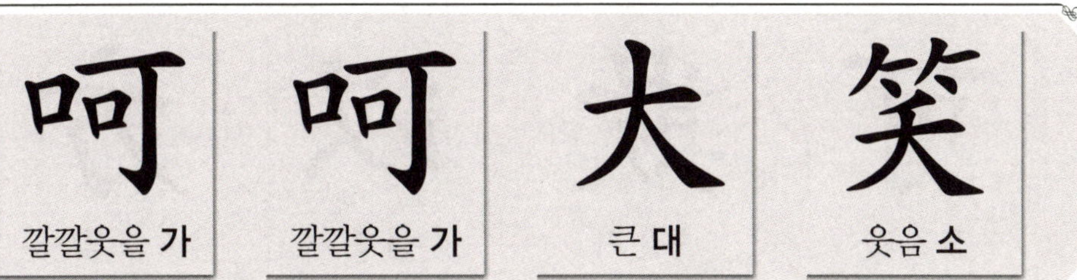

| 뜻 | 깔깔거리며 크게 웃는다. |

자원(字源)

- 口(입)을 보기 좋게 **활짝 벌리고**(可) 웃는 모습.

呵呵大笑(가가대소)

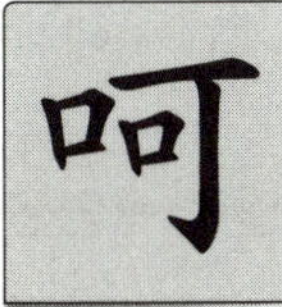

- 口(입)을 보기 좋게 **활짝 벌리고**(可) 웃는 모습.

- 사람(人)이 사지를 **크게** 벌리고 서 있는 모습을 상형한 글자이다. 또한 이 세상에서 제일 큰 자는 사람이다.

大學(대학)   大地(대지)   大田(대전)   大邱(대구)

- 竹(죽)과 夭(요)의 합자니, 대나무 밭(竹)에 죽순이 요요(夭)하게 나와 있는 것이니, 그것이 즐거워서 **웃는** 것이다. 음은 소니 夭(요)의 변음이다.

微笑(미소)   大笑(대소)

• 笑 : 웃음 소   • 學 : 배울 학   • 微 : 작을 미

> **뜻** 그럴 듯한 말로 남을 속일 수 있다는 말이다.

🌸 자원(字源)

- 「說文(설문)」에는 口와 己의 합자라고 했으나 口(구)와 丁(정)의 합자로 보아 진리에 맞는(丁) 말(口)은 **옳으니** 마땅히 해야 하는 것이다.

可能性(가능성)　　可當(가당)　　可決(가결)

- 그(其) 사실이 아닌 것을 말(欠)로서 **속이는** 것이다. 음은 其(기)에서 온 것이다.
- * 조작한 말로 속임은 詐(사), 미친말로 속임은 誑(광), 무당말로 속임은 誣(무), 눈을 가리고 속임은 瞞(만)이다.

欺瞞(기만)　　欺弄(기롱)　　欺心(기심)

- 甲骨文(갑골문)에서는 目, 金文(금문)에서는 ⻌ 으로 되어 있는데, 이 것은 古代(고대)의 쟁기를 본뜬 글자이다. 오늘날의 삽과 같은 농기구로서 뜻이 引申(인신 : 끌어와)되어 **써 이 자**로 쓴다.

- 篆字(전자)로는 ⻏ 이니 이것은 배 두 대가 서로 나란히 있는 것을 상형한 것이니 뒤에 전이되어 **방위 방**이라 했다.

方向(방향)　　方位(방위)　　方角(방각)

・能 : 능할 능　　・性 : 성품 성　　・當 : 마땅 당　　・決 : 결단할 결　　・瞞 : 속일 만
・弄 : 기롱할 롱　　・角 : 뿔 각

街 談 巷 說
거리 **가**　　말씀 **담**　　거리 **항**　　말씀 **설**, 기쁠 **열**

 길거리에서 떠도는 뜬 소문을 말한다.

자원(字源)

▪行(행)과 圭(규)의 합자니, 圭(규)는 사방의 제후(諸侯)들에게 봉토(封土)를 주는 표적이다. 사방으로 가는(行) 네거리 길인 **갈림길**이다. 음은 圭(규)의 변음이다.

鍾路五街(종로5가)　　街頭(가두)

▪炎(담)과 言(언)의 합자니, 불꽃처럼(炎) 정열이 있는 **말(言)이니** 음은 (담)이다.

*語(어)는 독자적인 말, 話(화)는 소설적인 말, 論(론)은 질서있는 말, 講(강)은 체계있는 말이다.

談話(담화)　　談論(담론)　　歡談(환담)

▪共(과) 巳(읍 : 邑)의 합자니, 읍(巳)내 사람이 모두 함께 쓰는 **길**이다. 음은 길의 행(行)에서 항으로 변이된 것이다.

*읍내 길은 巷(항)이고, 십자 길은 街(가)이다.

巷說(항설)　　巷間(항간)　　巷歌(항가)

▪자기의 뜻을 즐겁게(兌 : 즐거울 태) **말(言)**하는 것이다.

*說(설)은 주장하는 말이고, 講(강)은 체계를 세운 말이고, 議(의)는 의리 있는 말이고, 論(론)은 질서있는 말이다.

演說(연설)　　講說(강설)　　說明(설명)

•鍾 : 술잔 종　　•街 : 거리 가　　•頭 : 머리 두　　•演 : 펼 연　　•歡 : 기쁠 환
•講 : 강할 강

> **뜻** 세금을 가혹하게 징수하고 백성의 재물을 강제로 빼앗는다.

자원(字源)

- 艸(草)와 可(가)의 합자니, 草木(초목)에게도 사람을 대하듯 옳게(可) 대해야 하나 반대로 **가혹하게** 대하는 것이다.

- 僉(첨)과 攴(복)의 합자니, 모든 것을 다(僉) 쳐(攴)서 **거두어** 들인다.
  收斂(수렴)   斂髮(염발)

- 붉은(朱) 말(言)로서, 사형선고를 의미하니 **죽이는** 것이다.
  *弑(시)는 윗사람을 죽이는 것이고, 戮(육)은 모욕적인 죽임이고, 誅(주)는 법적으로 죽이는 것이다.
  誅求(주구)   誅戮(주륙)

- 說文(설문)에는 裘(구)의 本字(본자)로서 겉옷을 상형한 것이다. 뒤에 전이되어 **구할 구**가 되었다.
  求人(구인)   求命(구명)   求得(구득)   求愛(구애)

•收 : 거둘 수   •髮 : 터럭 발   •戮 : 죽일 륙   •得 : 얻을 득   •愛 : 사랑 애

12

아름다울 **가** 　　사람 **인** 　　엷을 **박** 　　목숨 **명**

뜻 미인은 대개 불행하거나 명이 짧다는 말이다.

자원(字源)

- 圭(규)는 옛적에 천자가 제후들에게 준 부서(표적)이니, 이것을 가진 자(人)는 제후라는 표시이므로 **아름다운** 것이다.

佳人(가인)　　佳月(가월)　　佳節(가절)

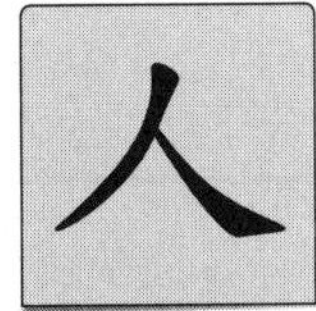

- 하늘에서 내려온 정신(丿)과 땅에서 올라온(乀) 육체가 합해진 것이니 **사람**이다.

人間(인간)　　人情(인정)　　人慾(인욕)

- 넓은(溥) 풀(草)은 엷은 것이다.

薄色(박색)　　薄命(박명)　　薄福(박복)

- 슈(령)과 口(구)의 합자이니, 입(口)에서 나오는 말로서 하여금(슈) **명령하는** 것이다.

命令(명령)　　命中(명중)　　御命(어명)

• 節 : 마디 절　　• 薄 : 엷을 박　　• 御 : 모실 어

뜻 집이 가난해지면 살림을 잘하는 어진 아내를 생각하게 된다는 뜻인데, 매우 어려움에 처했을 때 구원자의 출현을 갈망함의 비유이다.

자원(字源)

- ⼧(면)과 豕(시)의 합자니, 돼지처럼(豕) 항상 집에(⼧) 들어가서 있어야 할 **집**이다.

家庭(가정) 家事(가사) 家屋(가옥) 外家(외가)

- 재산(貝)을 분배(分)하면 **가난해**진다.
- *窘(군)은 구멍에 막힌 것과 같은 것이고, 窮(궁)은 구멍에 든 것처럼 곤란한 것이다.

貧窮(빈궁) 家貧(가빈) 貧者(빈자)

- 재물(貝)을 칼(刂)로서 나누려면 반드시 법도가 있어야 한다. 그것은 조건부로 하기 때문에 「…**하면**」 하는 접속사가 되니, 음은 '즉' 이다.

則是(즉시) 法則(법칙)

- 良(량)에서 점을 뺀 艮(간)은 해(日)가 뜨는 쪽이니, 그쪽으로 가까이 (匕) 가는(ノ) 것이다. 북쪽과 동쪽의 중간기점이 艮(간) 방이니 이는 겨울에서 봄으로 가는 길목이다. 여기에다 봄이 오는 그 시점을 점 (•)으로 표시하여 좋다고 하였으며, 봄은 만물이 소생하는 계절이니, 이것이 **어질다**로도 쓰는 것이다.

良心(양심)　　良好(양호)　　良民(양민)　　善良(선량)

- 丰(機 : 베틀)와 女(여)의 합자니, 베틀(丰)에서 베를 짜는 **아내(女)**이다.
* 妻(처)는 의복짓는 여자, 婦(부)는 청소하는 여자, 妾(첩)은 시중드는 여자.

妻家(처가)　　妻弟(처제)　　妻男(처남)

•庭 : 뜰 정　　•窮 : 궁할 궁　　•則 : 법 칙

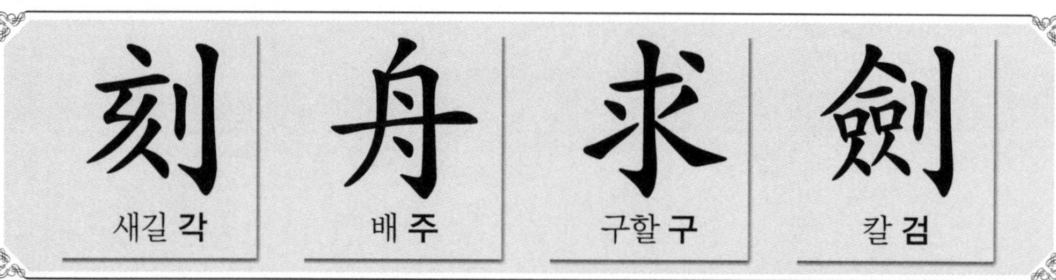

뜻 배를 타고 가다가 칼을 강물에 떨어뜨리자 칼로 뱃전에 표시했다가 나중에 그 표시 밑에서 그 칼을 찾으려 한다는 뜻인데, 어리석어 시세에 어둡고 완고함의 비유이다.

자원(字源)

- 亥(해 : 六甲의 亥)시에서 전날 하루가 지나고 子(자)시로서 다음날이 시작되니, 이를 **새겨**(刂)서 날짜를 구분하는 것이다.

正刻(정각)　　刻字(각자)　　刻刀(각도)

- 배를 상형한 글자이니, ノ 이것은 머리고, 冂은 몸통이고, 丷은 실은 물건이고 一은 돛대다.
  * 艇(정)은 작은 배, 船(선)은 큰 배다.

一葉片舟(일엽편주)　　舟遊(주유)

- 「說文(설문)」에는 (裘 : 구)의 본자로서 겉옷을 상형한 글자라고 했다.

求人(구인)　　求得(구득)　　求職(구직)　　求刑(구형)

- 僉(첨)과 刂(도)의 합자니, 여럿을(僉) 칼(刂)로 치는 칼이다.
  * 큰 칼은 劍(검)이고, 작은 칼은 刀(도)다.

劍客(검객)　　劍術(검술)　　劍刀(검도)

　중국 전국시대의 楚(초)나라 젊은이 한 사람이 양자강을 건너기 위해 배를 탔다. 배가 얼마쯤 갔을 때에 그만 실수를 하여 손에 들고 있던 칼을 강물에 떨어뜨리고 말았다.

　「아뿔사! 이를 어쩐담?」

　젊은이는 곧바로 허리춤에서 短劍(단검)을 빼어들고 칼을 떨어뜨린 뱃전에다 표시를 했다. 이윽고 배가 나루에 닿자 그는 곧바로 옷을 벗고 자기가 표시한 배 밑 물속으로 뛰어들어 갔으나, 그러나 그 밑에는 칼이 있지 않았다.

　•葉 : 잎 엽　　•片 : 조각 편　　•遊 : 놀 유　　•職 : 직분 직　　•客 : 손 객
　•術 : 재주 술

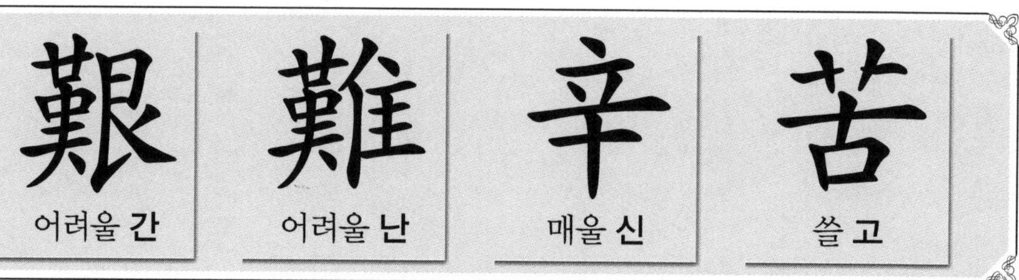

뜻 갖은 고초를 다 겪어, 몹시 고되고 괴로운 것을 말한다.

자원(字源)

▪ 어려운(艮)데 그쳐(艮 : 그칠 간) 있는 것은 괴로운 것이니, 즉 **어려운** 것이다.

艱辛(간신)　　艱苦(간고)　　艱難(간난)

▪ 莫(탄)과 隹(추)의 합자니, 莫은 菫의 변체로서 黃(황)의 약자와 土(토)자의 합자인데, 황색의 아름다운 새는 구하기가 **어려운** 것이다.

困難(곤란)　　難行(난행)　　難甘(난감)

▪ 辛(건)과 一의 합자니, 죄(辛)를 범(一)해서 고통하는 것이니, 즉 **매운** 것을 먹고 고통하는 것과 같은 것이다.

辛苦(신고)　　辛味(신미)　　辛酸(신산)

▪ 艸(草)와 古(고)의 합자니, 풀(艸)이 말라서 옛(古) 풀이 되니, 이것의 맛은 **쓴** 것이다. 따라서 인생의 괴로운 뜻도 된다.

苦行(고행)　　苦痛(고통)　　苦難(고난)

•困 : 곤할 곤　　•甘 : 달 감　　•酸 : 실 산　　•痛 : 아플 통

18

뜻 국가의 방패(干)와 성(城)의 구실을 하는 재목이란 뜻으로 국방의 책임을 다할 장수를 가르키는 말이다.

자원(字源)

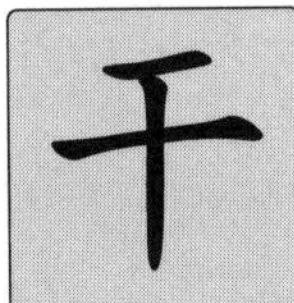

- 甲骨文(갑골문)은 ϵ 金文(금문)은 ϒ 이니 창같은 병기이다. 이 뜻이 인신(引申)되어 무기의 **방패가** 되었다.
- * 盾(순)은 전체로 자신을 막는 것이고, 諫(간)은 말로 막는 것이다.

干城(간성)   干戈(간과)   干支(간지)

- 土(토)와 成(성)의 합자니, 흙(土)을 쌓아서 적군을 막도록 만든(成) 것이 성이다.
- * 城(성)은 수도를 방비하는 성이고, 그밖에 못을 파고, 또 둘러싼 것은 外城(외성)이니 郭(곽)이다.

城郭(성곽)   南漢山城(남한산성)   土城(토성)

- 篆字(전자)로는 ψ 이니 一은 지면이고, 그 위로 초목의 움(ψ)이 커 올라가는 것인데, 이것이 之(지)로 변해서 접속사로서 …의 란 뜻이 되었다.

- 木(목)과 才(재)의 합자니, 나무(木)의 재질(才)이 좋은 나무는 들보나 기둥 등의 材木(재목)으로 쓴다.

材木(재목)   木材所(목재소)

・戈 : 창 과   ・郭 : 성 곽   ・漢 : 한수 한   ・所 : 바 소

奸	惡	無	道
간사할 **간**	악할 **악**, 미워할 **오**, 어찌 **오**	없을 **무**	길 **도**

> **뜻** 무지막지하게 간악하다.

자원(字源)

■ 女(여)와 干(간)의 합자니, 여자(女)를 범(干 : 범할 간) 하는 것이다. 이것은 질서를 어지럽히는 것이고, **사악한** 것이다.

奸計(간계)　　奸巧(간교)　　奸邪(간사)　　奸婦(간부)

■ 亞(아)는 보기가 추한 것이니 추한 마음(心)은 **나쁜** 것이다. 음은 악이니 愕(악)할 정도로 나쁜 것이며, 이러한 것은 **미운** 것이니, **어찌할까**라는 뜻에서 음이 오(烏)다.

惡漢(악한)　　惡行(악행)　　惡心(악심)　　惡人(악인)

■ 甲骨文(갑골문)에는 　이니 이것은 사람이 양손에 소 꼬리를 잡고 춤추는 모양이니, 有無(있고 **없음**)의 無(무)는 假借(가차)된 것이다.

無識(무식)　　無知(무지)　　有無(유무)　　無情(무정)

■ 首(수)와 착(辶)의 합자니, 머리(首)로는 목적지를 생각하면서 발로 가는 **길**(道)이다. 인간이 가는 길이니 이것은 곧 진리라는 뜻도 된다.

道學(도학)　　道教(도교)　　京畿道(경기도)　　道路(도로)

•計 : 셈할 계　　•婦 : 지어미 부　　•漢 : 건달 한　　•識 : 알 식　　•教 : 가르칠 교

뜻 달콤한 말과 이로운 조건을 내세워 꾀는 말이다.

자원(字源)

▪ 甘은 旨(지)의 古字(고자)이니, 맛이 좋은 것인데 맛 중에는 **단맛이** 최고다. 口(구)자의 양쪽 종선을 위로 올린 것이다.

甘味(감미)　　甘酒(감주)　　甘言(감언)　　甘旨(감지)

▪ 言(언)자는 二(上)과 二(下)와 口(구)자의 합자니, 입(口)속의 혀를 위와 아래로 놀려서 **말하는** 것이다.

言語(언어)　言行(언행)　言論(언론)　言爭(언쟁)　焉敢生心(언감생심)

▪ 禾(화)와 刀(도)의 합자니, 벼(禾)를 베는 낫(刀)은 예리해야 한다. 또한 베어온 벼를 얻었으니 **이로움이** 있는 것이다.

利子(이자)　　利己心(이기심)　　銳利(예리)　　利益(이익)

▪ 자기의 뜻을 즐겁게(兌 : 기쁠 태) **말(言)하는** 것이다.

說文(설문)　　演說(연설)　　說得(설득)　　說明(설명)

•酒 : 술 주　　•論 : 의논 론　　•爭 : 다툴 쟁　　•銳 : 날카로울 예　　•演 : 펼 연

> **뜻** 갑이란 남자와 을이란 여자란 뜻으로, 매우 평범한 사람들을 일컫는 말이다.

자원(字源)

▪田(밭)에다 씨를 뿌리면, 그 씨에서 아래로 뿌리가 내려오는 형상이
니, 甲(갑)은 처음 나온 것이므로 천간(天干)에서 첫 번째가 甲(갑)이
된다. 甲(갑)은 생명(씨)을 보호하는 **껍질**이다.

甲乙(갑을)　　甲子(갑자)　　龜甲(구갑)　　甲冑(갑주)

▪田(전)과 力(력)의 합자니, 밭에서(田) 힘써(力)서 일하는 자는 **사내**이
다.

男性(남성)　　男女(남녀)　　男尊女卑(남존여비)

▪초목이 처음으로 움이 트는 형상이니, 甲(갑)은 뿌리가 땅속으로 내려
가는 것이고, 乙(을)은 싹이 꼬부라져서 지상으로 올라오는 형상이다.

乙女(을녀)　　乙支文德(을지문덕)

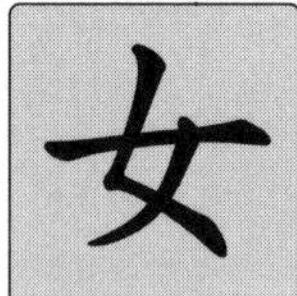

▪甲骨文(갑골문)에서는 　로 쓰니 **여자**가 양손을 교차시키고 자리에
앉아있는 모습이다.

＊女(여)는 미혼 때는 娘(랑)이고, 출가하면 婦(부)고, 아기를 낳으면 母
(모)고, 늙으면 婆(파)고, 죽으면 妣(비)이다.

女子(여자)　　女息(여식)　　女性(여성)

・龜 : 거북 구　　・冑 : 투구 주　　・尊 : 높을 존　　・卑 : 낮을 비

<table>
<tr><td>江</td><td>流</td><td>石</td><td>不</td><td>轉</td></tr>
<tr><td>강 강</td><td>흐를 류</td><td>돌 석</td><td>아니 부</td><td>구를 전</td></tr>
</table>

> **뜻** 강물은 흘러도 돌과 바위는 구르지 않는다는 뜻으로 마음이 굳은 사람은 함부로 움직이지 않는다는 뜻이다.

자원(字源)

- 氵(水)와 工(공)의 합자니, 서쪽(一)에서 동쪽(一)으로 흐르는 **양자강**을 의미한 것이다. 음은 工(공)의 변이음이다.

  江山(강산)　錦繡江山(금수강산)　江河(강하)　江邊(강변)

- 氵(水)와 㐬(류)의 합자니 㐬(류)는 세워놓은 깃발이 아래로 늘어진 모습이다. 깃발이 아래로 늘어진 것 같이 물이 아래로 **흐르는** 것이다.

  流行(유행)　流星(유성)　流水(유수)　流船(유선)

- 厂(엄)은 바위니, 바위덤에서 아래로 떨어진 **돌**(口)을 뜻한다.

  石油(석유)　石炭(석탄)　巖石(암석)　石質(석질)

- 篆字(전자)는 ㅈ이니 이것은 꽃봉오리이니, 꽃이 아직 피지 **아니한** 것이다.

  * 不(불)자 뒤에 한글 ㅈ과 ㄷ이 오면 부로 읽어야 한다.

  不幸(불행)　不問(불문)　不當(부당)

- 車(거)와 專(전)의 합자니, 專(전)은 손으로 수레를 끄는 것이다. 車(거)를 끌어서 **구르게** 한다.

  轉倒(전도)　轉入(전입)

・錦 : 비단 금　・繡 : 수놓을 수　・邊 : 갓 변　・星 : 별 성　・炭 : 숯 탄
・巖 : 바위 암　・倒 : 거꾸러질 도

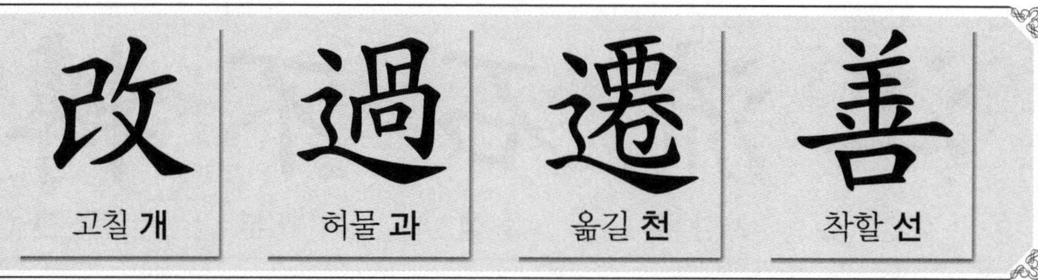

뜻 지난 허물을 고치고 착한 사람이 되는 것이니, 한번 잘못을 뉘우친 것은 다시는 그 잘못을 범하지 않는 것이 진정한 '개과천선'이다.

자원(字源)

- 己(기)와 攵(복)의 합자니, 자기(己)의 잘못을 매로 쳐(攵)서 **고치는** 것이다.

改良(개량)　　改定(개정)　　改善(개선)　　改修(개수)

- 咼(괘)와 辶(착)의 합자니, 비뚤어져(咼) 간(辶) 것은 바른 것에서 이미 **지나간** 것이니 이것은, 즉 **허물**이 되는 것이다.

過程(과정)　　過多(과다)　　過去(과거)　　過慾(과욕)

- 㯚(선)과 辶(착)의 합자니, 높은 곳, 즉 좋은 곳으로 **옮겨가는** 것이다. 㯚은 높은 곳으로 오를 선이니, 㢰과 同字(동자)다.

遷都(천도)　　遷動(천동)

- 金文(금문)에는 ${譱}$이니 誩(경)과 羊(양)의 합자니, 둘이 다투는(誩) 것을 羊(양)이 중간에서 조화시키니, **착한** 것이다.

善行(선행)　　眞善美(진선미)　　善性(선성)　　善人(선인)

・定 : 정할 정　　・程 : 길 정　　・動 : 움직일 동　　・眞 : 참 진

뜻 일세를 뒤엎을 만한 재주, 또는 그런 재주를 가진 자이다.

자원(字源)

- 盍(합)자는 그릇에 뚜껑을 덮은 것인데 그 위에 艸(草)가 있으니, 이것은 뚜껑이 덮인 그릇을 풀로 **덮은** 것이다.

蓋世(개세)

- 卅(삽)과 一(일)의 합자니 三十(삼십)년을 **一世(일세)**로 한 명칭이다. 一世(일세)는 一代(일대)와 같으니, 이것은 30년을 기준한 것이다.

世代(세대)　　世上(세상)　　世界(세계)

- 之(지)의 篆(전)자는 ψ 인데, 一(일)은 땅 위를 뜻하고 ψ 은 나무의 움이 지상으로 커 올라**가는** 것을 뜻한다. 이것이 之(지)로 변해서 소유격의 접속사로서 …**의란** 뜻이 되었다.

- 「玉篇(옥편)」에는 手(수)부에 있으니 손(手)처럼 일할 수 있는 능력의 **재주**를 말하며, 그러한 材(재)목의 뜻이니 음은 재가 되었다.

才士(재사)　　才女(재녀)　　才童(재동)　　才人(재인)

- 代 : 대신 대　　· 界 : 지경 계

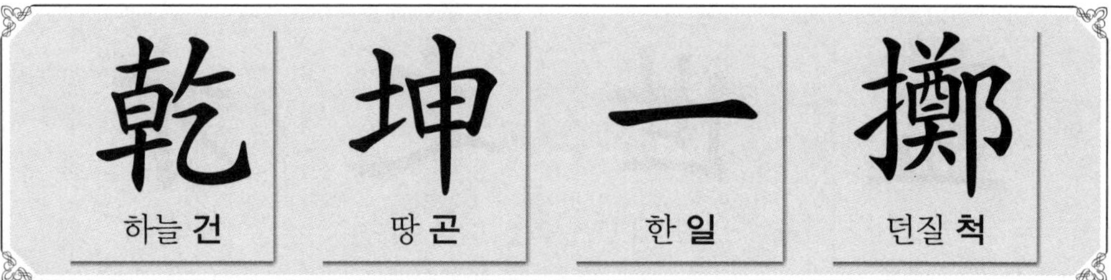

뜻
① 천지를 걸고 주사위를 던지는 것이다.
② 운명과 흥망을 걸고 승부를 겨룸을 말한다.

자원(字源)

▪ 태양(日)이 오르(⊥)고 내리(丁)는 동안에 사람(人)이나, 새(乙) 같은데 생명력을 주는 **하늘**을 말함이니, 여기에서의 乙(을)은, 甲(갑)은 양(陽)이고 乙(을)은 陰(음)이므로 땅 위에서 사는 모든 것을 일컬음인 듯 싶다. 天體(천체)의 운행은 건견하니 음은 건이다.

乾卦(건괘)   乾坤(건곤)

▪ 土(토)와 申(신)의 합자니 土(토)는 地(지)이고 申(신)은 伸(신)이다. 田(밭)에다 씨를 뿌리면 甲(갑 : 씨앗이 싹이 터서 뿌리가 내린 모습)이 되고, 뿌리가 난 뒤에 申(신 : 위로 싹이 나온 모습)이 되는 것이니 만물이 자라는 **땅**을 의미한다.

坤卦(곤괘)   坤道(곤도)   坤命(곤명)

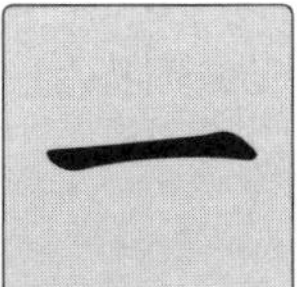

▪ 하나를 **하나의 선**으로 표시한 글자다. 아라비아 숫자와는 정반대로 가로로 그었으니 세로쓰기에 합당하다.

一人(일인)   一等(일등)   一位(일위)   一生(일생)

▪ 才(手)와 鄭(정)의 합자니, 손으로 정(鄭) 중앙에 **던지**는 것이다.
* 힘들여 멀리 던짐은 抛(포)이고, 목표에 맞도록 던짐은 投(투)이다.
擲柶大會(척사대회)

26

楚(초)의 覇王(패왕) 항우와 漢高祖(한고조) 유방과의 마지막 결투의 장면을
일컬음인데, 唐(당)의 대문장가인 韓愈(한유)가 鴻口(홍구 : 河南省內)를 지나다
가 그 옛날 漢王(한왕) 유방에게 항우와의 「건곤일척」을 촉구한 張良(장량) · 陳
平(진평)을 기리며 읊은 회고시 過鴻口(과홍구)에 나오는 마지막 구절이다.

龍疲虎困割川原　億萬蒼生性命存
용 피 호 곤 할 천 원　억 만 창 생 성 명 존

誰勸君王回首馬　眞成一擲賭乾坤
수 권 군 왕 회 수 마　진 성 일 척 도 건 곤

용은 지치고 범은 피곤하여 川原(천원)을 나누니

온 천하 사람들의 목숨이 보존되도다.

누가 군왕에게 말 머리를 돌리게 권하여

참으로 "건곤일척"의 승패를 겨루려 하는가.

【출전】 韓愈(한유)의 시 過鴻口(과홍구)

【유사어】 一擲乾坤(일척건곤)

───────────

• 卦 : 쾌 괘　　• 柶 : 윷 사

뜻 딴 세상처럼 판이하게 달라져 보이는 것을 말한다.

자원(字源)

- 鬲(력)은 상부와 하부가 분리된 세 발 달린 솥이니, 서로 분리되어 별개로 된 것을 의미하는 솥이다. 여기에 阝(阜)를 붙였으니 언덕이 막혀서 이쪽과 저쪽이 **막혀**있고 또한 분리되어 있음을 뜻한다.

  隔離(격리)　　隔世(격세)　　間隔(간격)

- 卅(삽)과 一의 합자니 三十년을 一世(일세)로 한 명칭이다. 一世(일세)는 三十년을 기초한 것이니 一世(일세)는 三十년이다.

  世上(세상)　　一世(일세)　　世界(세계)　　世系(세계)

- 之(지)의 篆字(전자)는 ⼡ 니, 一은 地面(지면)이고, ⼡은 초목이 뻗어 올라가는 것을 뜻한다.

- 咸(함)과 心(심)의 합자니 모두 다(咸) 접하게 되면 마음(心)으로 **느껴지는** 것이다.

  感覺(감각)　　感激(감격)　　感謝(감사)　　感動(감동)

・覺 : 깨달을 각　　・激: 격동할 격　　・謝 : 사례할 사

牽 이끌 견　強 강할 강　附 붙일 부　會 모을 회

뜻 가당치도 않은 말을 억지로 끌어다 붙여 조건이나 이치에 맞추려고 우겨대는 것이다.

자원(字源)

- 우리(冖)안에 있는 소(牛)의 고삐 줄(幺)을 사람(人)이 잡아서 **이끄는** 것이다.

  牽引車(견인차)　牽制(견제)　牽牛(견우)

- 弘(홍)과 蟲(충)의 합자니 거북같이 등이 넓은(弘) 피갑을 쓴 벌레가 껍질이 굳은 것이다. 따라서 **굳세다는** 뜻이다.

  *굳센 것은 强(강)이고, 굳세게 힘쓰는 것은 彊(강)이다.

  强健(강건)　强骨(강골)　强性(강성)　强者(강자)

- 阝(阜)와 付(부)의 합자니 언덕(阝)은 山에 **붙어**(付) 있는 것이다.

  *붙어 있는 것은 附(부)고, 붙여주는 것은 付(부)고, 풀로 붙이는 것은 貼(첩)이다.

  附加(부가)　附近(부근)　附記(부기)

- 사람(人)들이 **모여**(△)서 마음의 창(皿)을 열고 말(曰)하는 것이다.

  會黨(회당)　會長(회장)　會食(회식)　會議(회의)

• 健 : 굳셀 건　• 骨 : 뼈 골　• 黨 : 무리 당　• 議 : 의논 의

<table>
<tr><td>見</td><td>利</td><td>思</td><td>義</td></tr>
<tr><td>볼 견</td><td>이로울 리</td><td>생각 사</td><td>옳을 의</td></tr>
</table>

> **뜻** 이익이 오는 재물이 눈앞에 보이거든 먼저 의로운 재물인가를 생각하고 취하라는 뜻이다.

자원(字源)

- 目(목)과 儿(人)의 합자니, 사람(人)이 눈(目)으로 **보는** 것이다.

見學(견학)　　見解(견해)　　見性(견성)　　見悟(견오)

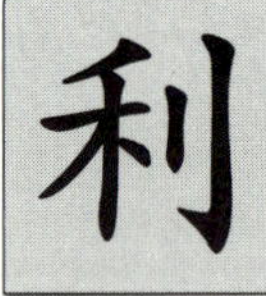

- 禾(화) 刂(도)의 합자니, 벼(禾)를 베는 낫(刀)은 예리해야 한다. 또한 베어온 벼를 얻었으니 **이로움이** 있는 것이다.

利子(이자)　　利益(이익)　　利潤(이윤)　　利器(이기)

- 田(⊗)과 心(심)의 합자니, 두뇌(⊗)에서 **생각하는** 마음이다.
  *창조하는 생각은 思(사)고, 기억하는 생각은 憶(억)이다.

思想(사상)　　思慕曲(사모곡)　　相思病(상사병)　　思考(사고)

- 羊(양)과 我(아)의 합자니 양(羊)과 같이 순종하는 나(我)니 **사회전체의 복리를 위해 순종하는** 모든 정신이다.

義理(의리)　　義士(의사)　　義兵將(의병장)　　義軍(의군)

•解 : 풀 해　　•益 : 더할 익　　•想 : 생각 상　　•慕 : 사모 모　　•病 : 병 병
•理 : 이치 리　　•將 : 장수 장

뜻　실물(實物)을 보면 욕심이 생긴다는 뜻이다.

자원(字源)

- 目(목)과 儿(人)의 합자니, 사람(人)이 눈(目)으로 **보는** 것이다.
  見而不食(견이불식)　　見解(견해)　　見學(견학)　　見性(견성)

- 牛(우)와 勿(물)의 합한 글자이니, 牛(우)는 인간사회에서 가장 유익한 물체이다. 그러므로 **모든 물건을 대표**하고 그 소 하나만을 의미하는 것은 아니(勿)다.
  物件(물건)　　物體(물체)　　物象(물상)　　萬物(만물)

- 屮(철)과 土(토)의 합자니, 초목의 움(屮)이 땅(土)에서 **나오는** 것이다.
  生活(생활)　　生命(생명)　　生徒(생도)　　生物(생물)

- 心(심)의 篆字(전자)는 ♡이니, 이것은 **심장**을 상형한 것이다.
  心性(심성)　　一切唯心造(일절유심조)　　心理(심리)　　心性(심성)

- 解 : 풀 해　　• 件 : 일 건　　• 體 : 몸 체　　• 象 : 코끼리 상　　• 徒 : 무리 도
- 唯 : 오직 유　　• 造 : 지을 조

> **뜻** 맺은 사람이 풀어야 한다는 뜻으로 일을 만든 사람이 그 저지른 일을 풀어야 한다는 말이다.

자원(字源)

結
- 糸(사)와 吉(길)의 합자니 상호간에 관계가 없던 것끼리 길(吉)하게 인연을 맺은(糸) 것이다.

結婚(결혼)　　結果(결과)　　結局(결국)　　結者(결자)

者
- 耂(老)와 白(백)의 합자니, 노인(耂)의 고백(白)이다. 그가 경험한 人(인), 物(물), 時(시), 所(소), 事(사) 등등 무수한 것을 말함이다.

王者(왕자)　　筆者(필자)　　識者(식자)　　記者(기자)

解
- 角(각)과 刀(도)와 牛(우)의 합자니, 소의 뿔(角)을 칼(刀)로 쳐서 **해체**하는 것이다.

解結(해결)　　解法(해법)　　解析(해석)　　解說(해설)　　解體(해체)

之
- 之(지)의 篆字(전자)는 ₩니 一(일)은 地面(지면)이고, ₩은 초목이 뻗어 올라**가는** 것을 뜻하다.

• 婚 : 혼인할 혼　　• 局 : 판 국　　• 法 : 법 법　　• 解 : 풀 해　　• 體 : 몸 체

結	草	報	恩
맺을 **결**	풀 초	갚을 보	은혜 은

뜻 죽어서도 은혜를 잊지 않고 갚을 말한다.

자원(字源)

- 糸(사)와 吉(길)의 합자니 상호간에 관계가 없던 것끼리 길(吉)하게 인연을 맺(糸)는 것이다.

  結緣(결연)　　結論(결론)　　結果(결과)　　結成(결성)

- 원래 ++(艸)는 풀을 상형한 것이니, 그것은 나무가 아니고 땅에 붙은 작은 것이다. 모든(十) 풀을 말(曰)한다. 음은 무(早)에서 초로 변이된 것이다.

  草家(초가)　　草綠(초록)　　草原(초원)　　草地(초지)

- 幸(행)과 及(급)의 합자니, 행복(幸)에 이르렀음(及)을 가르쳐 주는 것이니, 또한 **갚는다는** 뜻도 있다.

  報恩(보은)　　報答(보답)　　報道(보도)

- 因(인)과 心(심)을 합한 글자니, 착한 마음(心)으로 인(因)하여 남을 **돌봐 주는** 것이다.

  恩惠(은혜)　　謝恩會(사은회)　　恩師(은사)　　恩人(은인)

고사

　중국의 춘추시대에 晉(진)나라의 魏顆(위과)란 사람이 있었다. 아버지가 세상을 하직하자 庶母(서모)를 殉死(순사)시키지 아니하고 개가할 수 있도록 도와주었다.
　그 후 어느날 위과는 전쟁터에서 풀에 걸려 넘어진 적장을 사로잡아 뜻밖에 큰 공을 세웠다. 그날 밤에 한 노인이 나타나더니 "나는 당신이 개가 시켜준 庶母(서모)의 아버지인데 오늘 그 은혜를 갚기 위해 풀을 잡아 매어서 적장이 넘어지게 했다"라고 말하고 홀연히 사라졌다고 한다. 이상의 이야기에서 결초보은이란 고사가 나왔다고 한다.

•緣 : 인연 연　　•論 : 논할 론　　•原 : 언덕 원　　•答 : 대답 답　　•惠 : 은혜 혜

뜻 임금이 미모의 여인에게 미쳐 나라가 망해도 모를만큼 아름다운 미인이다.

자원(字源)

▪ 人과 匕(비)와 頁(혈)의 合字(합자)니, 사람(人)이 머리(頁)를 한쪽으로 **기울인(匕)** 것이다.

傾斜地(경사지)　　傾國(경국)

▪ 囗(위)와 戈(과)와 口(구)와 一의 합자니, 영토(囗) 안에서 권력자(戈)와 백성(口)이 한데(一) 어울려 일체로 된 **나라.**

國家(국가)　　國民(국민)　　國政(국정)　　國難(국난)

▪ 之(지)의 篆字(전자)는 ＼니, 一(일)은 地面(지면)이고, ＼은 초목이 뻗어 올라**가는** 것을 뜻하다.

▪ 𠂊(人)과 巴(巳)의 합자니 사람의 마음에 있는 것이 병부(巳)처럼 맞게 얼굴에 나타나는 **빛**이다.

色素(색소)　　女色(여색)　　酒色(주색)　　五色(오색)

•斜 : 비낄 사　　•素 : 본디 소　　•酒 : 술 주

　어느 나라이건 간에 나라를 창업할 시에는 현명한 군주가 나타나 태평시대를 열지만, 말기에 가면 나라를 망치는 어리석은 군주가 나타나며, 그때에는 반드시 절세의 미녀가 나타나는데 나라의 군주가 그 미녀에게 빠져서 결국은 나라를 망치게 되는 것이니, 하나라 걸왕 때의 왕후 말희(妺喜)와 은나라 '주왕 때의 왕후 姐己(달기)와 周(주)의 幽王(유왕) 때의 포사라는 여인들은 모두가 절세의 미녀들이었다.

　결국 이 여인들로 인해서 하나라와 은나라와 주가 망했는데 여기서는 주나라의 포사에 대한 고사를 간략하게 이야기 하겠다.

　주나라 幽(유)왕 때에 포사라는 여인이 궁으로 들어왔는데 너무나 예쁜 관계로 유왕은 포사한테 빠져서 전처와 그의 아들인 태자를 폐하고 포사를 왕후로 삼고 그의 아들을 태자로 삼았다. 그런데 포사는 웃음이 없는 사람이었으니, 유왕은 왕후의 웃는 모습을 보려고 무척이나 힘을 썼다.

　포사가 말하길 "비단을 찢는 소리를 들으면 웃음이 나옵니다" 하니, 왕은 왕후의 웃는 모습을 보려고 왕궁의 창고에 있는 비단을 모두 찢고 백성들에게도 강제로 비단을 염출하여 하루에 백필씩 찢었다고 한다. 이렇게 비단을 찢으면 포사는 볼이 살짝 떨릴 정도로 웃었다고 하는데 이런 짓도 싫증이 나서 재미가 없어졌는데 어느날 실수로 봉화가 올라오고 각지의 제후들이 군사를 이끌고 왕이 있는 수도로 오는 것을 보고는 포사는 활짝 웃었다. 왕은 포사의 웃는 모습을 보고 기뻐서 제정신이 아니었다. 그 뒤로는 계속적으로 거짓 봉화를 올리게 하니 제후들은 매번 속아서 군사들을 이끌고 수도 호경으로 올라왔으며, 포사는 이런 광경을 보고는 계속적으로 웃을 수가 있었으나, 그 뒤로 몇 번씩 속은 제후들은 봉화가 올라와도 거짓으로 알고 왕궁으로 올라오지 아니하였다.

　그 뒤에 북쪽의 오랑캐들이 실제로 쳐들어오니 군주를 도와줄 제후들은 와주지 않고 왕궁은 혼란에 빠져 결국은 잡혀 죽었다고 하니, 이러한 여인을 "경국지색"이라고 하는 것이다.

가벼울 **경**   들 **거**   망령들 **망**   움직일 **동**

뜻 사람의 행동거지가 가볍고 망령되게 함을 지칭하는 말이다.

자원(字源)

- 車(차)가 물이 내려가듯(巠) **가볍게** 가는 것이다.

輕車(경차)   輕水爐(경수로)   輕重(경중)   經綸(경륜)

- 與(여)와 手(수)의 습자(合字)니, 두 손(手)으로 더불어(與) 공손히 **들어** 올리는 것이다.

舉世(거세)   舉手(거수)   選舉(선거)   科舉(과거)

- 亡(망)과 女(녀)의 습자(合字)니, 여자(女)가 자기의 본분을 잊고(亡) **망령되게** 행동하는 것이다.

妄動(망동)   妄說(망설)   妄作(망작)   妄行(망행)

- 重(중)과 力(력)을 합한 글자니, 重力(중력)의 작용으로 스스로 **움직이** 는 것이다.

動作(동작)   動物(동물)   動産(동산)   動靜(동정)

•爐 : 화로 로   •說 : 말씀 설   •作 : 지을 작   •物 : 물건 물   •産 : 낳을 산

驚天動地

| 놀랄 경 | 하늘 천 | 움직일 동 | 땅 지 |

뜻 세상을 깜짝 놀라게 하다.

자원(字源)

▪만약(苟)에 말(馬)을 내리치(攴)면 말이 **놀라게** 된다.

驚動(경동)　驚異(경이)　驚愕(경악)

▪一(일)과 大(대)의 合字(합자)니, 세상에서 제일(一) 큰(大) 것은 **하늘**이다.

天下(천하)　天國(천국)　天地(천지)　天上(천상)

▪重(중)과 力(력)을 합한 글자니, 重力(중력)의 작용으로 스스로 **움직이**는 것이다.

動物(동물)　運動(운동)　活動(활동)　動止(동지)

▪土(토)와 也(야)의 합자니, 土也(토지)라는 것은, 즉 **땅이다** 라는 것이다.

地球(지구)　地圖(지도)　地上(지상)　地下(지하)

• 異 : 다를 이　• 愕 : 깜짝 놀랄 악　• 運 : 운수 운　• 活 : 살 활　• 球 : 공 구
• 圖 : 그림 도

> **뜻** 하늘을 공경하고 사람을 사랑한다.

자원(字源)

- 苟(구)와 攴(복)의 합자이니, 만약(苟)에 잘못하면 매(攴)를 친다고 하니, 조심해서 **공경**하는 것이다.

  恭敬(공경)　　敬畏(경외)　　敬語(경어)　　敬心(경심)

- 一(일)과 大(대)의 合字(합자)니 세상에서 제일(一) 큰(大) 것은 **하늘**이다.

  天神(천신)　　九天(구천)　　三天(삼천)

- 원래 사랑 애 자는 㤅으로 썼으니 마음(心)이 가는(攵) 사랑인데 뒤에 爪(조)와 冖(멱)을 붙였으니, **사랑하는** 마음이 생기니 손(爫)으로 감싸는(冖) 것이다.

  愛人(애인)　　愛情(애정)　　愛育(애육)　　敬愛(경애)

- 하늘에서 내려온 정신(丿)과 땅에서 올라온(乀) 육체가 합해진 것이니 사람이다.

  人間(인간)　　人本(인본)　　人情(인정)

・恭 : 공손 공　　・畏 : 두려울 외　　・情 : 뜻 정　　・育 : 기를 육

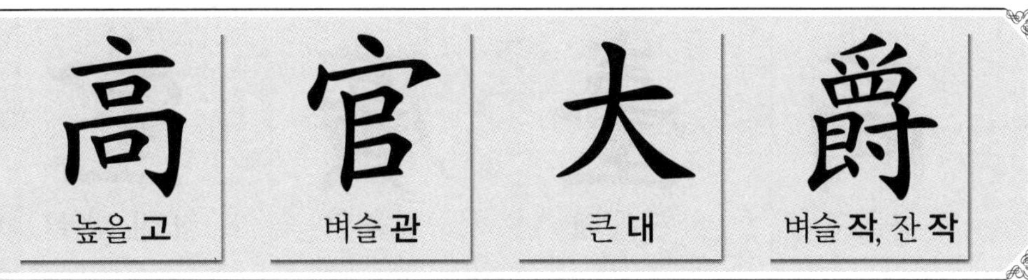

뜻 지위가 높고 훌륭한 벼슬, 또는 그런 지위나 벼슬에 있는 사람이다.

자원(字源)

- 冋 이것은 토대인데 그 위에 亠 이러한 건물을 지었으니 **높은** 것이다.
  *형태가 높은 것은 高(고), 여럿 중에 높음은 卓(탁), 높여 올림은 崇(숭), 높이 올라감은 隆(륭)이다.

  高等(고등)　　高樓(고루)　　高下(고하)　　高遠(고원)

- 宀(면)과 𠂤(𨸏)의 합자니 높은 언덕 위에다 지은 집이라, 즉 백성을 다스리는 **관청**이다.

  官廳(관청)　　官街(관가)　　官爵(관작)　　官舍(관사)

- 사람(人)이 사지를 크게 벌리고 서 있는 모습을 상형한 글자이다. 또한 이 세상에서 제일 **큰** 자는 사람이다.

  大學(대학)　　大統領(대통령)　　大成(대성)　　大田(대전)

- 일정한 한도(寸)에서 그치(艮)도록 쥘 손(爫)이 있는 잔(皿)이니 이로써 公(공)·候(후)·伯(백)·子(자)·男(남)에게 작위를 주었던 **벼슬**이다.

  官爵(관작)　　爵祿(작록)　　封爵(봉작)

• 等 : 무리 등　　• 樓 : 다락 루　　• 廳 : 관청 청　　• 統 : 거느릴 통　　• 領 : 거느릴 령
• 祿 : 녹 록

뜻 고래등 같은 기와집, 굉장하게 크고 좋은 집이다.

자원(字源)

■ 冋 이것은 토대인데 그 위에 ㅁ 이러한 건물을 지었으니, **높은** 것이다.

高麗(고려)　　高句麗(고구려)　　高大(고대)　　高地(고지)

■ 亠(上)과 高(高)와 (돌)과 土(토)의 합자니, 땅 흙(土)이 돌출해(厶) 높이(亠) 올라(亠)가 위가 평평한 토대라. 그는 건물을 짓는 터(坮)도 되는 것이니 음은 대다.

臺閣(대각)　　高臺(고대)　　樓臺(누대)

■ 广과 黃(황)의 합자니, 높은 집(广)의 중앙(黃)은 넓은 것이다.
＊黃(황)은 五行(오행)법으로 중앙을 뜻한다.

廣大(광대)　　廣寒樓(광한루)　　廣野(광야)　　廣闊(광활)

■ 宀(면)과 至(지)의 合字(합자)니, 집(宀) 안에서 가장 깊이 들어가(至) 있는 방이다.

敎室(교실)　　室女(실녀)　　內室(내실)　　居室(거실)

•麗 : 빛날 려　•閣 : 집 각　•樓 : 다락 누　•寒 : 찰 한　•樓 : 다락 루
•野 : 들 야　•敎 : 가르칠 교

| 외로울 고 | 설 립 | 없을 무 | 구원할 원 |

자원(字源)

■ 子(자)와 瓜(과)의 합자니, 외(瓜)처럼 땅에 버려져서 돌봐주는 부모가 없는 아이니 즉 **고아**이다.

孤獨(고독)   孤哀子(고애자)   孤島(고도)   孤立(고립)

■ 지상(一)에 사람이 사지를 벌리고 () 서 있는 형상이다. 그것이 변하여 머리(亠)와 두 다리(∥)가 지면(一) 위에 서 있는 것이다.

立法(입법)   立場(입장)   立身(입신)   建立(건립)

■ 甲骨文(갑골문)에는 　이니, 이것은 사람이 양손에 소 꼬리를 잡고 춤추는 모양이니, 有無(있고 **없음**)의 無(무)는 假借(가차)된 것이다.

無識(무식)   無學(무학)   無知(무지)   無能(무능)

■ 手(수)와 爰(원)의 합자니, 곤경에 빠진 생명을 손(扌)으로 끌어(爰)내 **건져주는** 것이다.

援助(원조)   援軍(원군)

•獨 : 홀로 독   •哀 : 슬플 애   •島 : 섬 도   •場 : 마당 장   •識 : 알 식

> **뜻**　적을 속이기 위해 제 몸을 괴롭혀 가면서까지 꾸미는 계책이다.

자원(字源)

- 古(고)와 ++(草)의 합자니, 마른(古) 풀(++)의 맛은 **쓰다**의 뜻.
  苦心(고심)　苦言(고언)　辛苦(신고)　苦痛(고통)

- 동물의 **살**을 상형한 글자. 따라서 우리가 먹는 **고기**도 의미한다.
  * 동물의 고기는 肉(육), 물고기는 魚(어)다.
  精肉店(정육점)　肉感(육감)　肉體(육체)　肉慾(육욕)

- 之(지)의 篆字(전자)는 ₩니 一(일)은 地面(지면)이고, ₩은 초목이 뻗어 올라**가는** 것을 뜻하다.

- 言(언)과 十(십)의 합자니, 十(십)은 숫자의 전부를 뜻하고 言(언)은 그 답을 말함이니, 이것은 곧 **계산**하는 것이다.
  計算(계산)　計劃(계획)　合計(합계)

- 精 : 정할 정　　• 店 : 가게 점　　• 感 : 느낄 감　　• 體 : 몸 체　　• 算 : 셈 산
- 劃 : 그을 획

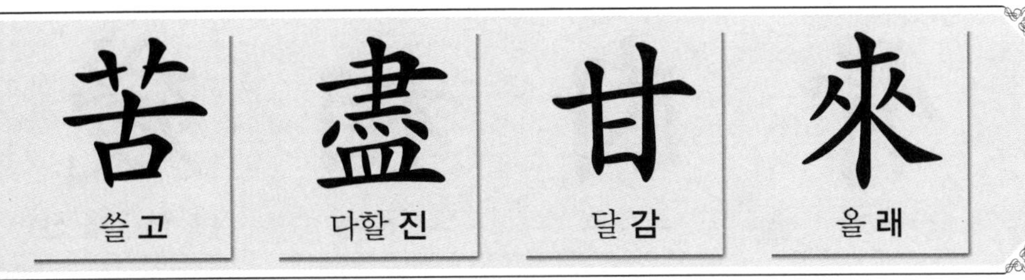

> **뜻** 쓰고 어려운 시기가 끝나면 달고 좋은 때가 반드시 온다는 말로, 고생 끝에 낙이 온다는 말이다.

자원(字源)

- 古(고)와 ++(草)의 합자니, 마른(古) 풀(++)의 맛은 **쓰다**의 뜻.
  苦生(고생)　苦悶(고민)　苦言(고언)　苦心(고심)

- 聿(율)과 …(火)와 皿(명)의 合字(합자)니, 드디어(聿) 불(火)에 타서 그릇(皿)에 있는 물이 **다** 없어짐.
  盡忠(진충)　盡終日(진종일)　盡心(진심)

- 甘은 旨(지)의 고자니, 맛이 좋은 것인데 맛 중에는 **단맛**이 최고다. 口자의 양쪽 종선을 위로 올린 것이다.
  甘酒(감주)　甘草(감초)　甘味(감미)

- 周(주)나라 때 하늘에서 내려온 보리를 상형한 것이라고 하나, 보리라는 뜻으로는 夂(치)자를 덧붙여서 麥(맥)으로 쓰고 來(래)자는 **오다**는 뜻으로만 쓰게 되었다.
  來日(내일)　來世(내세)　來週(내주)　來時(내시)

• 悶 : 괴로울 민　• 忠 : 충성 충　• 終 : 마침 종　• 週 : 주일 주

> **뜻** 가까운 혈족(血族)끼리 서로 싸움하다.

자원(字源)

- 冎과 月(肉)의 합자니 살(月)이 붙어 있는 **뼈**(冎)라.

骨痛(골통)   骸骨(해골)   骨肉(골육)   骨髓(골수)

- 동물의 **살**을 상형한 것이다.

肉體(육체)   肉感(육감)   肉情(육정)   精肉(정육)

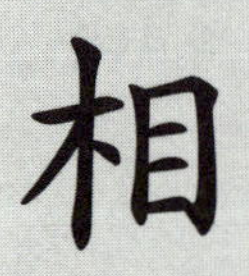

- 木(목)과 目(목)의 합자니, 「눈으로 나무를 보다」가 본의인데, 引申(인신)되어 「**서로**」의 뜻이 되었다.

相互(상호)   丞相(승상)   相見(상견)   相國(상국)

- 戔(잔)은 난도질한 것처럼 물건이 잔잔한 것인데 歹(알)변을 붙였으니 해져서 없어져 뼈만 **남은** 것이다.

殘額(잔액)   殘虐(잔학)   殘物(잔물)   殘日(잔일)

•痛 : 아플 통   •骸 : 뼈 해   •互 : 서로 호   •額 : 이마 액   •虐 : 사나울 학

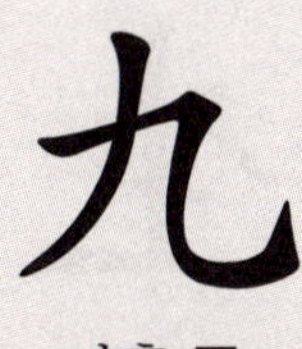 

九 曲 肝 腸

아홉 **구**   굽을 **곡**   간 **간**   창자 **장**

> **뜻**   굽이굽이 깊이든 마음속. 깊은 마음속이다.

자원(字源)

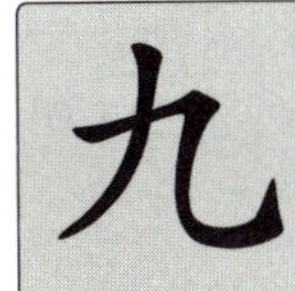

- 일본의 가등(加藤)박사는 「팔이 굽은 형상이다」라고 했으나, 차라리 十(십)과 乙(을)의 합자(合字)로 십에서 한 마리의 새(乙)가 날아갔으니 **아홉**이 되었다.

  九世(구세)   九世同居(구세동거)   九數(구수)   九州(구주)

- 篆字(전자)로는 凹자 **굽을** 곡 자인데 楷字(해자)에서 曲(곡)으로 변한 것이다.

  曲調(곡조)   九曲(구곡)   曲盡(곡진)

- 月(肉)과 干(간)의 합자니 육체(月) 내에서 방패(干)처럼 독소가 들어오는 것을 막고 해독하는 **기관**이다.

  肝炎(간염)   肝膽(간담)   肝臟(간장)

- 月(肉)과 易(양)의 합자니 체내에 들어간 식물을 양기(易 : 에너지)로 소화내 내는 **창자**다.

  腸炎(장염)   內腸(내장)   小腸(소장)

• 數 : 수 수   • 調 : 고루 조   • 臟 : 장부 장   • 炎 : 불꽃 염   • 膽 : 쓸개 담

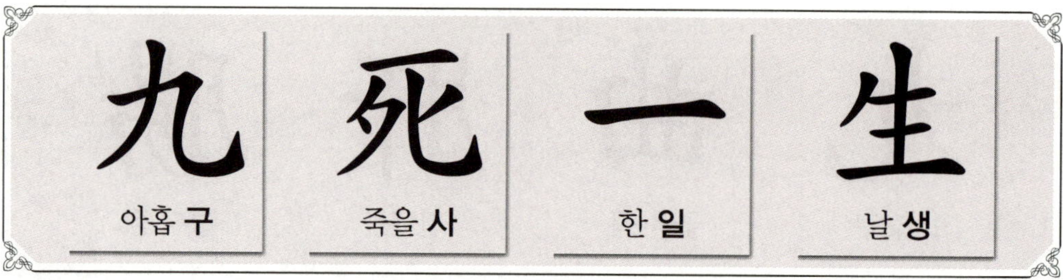

뜻 죽을 고비를 여러차례 넘기고 겨우 살아나다.

자원(字源)

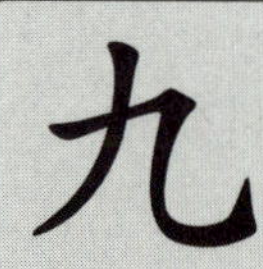

- 일본의 加藤(가등)박사는 「팔이 굽은 형상이다」라고 했으나, 차라리 十(십)과 乙(을)의 合字(합자)로 십에서 한 마리의 새(乙)가 날아갔으니 **아홉**이 되었다.

九月(구월)　　九十(구십)　　九萬里(구만리)　　九天(구천)

- 歹(알)과 匕(化)의 합한 글자이니, 생명체가 해골(歹)로 화(化)하여 가는 것이니, **죽은** 것이다.

  *이 세상에서 안 보이게 됨은 歿(몰)이고, 일생을 마치는 것은 卒(졸)이고, 죽음을 애통함은 喪(상)이다.

死亡(사망)　　死色(사색)　　死文(사문)　　死地(사지)

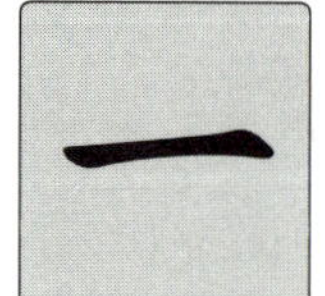

- 하나를 **하나**의 선(一)으로 표시한 指事(지사) 문자이다.

一刻(일각)　　一時(일시)　　一萬(일만)　　一千(일천)

- 屮(철)과 土(토)의 합한 글자이니 초목의 움(屮)이 땅(土)에서 **나옴**이다.

生涯(생애)　　生命(생명)　　生活(생활)　　生水(생수)

・刻 : 새길 각　　・涯 : 언덕 애　　・命 : 목숨 명

> **뜻** 절세의 미인, 나라 안에서 제일가는 미인이다.

자원(字源)

- 囗(위)와 戈(과)와 口(구)와 一(일)의 합한 글자니, 영토(囗) 안에서 권력(戈)자와 인민(口)이 일체(一)로 된 **나라**다.

國家(국가)　國政(국정)　國民(국민)　國語(국어)

大韓民國(대한민국)　一國(일국)　大國(대국)　小國(소국)

- ⺈(人)과 巴(已)의 합자니, 사람의 마음에 있는 것이 병부(巴)처럼 딱 맞게 얼굴에 나타난 **빛**이다.

色素(색소)　色相(색상)　色彩(색채)　酒色(주색)

五色(오색)　一色(일색)　黃金色(황금색)　靑色(청색)

• 政 : 정사 정　　• 相 : 서로 상　　• 酒 : 술 주

뜻 나라가 전쟁이 없고 태평하여 백성의 삶이 편안하다.

자원(字源)

- □(위)와 戈(과)와 口(구)와 一(일)의 합한 글자니, 영토(□) 안에서 권력(戈)자와 인민(口)이 일체(一)로 된 **나라**다.

  國土(국토)　　國際(국제)　　國體(국체)　　國喪(국상)

- 古文(고문)에는 夳 이렇게 썼으니, 높(大)고, 미끄러(六)워서 올라가기가 어려운, 태산(泰山)의 **크고 높은** 것을 뜻함.

  泰山(태산)　　泰平(태평)　　泰安(태안)　　泰平天下(태평천하)

- 宀(멱)과 氏(씨)의 합자이니, 氏(씨)는 개인을 말하고 宀(멱)은 다수를 덮어서 말하니 **백성**이 된다.

  民本(민본)　　民政(민정)　　民族(민족)　　平民(평민)　　人民(인민)

- 宀(면)과 女(여)의 합자이니 집안(宀)에서 여자(女)가 일을 제대로 해야 집안이 **편안한** 것이다.

  安樂(안락)　　安定(안정)　　便安(편안)　　平安(평안)

• 際 : 즈음 제　　• 喪 : 초상 상　　• 族 : 겨레 족　　• 定 : 정할 정

<table>
<tr><td align="center">君</td><td align="center">子</td><td align="center">大</td><td align="center">路</td><td align="center">行</td></tr>
<tr><td align="center">임금 군</td><td align="center">아들 자</td><td align="center">큰 대</td><td align="center">길 로</td><td align="center">다닐 행</td></tr>
</table>

뜻 군자는 큰 길을 택해서 간다는 뜻으로, 밝고 바르게 행동함으로써 남의 본이 된다는 말. 또한 군자는 사술을 부리지 않고, 떳떳한 행위로 정진한다는 뜻이다.

자원(字源)

- 尹(윤)과 口(구)의 합자니 백성에게 명령(口)하는 최고의 통치자(尹)는 **임금**이다.

  君子(군자)　　君主(군주)　　君臣(군신)　　君王(군왕)　　大君(대군)

- 子(자)의 篆(전)자는 ♀이니 위는 머리고 아래는 발인데 팔을 벌리고 있는 **아이**이다.

  子息(자식)　　子宮(자궁)　　子女(자녀)　　子正(자정)

- 사람이 사지를 벌리고 있는 형상(大)이니, 사지를 크게 벌렸으므로 **큰** 것이다.

  大韓(대한)　　大小(대소)　　大學(대학)　　大成(대성)

- 足(족)과 各(각)의 합자니, 각(各) 사람이 밟고 다니는 **길**이다.

  路邊(노변)　　滑走路(활주로)　　大路(대로)　　道路(도로)

- 왼쪽 발(彳)과 오른쪽 발(亍)을 서로 옮겨서 걸어다니는 **길**이다.

  行人(행인)　　行動(행동)　　行實(행실)

・息 : 숨쉴 식　　・宮 : 집 궁　　・韓 : 나라 한　　・邊 : 갓 변　　・滑 : 미끄러질 활

權	謀	術	數
권세 권, 권도 권, 저울 권	꾀 모	재주 술	셈 수, 수 수, 자주 삭

목적을 위해서는 수단과 방법을 가리지 않고 때와 형편에 따라 둘러 맞추는 지략이나 술책이다.

자원(字源)

■ 木(목)과 蕿(관)의 합자니 황새(蕿)가 나무(木) 가지 끝에 앉다가 휘어지면 조금씩 안으로 들어가서 평형이 되는 곳에 앉으니, **저울**이란 뜻에서 **세력**이란 뜻도 되었다.

權勢(권세)　　權利(권리)　　權度(권도)　　權力(권력)

■ 言(언)과 某(모)의 합자니 무슨(某) 할 말(言)을 생각하는 것이니 **꾀**하는 것이다.

謀略(모략)　　謀索(모색)　　謀議(모의)　　謀士(모사)

■ 行(행)과 朮(출)의 합자니 사람이 살아가는(行)데 꼭 필요한 곡식(朮 : 기장)이니 이것은 **인생의 길에서 가장 중요한 기능**인 것이다.

術數(술수)　　術策(술책)　　藝術(예술)　　學術(학술)

■ 속이 비어(婁)있는데 매(攵)를 자주 쳐서 세게 하니, **세는** 뜻이 되었다.

數學(수학)　　數字(숫자)　　多數(다수)　　小數(소수)

•勢 : 형세 세　　•度 : 법도 도　　•略 : 간략할 략　　•索 : 찾을 색　　•策 : 꾀 책

뜻 남의 집 처녀를 정중하게 부르는 말이다.

자원(字源)

- 門(문)과 圭(규)의 합자니, 독립된 작은 문(門)이 위는 둥글고 아래는 모진(圭) 형상인데 그 안에서 사는 **처녀**다.

閨房(규방)　　閨門(규문)　　閨女(규녀)

- 禾(화)와 乃(내)의 합자니, 벼 이삭(禾)이 이에(乃) 패서 **빼낸** 것이다.

秀才(수재)　　優秀(우수)　　秀麗(수려)

・房 : 방 방　　・優 : 넉넉할 우　　・麗 : 고울 려

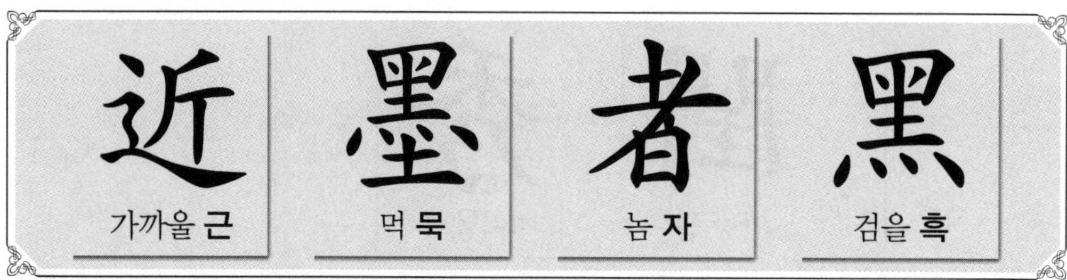

> **뜻** 먹을 가까이 하면 검어진다는 뜻으로, 나쁜 사람과 가까이 하면 물들기 쉽다는 뜻이다.

자원(字源)

▪ 斤(근)과 辶(착)과의 합자니, 칼(斤)로 끊은 것과 같은 **가까운 길(辶)**을 말한다. 길이가 긴 나무를 칼로 자르면 길이가 짧아지는 것을 말한다.

近世(근세)　　近洞(근동)　　近親(근친)　　遠近(원근)

▪ 黑(흑)과 土(토)의 합자니, 옛날 태고 시에는 검은(黑) 흙(土)을 풀어서 **먹**으로 썼다.

墨畫(묵화)　　墨色(묵색)　　水墨畫(수묵화)　　墨猪(묵저)

▪ 耂(老)와 白(백)의 합자로 노인(耂)의 고백(白)이니, 그가 경험한 人(인), 物(물), 事(사) 등 모든 것을 말한 것이니, 개개의 것을 모두 **者(자)**라고 한다.

學者(학자)　　易學者(역학자)　　譯者(역자)　　識者(식자)

▪ 불(火)을 떼는 흙(土)으로 만든 굴뚝(黑)은 항상 **검은** 것이다.

黑色(흑색)　　黑死病(흑사병)　　黑土(흑토)　　黑人(흑인)

•洞 : 고을 동　　•畫 : 그림 화　　•譯 : 번역할 역　　•病 : 병 병

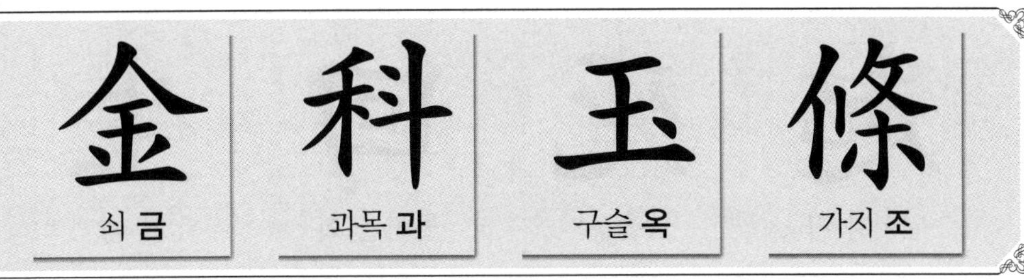

> **뜻** 금과 옥같이 아주 귀하게 여기며 신봉하는 법칙이나 규정이다.

자원(字源)

- 說文(설문)에는 今(금)과 土(토)의 합자이며, 음은 금(今)이라 했으나, 흙(土)속에 있는 것(ヽヽ)을 모은(△) 금(金)이다.

金星(금성)　金鑛(금광)　白金(백금)　黃金(황금)　沙金(사금)

- 禾(화)와 斗(두)의 합자니 탈곡한 벼(禾)를 말(斗)로 한 말, 두 말, 한 섬, 두 섬 세는 **과정**을 말한다.

科學(과학)　科學者(과학자)　科目(과목)　科場(과장)

- 원래는 王(왕)이 구슬 셋을 꿰놓은 형상인데 뒤에 王(왕)자로 넓게 쓰임에 따라 이를 구별하기 위해서 옆에다 **구슬** 한 개(ヽ)를 덧붙인 것이다.

玉雪(옥설)　玉顔(옥안)　白玉(백옥)　靑玉(청옥)

- 攸(유)와 木(목)의 합자니 나무(木)가 크는 바(攸)에는 **가지가** 뻗어나간다.

條目(조목)　條項(조항)　條件(조건)　法條(법조)

• 鑛 : 쇳돌 광　• 沙 : 모래 사　• 顔 : 얼굴 안　• 項 : 목 항　• 件 : 일 건

뜻 죽을뻔 하다가 다시 살아나다.

자원(字源)

- 走(주)와 己(기)의 합자니, 달아나려고 하는 자신(己)은 반드시 **일어나야** 한다.

起上(기상)　起動(기동)　起工(기공)　起原(기원)

- 歹(알)과 匕(化)의 합자니, 죽어서 뼈(歹)로 화(化)하여 감은, 즉 **죽은** 것이다.

死力(사력)　死生(사생)　卽死(즉사)　急死(급사)

- 古文(고문)에는 ◎ 이렇게 썼으니, 이것을 楷字(해자)로는 回(회)이니, 이것은 **돌아가고, 돌아오는** 것을 상형한 것이다.

回想(회상)　回首(회수)　回水(회수)　回龍(회룡)

- 屮(철)과 土(토)의 합자니 땅(土)에서 싹(屮)이 **나옴**을 말한다.

生活(생활)　生水(생수)　生命(생명)　生動(생동)

生産(생산)　生子(생자)

•想 : 생각 상　•首 : 머리 수　•龍 : 용 룡　•命 : 목숨 명　•産 : 날 산

奇想天外

奇	想	天	外
기이할 **기**	생각 **상**	하늘 **천**	바깥 **외**

뜻 보통인은 감히 생각할 수 없는 엉뚱한 생각이다.

자원(字源)

- 大(대)와 可(가)의 합자니 크게(大) 옳은(可) 것은 **기이한** 것이다.
  - 드물게 있는 것은 奇(기)고, 아름답게 보이는 것은 妙(묘)고, 상식에 벗어난 것은 怪(괴)다.

奇效(기효)　　奇行(기행)　　奇人(기인)　　奇談(기담)

- 相(상)과 心(심)의 합자니, 상대(相)를 **생각하는** 마음(心)이다.
  - 두뇌로 생각함은 思(사)고, 애인을 생각함은 戀(련)이고, 계속 생각함은 念(념)이고, 과거를 생각함은 慕(모)다.

想念(상념)　　想像(상상)　　相思病(상사병)　　回想(회상)

- 세상에서 제일(一) 큰(大) 것은 **하늘**이다.

天主(천주)　　天地(천지)　　天上(천상)　　天下(천하)　　天國(천국)

- 옛날에는 외부로 출타할 때는 반드시 점을 치고 다녔다고 한다. 그러나 저녁(夕)에는 **밖**에 나가지 아니하니 점(卜)을 치지 아니한다.

外國(외국)　　外人(외인)　　外出(외출)　　外地(외지)

- 效 : 본받을 효　　- 念 : 생각 념　　- 像 : 형상 상

일어날 **기**   이을 **승**   구를 **전**   맺을 **결**

뜻 오언절구(五言絕句)나 칠언절구(七言絕句)체 한시(漢詩)의 서술체계니, 시의 첫머리를 기(起), 이것을 되받는 것을 승(承), 중간에 시의(詩意)를 한번 바꾸는 것을 전(轉), 전체를 종합함을 결(結)이라 한다.

자원(字源)

- 주(走)와 기(己)의 합자니 내(己)가 달려가(走)려면 먼저 **일어나야** 한다.

  起動(기동)   起工(기공)   起原(기원)   起上(기상)

- 子(자)와 手(수)와 水(수)의 합자니, 위에서 아래로 흐르는 물(水)처럼 아버지가 내려주는 것을 아들(子)이 손으로(手) **이어** 받는다.

  承諾(승낙)   承政院(승정원)   繼承(계승)

- 車(거)와 專(전)의 합자이고 專(전)은 손으로 수레를 끄는 것이니, 수레(車)를 끌어서 **구르게** 하는 것이다.

  轉賣(전매)   轉倒(전도)   轉聞(전문)   自轉車(자전거)

- 糸(사)와 吉(길)의 합자니 서로 관계가 없던 것이 길(吉)하게 인연을 **맺(糸)는** 것이다.

  結局(결국)   結成(결성)   結緣(결연)   結果(결과)

- 諾 : 허락 락   • 院 : 집 원   • 賣 : 팔 매   • 倒 : 거꾸러질 도   • 局 : 판 국
- 緣 : 인연 연

落 花 流 水

떨어질 **낙**   꽃 **화**   흐를 **유**   물 **수**

뜻 떨어지는 꽃과 흐르는 물이라는 뜻으로, 가는 봄의 정경을 나타내는 말. 또는 쇠잔영락(衰殘零落)을 비유하는 말이다.

자원(字源)

- ⺾(草)와 氵(水)와 各(각)의 합자니 물(氵)이 흐르는 것처럼 풀(⺾)잎이 각각(各) **떨어**진다.
  *붙은 것이 떨어짐은 落(락)이고, 힘 없어서 떨어짐은 墮(추)고, 땅 위로 떨어짐은 墜(타)다.

  落水(낙수)   落花(낙화)   落葉(낙엽)   落地(낙지)

- ⺾(草)와 化(화)의 합자니 풀(⺾)이 자라서 아름다운 꽃으로 화(化)한 것이다.

  花盆(화분)   花壇(화단)   花園(화원)   菊花(국화)

- 氵(水)와 㐬(류)의 합자니, 㐬는 걸어 놓은 깃발이 아래로 늘어진 것처럼 물(水)이 아래로 **흐른**다.

  流行(유행)   流星(유성)   流水(유수)   流動(유동)

- 水(수)의 篆字(전자)는 川이니, **물이 흐르는** 것의 상형이다.

  水星(수성)   水力(수력)   水上(수상)   水原(수원)   防水(방수)

•葉 : 잎 엽   •盆 : 동이 분   •壇 : 단 단   •菊 : 국화 국

亂臣賊子

亂	臣	賊	子
어지러울 **난**	신하 **신**	도적 **적**	아들 **자**

뜻 ① 나라를 어지럽히는 무리이다.
② 임금을 해치는 신하와 부모를 해치는 아들을 말한다.

자원(字源)

亂

▪ 𤔔(란)은 ⺥ + ㅋ + 冂 + 厶 + 又이니 위의 손(爪)과 아래의 손(又)이 서로 사심(厶)으로 대치(ㅋ)한 것을 분리(冂)시켜 다스린 것인데 乙(을 : 소인)이 **어지럽힌** 것이다.

亂立(난립)　亂麻(난마)　亂黨(난당)　亂筆(난필)

臣

▪ 위의 一은 원수(元首)고, 아래의 一은 백성이며, 왼쪽의 丨(신)은 임금과 백성을 연결하는 정의다. 가운데의 입(コ)이 **신하**니, 그 입으로 상의하달(丨)을 한다.

臣下(신하)　忠臣(충신)　姦臣(간신)　亂臣(난신)

賊

▪ 貝(패)와 戎(융)의 합자니, 무기(戎)로 재물(貝)을 **도적질** 하는 것이다.

賊臣(적신)　盜賊(도적)　賊徒(적도)　大賊(대적)

子

▪ 篆字(전자)로 이니, **어린 아이**가 팔을 벌리고 있는 것이다.

子息(자식)　子女(자녀)　子宮(자궁)　孝子(효자)

• 麻 : 삼 마　• 黨 : 무리 당　• 姦 : 간사할 간　• 盜 : 도적 도

暖 따뜻할 **난**　衣 옷 **의**　飽 배부를 **포**　食 먹을 **식**

> **뜻**　따뜻하게 입고, 배불리 먹는다는 것이니, 근심 걱정없이 행복하다는 뜻이다.

자원(字源)

- 爰(원)과 日(일)의 합자니, 이에(爰) 해(日)가 떴으니 **따뜻하다는** 것이다.

暖房(난방)　暖爐(난로)　寒暖(한난)　暖日(난일)　溫暖(온란)

- 衣(의)는 상형문자이다. **옷소매로** 나타낸 윗도리 모양(仐)이다.

衣服(의복)　衣食住(의식주)　衣裳(의상)　上衣(상의)

- 食(식)과 包(포)의 합자니, 먹은 것(食)을 불룩하게 싸(包)고 있는 것이니, **배가 부른** 것이다.

飽食(포식)　飽滿(포만)　飽月(포월)

- 人(인)과 良(량)의 합자니, 사람(人)에게 가장 좋은(良) 것은 **먹는** 것이다.

食事(식사)　食堂(식당)　食性(식성)　食慾(식욕)

・房：방 방　・爐：화로 로　・寒：찰 한　・服：옷 복　・滿：가득할 만
・性：성품 성　・慾：욕심 욕

<table>
<tr><td>難</td><td>兄</td><td>難</td><td>弟</td></tr>
<tr><td>어려울 난</td><td>맏 형</td><td>어려울 난</td><td>아우 제</td></tr>
</table>

> **뜻** 형과 아우를 구분하지 못하는 것이니, 사물이 엇비슷하여 분간하기 어려움의 비유이다.

자원(字源)

- 菓과 隹(추)의 합자다. 菓은 菫의 변체로서 黃(황)과 土(토)의 합자인데, 황토색의 아름다운 새(隹)는 구하기가 **어렵다**는 것이다.

難解(난해)   難事(난사)   難望(난망)   難行(난행)   困難(곤란)

- 口(구)와 儿(人)의 합자니, 사람(儿)이 말(口)한다는 것은 철이든 것이니, 철이 없는 아우에 대한 **형**이다.

兄任(형님)   兄嫂(형수)   兄氏(형씨)   仁兄(인형)

- 上에 기록함.

難堪(난감)   難局(난국)   難産(난산)   難易(난역)

- 丫(아)와 弓(궁)과 丿(별)의 합자니, 활(弓)을 메고 화살(丿)을 가지고 노는 아이(丫)라, 철이 들어서 말(口)할 줄 아는 사람(儿)인 兄(형)에 대한 **아우**다.

弟子(제자)   弟嫂(제수)   弟氏(제씨)   妹弟(매제)

•望 : 바랄 망   •堪 : 견딜 감   •局 : 판 국   •嫂 : 아주머니 수   •妹 : 누이 매

<table>
<tr><td>男
사내 남</td><td>負
질 부</td><td>女
계집 여</td><td>戴
일 대</td></tr>
</table>

뜻 남자는 등에 지고, 여자는 머리에 인다는 뜻으로, 가난한 백성들이 살 곳을 찾아 이리저리 떠돌아다님을 이르는 말이다.

자원(字源)

- 田(전)과 력(力)의 합자니, 밭(田)에서 힘(力)써서 일하는 사람은 **사내**다.

男女(남녀)　　男性(남성)　　男爵(남작)　　男便(남편)

- 𠂊(人)과 貝(패)의 합자니, 사람(𠂊)이 재물(貝)을 가져가는데 **지는** 것이다.

負役(부역)　　負擔(부담)　　負商(부상)　　負傷(부상)

- 女(녀)를 甲骨文(갑골문)에서는 𡜟로 쓰니, 양손을 교차시키고 앉아 있는 **부녀**의 모습이다.

女丈夫(여장부)　　女性(여성)　　長女(장녀)

- 𢦔(載)와 共(공) 합자니, 물건을 싣(載)고 두 손을 같이(共) 잡는 것을 **이른** 것이다.

推戴(추대)　　戴冠(대관)

・爵 : 벼슬 작　　・役 : 역사 역　　・擔 : 멜 담　　・商 : 장사 상　　・傷 : 상할 상

> **뜻** 나라 안과 밖의 근심 걱정이다.

자원(字源)

- 冂(경)과 入(입)의 합자니 비어(冂)있는 **안으로** 들어(入)가는 것이다.
  內國人(내국인)　　內外(내외)　　內政(내정)　　內治(내치)

- 憂(우)의 古字(고자)는 頁(혈)과 心(심)의 합자니, 얼굴(頁)에 나타나는 마음(心)의 근심이라. 뒤에 頁(혈)과 夊(애)의 합자로 변했으니, 근심이 얼굴을 덮은 상태의 **근심**이다.
  憂國(우국)　　憂患(우환)　　憂國衷情(우국충정)

- 옛날에는 외부로 출타할 때는 반드시 점을 치고 다녔다고 한다. 그러나 저녁(夕)에는 **밖**에 나갈 필요가 없으니, 점(卜)을 치지 아니한다.
  外界(외계)　　外國人(외국인)　　外治(외치)　　外遊(외유)

- 串(관)과 心(심)의 합자니, 마음(心)을 꿰고(串) 고민하는 걱정이니, **근심**이다.
  患者(환자)　　患亂(환란)　　患部(환부)　　憂患(우환)

• 政 : 정사 정　　• 衷 : 속 충　　• 遊 : 놀 유　　• 部 : 부서 부

怒發大發

怒	發	大	發
성낼 **노**	필 **발**	큰 **대**	필 **발**

뜻 몹시 성을 낸다.

자원(字源)

怒

▪ 奴(노)와 心(심)의 합자니, 학대 받는 종놈(奴)의 마음(心)은 항상 **성냄**이 있다.

怒氣(노기)　怒色(노색)　怒濤(노도)　大怒(대로)

發

▪ 癶(발)과 弓(궁)과 殳(수)의 합자니, 활(弓)에 화살창(殳)을 쏘니 화살이 **나아가**(癶)는 것이다.

發達(발달)　發明(발명)　發展(발전)　發聲(발성)

大

▪ 사람이 사지를 **크게** 벌리고 있는 형상(大)이다.

大學(대학)　大韓民國(대한민국)　大成(대성)　大人(대인)

發

▪ 위에 기록함.

發刊(발간)　發見(발견)　發光(발광)　發動(발동)
發令(발령)　發病(발병)

• 濤 : 물결 도　• 展 : 펼 전　• 聲 : 소리 성　• 韓 : 나라 한　• 令 : 명령 령

勞	心	焦	思
힘쓸 노, 괴로울 노	마음 심	초조할 초, 볶을 초	생각 사

뜻 애를 쓰며 속을 태운다.

자원(字源)

- 炏와 冖과 力의 합자니, 덮여(冖)있는 힘(力)을 너무 많이 소비(炏)하니 **괴로운** 것이다.

勞苦(노고) 勞動(노동) 勞力(노력) 勞困(노곤)
勞而無功(노이무공)

- 상형자 心이니, **심장**을 상형한 것이다.

心德(심덕) 心亂(심란) 心理(심리) 心事(심사)
心性(심성) 心身(심신)

- 隹(추)와 灬(火)의 합자니, 새(隹)의 털이 불(灬)에 타니 알몸뚱이만 남은 것이다.

焦心(초심) 焦點(초점) 焦燥(초조) 焦土(초토)

- 田(田)과 心(심)의 합자니, 두뇌(田)를 통해서 **생각**하는 마음(心)이다.

思考(사고) 思慕(사모) 思想(사상) 思索(사색) 思潮(사조)

• 德 : 큰 덕 • 亂 : 어려울 난 • 點 : 점 점 • 燥 : 마를 조 • 考 : 상고할 고
• 慕 : 사모 모 • 想 : 생각 상 • 潮 : 조수 조

  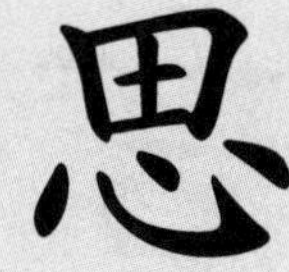 

老	莊	思	想
늙을 **노**	별장 **장**, 장엄할 **장**	생각 **사**	생각 **상**

> **뜻** 道家(도가)의 中心(중심)사상을 이루는 老子(노자)와 莊子(장자)의 사상, 모든 인위적인 것을 부정하고, 無爲(무위) 自然(자연)을 도덕의 표준으로 하며, 허무를 우주의 근본으로 삼는다.

자원(字源)

- 땅(土)으로 향(丿)해서 굽어가는(匕 : 화하여 가는) **늙은이**.

老人(노인)　　老子(노자)　　老者(노자)　　敬老(경로)　　長老(장로)

- ⺿(草)와 壯(장)의 합자니, 초목(⺿)이 성(壯)한 정원이 있는 별장이니, **장엄한** 별장이다.

莊嚴(장엄)　　莊主(장주)　　別莊(별장)

- 田(⊗)과 心(심)의 합자니, 두뇌(⊗)를 통해서 **생각**하는 마음(心)이다.

思慕曲(사모곡)　　思任堂(사임당)　　思考(사고)

- 相(상)과 心(심)의 합자니, 상대(相)를 **생각**하는 마음(心)이다.
- * 두뇌로 생각함은 思(사)고, 애인을 생각함은 戀(연)이고, 계속 생각함은 念(념)이고, 과거를 생각함은 慕(모)다.

想像(상상)　　想念(상념)　　相思病(상사병)　　思想(사상)

• 嚴 : 엄할 엄　　• 像 : 형상 상　　• 念 : 생각 념

뜻 군자는 말이 어눌하더라도 행동은 민첩하기를 원한다는 뜻이다.

자원(字源)

- 言(언)과 內(내)의 합자니, 안(內)으로는 말(言)하나 밖으로의 표현이 잘 되지 않아서 **더듬는** 것을 말함.

訥辯(눌변)   訥言(눌언)   語訥(어눌)   訥澁(눌삽)

- 說文(설문)에는 辛(건)과 口(구)의 합자라 했다. 지금의 楷字(해자)는 위(二)와 아래(二)와 口의 합자니 위·아래로 입(口)을 놀려서 **말을** 하는 것이다.

言語(언어)   言行(언행)   言聲(언성)   言辯(언변)

- 每(매)와 攵(복)의 합자니, 매양(每) 매(攵)을 쳐서 독촉하니 일을 **민첩하게** 함이다.

敏捷(민첩)   敏行(민행)   敏活(민활)   銳敏(예민)

- 왼발(彳)과 오른발(亍)을 서로 옮겨서 **걸어가는** 것이다.

行人(행인)   行爲(행위)   行路(행로)   行商(행상)

•澁 : 깔깔할 삽   •聲 : 소리 성   •辯 : 말 잘할 변   •捷 : 빠를 첩   •銳 : 뾰족할 예

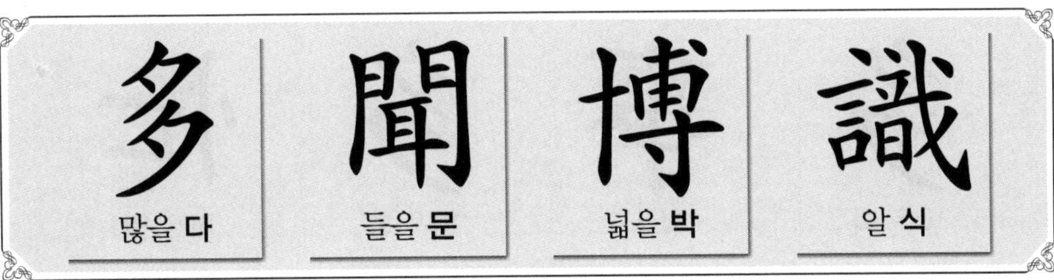

뜻 보고 들은 것이 많고 학식이 넓음을 말한다.

자원(字源)

▪夕(석)과 夕(석)의 합자니, 하루가 가서 저녁(夕)이 되고 또 하루가 가서 저녁(夕)이 되니, 이러한 날이 무수하게 **많은** 것이다.

多幸(다행)　　多多益善(다다익선)　　多情(다정)　　多寡(다과)

▪門(문)과 耳(이)의 합자니, 귀(耳)의 문(門)으로 **듣는다.**

聞見(문견)　　聞達(문달)　　新聞(신문)　　見聞(견문)

▪十(십)과 尃(부)의 합자니, 十(십)은 전체고 尃(부)는 펴는 것이니, 모두 펴면 **넓은** 것이다.

博物(박물)　　博士(박사)　　博識(박식)　　博愛(박애)

▪言(언)과 戠(직)의 합자니, 많은 말(言)을 구별(戠)해서 **아는** 것이다.

識者(식자)　　識見(식견)　　有識(유식)　　無識(무식)

•益 : 더할 익　　•達 : 통달 달　　•愛 : 사랑 애

뜻 일이 많아 눈코뜰새 없이 바쁘다.

자원(字源)

- 夕(석)과 夕(석)의 합자니, 하루가 가서 저녁(夕)이 되고 또 하루가 가서 저녁(夕)이 되니, 이러한 날이 무수하게 **많은** 것이다.

多産(다산)　　多世帶(다세대)　　多寡(다과)　　多人(다인)
多物(다물)

- 一(일)은 하나의 목적, 口(구)는 말하는 계획, 크은 일하는 손, ㅣ는 끌어오는 갈고리니, 어떤 목적으로 계획해서 성과를 거두도록 하는 **일**이다.

事實(사실)　　事件(사건)　　事物(사물)　　事君(사군)

- 위에 기록함.

多岐(다기)　　多病(다병)　　多幸(다행)　　多情(다정)

- 忄(心)과 亡(망)의 합자니, 마음(心)이 **바빠**서 생각할 겨를이 없(亡)다.

忙中閑(망중한)　　忙心(망심)

・産 : 날 산　　・帶 : 띠 대　　・寡 : 적을 과　　・件 : 일 건　　・岐 : 높을 기

> **뜻** 정이 많고, 느낌이 많다.

자원(字源)

- 夕(석)과 夕(석)의 합자니, 하루가 가서 저녁(夕)이 되고 또 하루가 가서 저녁(夕)이 되니, 이러한 날이 무수하게 **많은** 것이다.

多少(다소)　　多産(다산)　　多幸(다행)　　多角(다각)

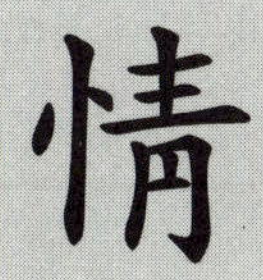

- 忄(心)과 主(生)과 円(단)의 합자니, 즉 性(성)과 情(정)에서 나오는 **감정**을 말한다.

情感(정감)　　情人(정인)　　性情(성정)　　七情(칠정)

- 위에 기록함.

多寡(다과)　　多用(다용)　　多年(다년)　　多聞(다문)
多方面(다방면)

- 咸(함)과 心(심)의 합자니, 마음(心)으로 **느끼는**(咸) 것이다.

感情(감정)　　感動(감동)　　感性(감성)　　感物(감물)　　感謝(감사)

•産 : 날 산　　•寡 : 적을 과　　•聞 : 들을 문　　•謝 : 사례할 사

> 뜻 | 조상이나 부모를 明堂(명당)에 장사지내어 곧 富貴(부귀)를 누린다.

자원(字源)

■ 농경시대에는 논·밭(田)을 숭상(尚)하는 것이 **마땅**하니, 그러므로 農(농)을 천하의 근본이라 하였다.

當年(당년)　　當時(당시)　　當身(당신)　　當代(당대)

■ 亻(人)과 弋(익)의 합자니, 사람(亻)이 사람을 취(弋)해서 바꾸는 것이니, **대신**하게 된다.

代身(대신)　　代用(대용)　　代金(대금)　　代書(대서)

■ 癶(발)과 弓(궁)과 殳(수)의 합자니, 활(弓)에 화살창(殳)을 쏘니 화살이 **나아가**(癶)는 것이다.

發達(발달)　　發展(발전)　　發明(발명)　　發聲(발성)

■ 甲骨文字(갑골문자)에는 배가 불룩한 병을 상형한 것이 복(畐)으로 변했으니, 밭(田)은 큰데 사람(口)은 한 명(一)이니 식량이 여유가 있는 것인데 시(示)를 덧붙여서 신(神)이 내려준 **복**이라고 했다.

福人(복인)　　福德(복덕)　　幸福(행복)　　壽福(수복)

•展 : 펼 전　　•德 : 큰 덕　　•壽 : 목숨 수

| 뜻 | 크게 놀라서 낯빛을 잃다. |

자원(字源)

▪篆字(전자)를 보면 사람이 양손을 크게 벌리고(大) 있는 상형문자다. 또, 이 세상에서 사람(人)이 제일(一) 큰 것이다.

大學(대학)　　大人(대인)　　大家(대가)　　大成(대성)　　大韓(대한)

▪苟(구)와 攵(복)과 馬(마)의 합자니, 만약에(苟) 말(馬)을 갑자기 때리면 攵(복) 말이 **놀란다.**

＊놀라서 움직이는 것은 驚(경)이고, 놀라서 소리지르는 것은 愕(악)이다.

驚動(경동)　　驚愕(경악)　　驚氣(경기)　　驚心(경심)

▪矢(시)의 윗부분이 조금 삐져 나온(失) 것이고, 화살이 나간 것이니, 즉 화살을 **잃은** 것이다.

失政(실정)　　失手(실수)　　失敗(실패)　　失期(실기)　　失性(실성)

▪刍(人)과 巴(卩)의 합자니, 사람(刍)의 마음에 있는 것이 병부(卩)처럼 맞게 얼굴에 나타나는 **빛**이다.

＊물건에서 나타난 빛은 色(색)이고, 색이 보이게 밝은 것은 光(광)이다.

色情(색정)　　色素(색색)　　五色(오색)　　女色(여색)　　酒色(주색)

• 愕 : 놀랄 악　　• 敗 : 패할 패　　• 期 : 기약할 기　　• 性 : 성품 성

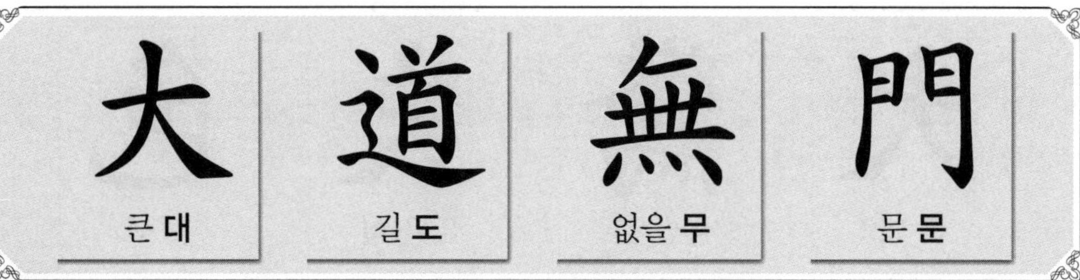

大	道	無	門
큰 대	길 도	없을 무	문 문

> **뜻** 사람이 가는 바른 길에는 거칠 것이 없다는 뜻으로, 누구나 그 길을 걸으면 승리자가 될 수 있다는 말이다.

자원(字源)

- 篆字(전자)를 보면 사람이 양손을 크게 벌리고(大) 있는 상형문자다. 또, 이 세상에서 사람(人)이 제일(一) **큰** 것이다.

大驚失色(대경실색)　　大韓(대한)　　大田(대전)　　大邱(대구)

- 首(수)와 辶(착)의 합자니, 사람이 머리(首)로는 목적지를 정하고 발로는 걸어가(辶)는 **길**이다. 途(도)와 통하는 글자인데, 따라서 인생이 가는 **길**이니, 즉 **진리**라는 뜻도 된다. 그러므로 사람이 가는 길(辶) 중에서 가장 머리(首)가 되는 **길**인 것이다.

道路(도로)　　道人(도인)　　道學(도학)　　道伯(도백)

- 甲骨文(갑골문)에는 로 쓰니 이것은 사람이 양손에 소 꼬리를 잡고 춤추는 모양이니, 有無(유무)의 無(무)는 假借(가차)된 것이다.

無情(무정)　　無學(무학)　　無識(무식)　　無子(무자)

- 두 문을 달아 놓은 형상(門)이다.
  * 두 쪽이 있는 문은 門(문)이고, 한쪽에만 있는 문은 戶(호)이다.

門客(문객)　　門內(문내)　　門生(문생)　　門人(문인)

・驚 : 놀랄 경　・伯 : 맏 백　・識 : 알 식　・客 : 손 객

> **뜻** 큰 차이가 없이 거의 같고 조금만 다르다.

자원(字源)

- 사람이 두 팔을 **크게** 벌리고 있는 모습(大)이다.

  大朝鮮(대조선)　　大高句麗(대고구려)　　大地(대지)

- 冂 이러한 곳을 一口로 모두 **같이** 다니는 것이다.

  *같게 보임은 同(동)이고, 같이 일함은 共(공)이고, 이것이 저것과 같음은 如(여)고, 속은 다른데 겉만 같음은 似(사)다.

  同氣間(동기간)　　同生(동생)　　同門(동문)　　同窓(동창)

- 사람이 두 발을 조금 붙이고 팔을 **조금** 벌린 상형문자다.

  小人(소인)　　小者(소자)　　小學(소학)　　小數(소수)

- 畀(비)자 속에 廾(공)이 들어있다. 이것은 두 손으로 물건을 쥐(廾)어서 주면 나누어져서 **달라지는** 것이다.

  異色(이색)　　異人(이인)　　異端(이단)　　異心(이심)

•鮮 : 고을 선　　•麗 : 빛날 려　　•窓 : 창문 창　　•數 : 셀 수　　•端 : 끝 단

對	牛	彈	琴
대할 **대**	소 **우**	튕길 **탄**, 탄환 **탄**	거문고 **금**

뜻 소에게 거문고를 타서 들려주다.

자원(字源)

- 땅(土) 위에 떨기(丵)로 난 초목을 사람은 법도(寸)에 따라 **상대**하는 것이다.

  * 주체가 객체를 향한 것은 對(대)고, 눈(目)으로 나무(木)를 보는 것은 相(상)이다. 음은 대니, 待(대)하는 것이다.

  對決(대결)　　對句(대구)　　對局(대국)　　對答(대답)

- 갑골문에는 ♈이니, 이것은 소의 머리를 정면에서 본 형태로 ∪은 **소**의 뿔이며 ♈은 머리와 두 귀를 나타낸 것이다.

  牛角(우각)　　牛耕(우경)　　牛頭(우두)　　牛馬(우마)

- 弓(궁)과 單(단)의 합자니, 활(弓)의 한가지(單) 기능은 **튕겨서** 화살을 멀리 보내는 것이다. 따라서 쏜다, 또는 총알 등의 뜻이 되었다.

  彈劍(탄검)　　彈弓(탄궁)　　彈力(탄력)　　彈劾(탄핵)

- 신농씨(神農氏)가 만든 **거문고**를 형상한 자이나, 또한 두(二) 옥(玉)이 지금(今) 서로 치는 것처럼 소리나는 악기라 해도 되니, 음은 금(今)이다.

  琴歌(금가)　　琴堂(금당)　　琴笙(금생)　　琴音(금음)

- 決 : 결단할 결　　• 局 : 판 국　　• 答 : 대답 답　　• 耕 : 갈 경　　• 彈 : 탄알 탄
- 劍 : 칼 검　　• 劾 : 캐물을 핵　　• 笙 : 저 생

뜻 지혜가 깊은 사람은 겉으로 보기에는 우둔해 보인다.

자원(字源)

- 사람(人)이 사지를 **크게** 벌리고 서 있는 모습을 상형한 글자이다. 또한 이 세상에서 제일 큰 자는 사람이다.

  大田(대전)　　大邱(대구)　　大馬(대마)　　大麻(대마)

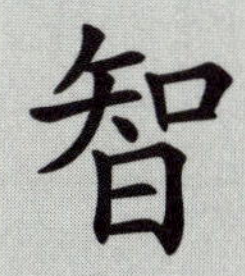

- 원래 知(지)자와 통하는 글자이다. 즉, 矢(시)와 口(구)의 합자니, 과녁을 맞추는 화살(矢)처럼 진리에 맞는 말(口)은 아는 것이고, 아는 것을 밝히는(日)것은 **지혜**다.

  智者(지자)　　智見(지견)　　智德(지덕)　　智略(지략)

- 艸(草)와 右(우)의 합한 글자니, 오른(右)손으로 풀(艸)을 뽑는 것인데, **만약** 곡식이거든 남겨두고 잡풀이거든 뽑는다.

  若干(약간)　　若此(약차)　　若何(약하)　　若爲(약위)

- 禺(우)와 心(심)의 합자니, 꼬리가 긴 원숭이(禺)의 마음(心)에는 지혜가 없으니, **어리석은** 것이다.

  * 병적으로 어리석은 것은 痴(치)고, 벌레처럼 어리석은 것은 蠢(준)이다.

  愚見(우견)　　愚公(우공)　　愚鈍(우둔)　　愚老(우로)

・邱 : 언덕 구　　・鈍 : 우둔할 둔

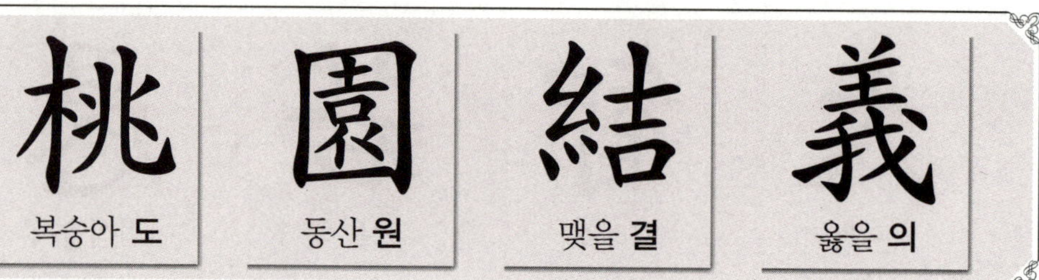

뜻 도원에서 의형제를 맺다.

자원(字源)

▪ 귀신을 쫓는 조짐(兆)이 있는 나무(木)는 **복숭아 나무**다. 전에 삼눈을 잡을 때나, 단굿을 할 때는 복숭아 나뭇가지로써 했다.

桃花(도화)   桃園(도원)   桃李(도리)   天桃(천도)

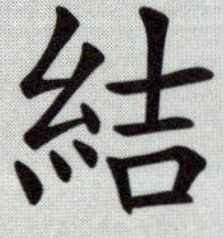

▪ □(위)와 袁(원)의 합자니, 넓은(袁) 땅을 둘러싼(□) 구역 안에 수목을 심은 곳이니, 苑(원)으로도 통한다.

＊동물도 기르는 것은 苑(원)이고, 삼림(森林)을 기르는 것은 囿(유)다.

園頭幕(원두막)   園藝(원예)   園林(원림)   公園(공원)

▪ 서로 관계가 없는 것이 길하게(吉) 인연을 **맺은**(糸) 것이다.

結果(결과)   結心(결심)   結成(결성)   結定(결정)

▪ 羊(양)과 我(아)의 합자니, 양(羊)과 같이 온순한 나(我)는 사회의 복리를 위해 사회공동체에 잘 순종하는 것이니, 하나의 **정신적 행위**이다.

義理(의리)   義士(의사)   義賊(의적)   義兵(의병)

•幕：장막 막   •藝：재주 예   •定：정할 정   •賊：도적 적   •兵：병사 병

　나관중이 지은 「삼국지연의」에 보면, 중국 한나라 말에 황실의 위엄이 없어졌을 때에 유비·관우·장비 삼인이 어느 봄날 복숭아 꽃이 만발한 도원에서 漢(한) 왕실의 권위를 회복하자는 대의명분으로 의형제를 맺고, 蜀(촉)이라는 제국을 건설하였는데 魏(위)의 조조와 吳(오)의 손권과 중국천하를 三分(삼분)하고 서로 대치하였다.

　위의 유비·관우·장비 삼인은 평생동안 변치않고 친형제처럼 의리에 부합한 행위를 보여 주었으며, 여기에다 제갈공명이 합세하여 蜀(촉)을 건설할 때의 아름다운 이야기는 「삼국지」에 자세하게 소개되어 있으니, 이 글을 보는 사람은 「삼국지」를 한번 읽어 보시길 바란다.

뜻 덕망이 높다.

자원(字源)

- 彳(척)과 悳(덕)의 합자니, 바른(悳) 마음(心)인 양심으로만 가는(彳) 덕이다.
- *공덕(羊)으로 말(口)함은 善(선)이고, 이상(首)으로 가는 것은 道(도)다.

德教(덕교)　　德氣(덕기)　　德門(덕문)　　德不孤(덕불고)

- 冋 이것은 토대인데, 그 위에 亠 이러한 건물을 지었으니 **높은** 것이다.
- *형태가 높은 것은 高(고), 여럿 중에 높음은 卓(탁), 높여 올림은 崇(숭), 높이 올라감은 隆(융)이다.

高師(고사)　　高僧(고승)　　高人(고인)　　高家(고가)

- 亡(망)과 月(월)과 壬(정)의 합자니, 없어졌던(亡) 달(月)이 다시 좋게 (壬) 나오는 보름달을 **바라는** 것이다.

望見(망견)　　望哭(망곡)　　望氣(망기)　　望拜(망배)

- 甫(삽)과 土(토)의 합자니, 삽으로(甫) 흙(土)을 뜨니 **무겁다**.

重刊(중간)　　重慶(중경)　　重來(중래)　　重名(중명)

•教 : 가르칠 교　　•氣 : 기운 기　　•孤 : 외로울 고　　•師 : 스승 사　　•僧 : 중 승
•拜 : 절 배　　•刊 : 새길 간　　•慶 : 경사 경

獨	不	將	軍
홀로 **독**	아니 **불**	장수 **장**, 장사 **장**	군사 **군**

뜻 따돌림을 받고 외톨이가 된 사람이나, 무슨 일이든지 혼자서 처리하는 사람이다.

자원(字源)

- 犭(犬)과 蜀(촉)의 합자니, 양(羊)은 떼지어 살고, 개(犬)는 홀로 사는 것이며, 또한 촉(蜀)나라는 어두운 곳이므로 蜀犬(촉견)은 더욱 **홀로** 있는 것이다.

  獨立(독립)　獨學(독학)　獨一(독일)　唯獨(유독)

- 篆字(전자)에 보면 不 이렇게 쓰니, 꽃봉오리가 볼록한 형상으로 꽃은 아직 피지 **아니** 하였다는데서 온 글자이다.

  不幸(불행)　不眼(불안)　不明(불명)　不達(부달)　不願(불원)

- 爿(장)과 寽(률)의 합자니, 창(爿)을 가진 **장수**(寽)가 **장차** 전쟁을 하려는 것이다.

  將帥(장수)　將軍(장군)　大將(대장)　中將(중장)

- 전차(車)로서 위를 덮(冖)어서 무장을 하고 나아가서 전쟁을 하는 **군대**이다.

  軍隊(군대)　軍部(군부)　軍人(군인)　軍士(군사)

• 唯 : 오직 유　• 眠 : 졸 면　• 願 : 원할 원　• 帥 : 장수 수　• 部 : 부서 부
• 隊 : 떼 대

뜻 책 읽기에 푹 빠져 있는 것을 말한다.

자원(字源)

- 言(언)과 賣(매)의 합자니, 소리내어서 물건을 파(賣)는 것처럼 소리(言)를 크게 내어서 책을 **읽는** 것.

讀經(독경)　讀聲(독성)　讀者(독자)　讀人(독인)

- 聿(률)과 曰(왈)의 합자니, 붓(聿)이 말(曰)하는 것은, 즉 붓으로 **글씨를 쓰는** 것이다.

書堂(서당)　書體(서체)　書式(서식)　書法(서법)

- 指事(지사)자로서 세 개의 선(三)으로 三을 표시하였다.

三經(삼경)　三樂(삼락)　三等(삼등)　三人(삼인)　三名(삼명)

- 日(일)과 未(미)의 합자니, 해가 아직 뜨지 아니(未)했을 때는 어두운 때이다.
- ＊새벽이 어두움은 昧(매)고, 저녁이 어두움은 昏(혼)이고, 광명이 없는 것은 暗(암)이다.

三昧(삼매)　蒙昧(몽매)　愚昧(우매)

•經 : 경서 경　•聲 : 소리 성　•堂 : 집 당　•體 : 몸 체　•式 : 법 식　•樂 : 즐거울 락

80

뜻 ┃ 같은 값이면 다홍치마란 뜻으로, 같은 값이면 좋은 것을 택한다는 말이다.

자원(字源)

▪ 冂 이러한 곳을 一口로 해서 **한가지로** 들어간다는 뜻.

同心(동심) 同窓(동창) 同一(동일) 同體(동체)

▪ 亻(人)과 賈(가)의 합자니, 물건(貝)을 덮어(襾)두고 파는 장사(賈)에게 사람(亻)이 가서 물건을 받고 **값을** 주는 것이다.

價格(가격) 價額(가액) 價値(가치)

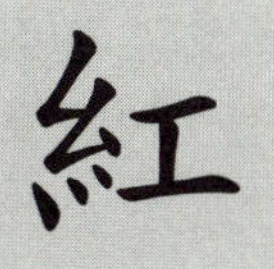

▪ 糸(사)와 工(공)의 합자니, 하얀 실(糸)에 장인(工)이 염색하는 것인데, 색 중에서 가장 빛을 발하는 색은 **붉은색**이다.

紅軍(홍군) 紅茶(홍차) 紅柿(홍시) 紅梅(홍매)

▪ 尙(상)과 衣(의)의 합자니, 속옷 위에 겉옷(衣)을 덧(尙)입는 것이다.

* 尙(상), 높을 상, 겉 상

衣裳(의상) 衣裳室(의상실)

• 格 : 격식 격   • 値 : 값 치   • 茶 : 차 다   • 柿 : 감나무 시   • 梅 : 매화 매

뜻 묻는 말에 당치도 않은 엉뚱한 대답이다.

자원(字源)

- 木(목)과 日(일)의 합자니, 木(목)은 오행(五行)에서 동쪽을 가르키는 것인데, 해(日)가 떠오르는 **동쪽**이다.

東西南北(동서남북)　　東北方(동북방)　　東國(동국)　　東方(동방)
東海(동해)

- 門(문)과 口(구)의 합자니, 말하는 입(口)의 문(門)을 열어서 **묻는다.**

問題(문제)　　問答(문답)　　問安(문안)　　問招(문초)

- 원래 篆字(전자)에서는 이니, 이것은 새가 나무에 집을 짓고 그 집에 가서 쉬는 栖(서)자인데 그때가 해가 **서쪽**으로 들어가는 때이므로 西(서)로 전이되어서 쓰여지게 되었다.

西洋(서양)　　西紀(서기)　　西海(서해)　　西人(서인)

- 竹(죽)과 合(합)의 합자니, 속이 빈 대나무를 합(合)하여 치면 소리가 나서 대답하게 된다.

答信(답신)　　答禮(답례)　　答辯(답변)　　答書(답서)

•題 : 제목 제　　•洋 : 바다 양　　•信 : 믿을 신　　•禮 : 예도 예　　•辯 : 말잘할 변

<table>
<tr><td>東</td><td>奔</td><td>西</td><td>走</td></tr>
<tr><td>동녘 동</td><td>달아날 분</td><td>서녘 서</td><td>달릴 주</td></tr>
</table>

뜻 사방으로 바쁘게 돌아다닌다.

자원(字源)

- 木(목)과 日(일)의 합자니, 木(목)은 오행(五行)에서 동쪽을 가르키는 글자인데, 그 위에 日(일)자가 있으니, 해가 떠오르는 **동쪽**이다.

  東夷(동이)   東西古今(동서고금)   東方(동방)   東面(동면)

- 夲(도)와 廾(입)의 합자니, 夲(도)는 十(십)인을 물리치고 달아나는 것인데, 또 이십(廾)이라, 삼십(三十)인을 물리치고 **달아나는** 것이다.

  奔忙(분망)   奔放(분방)   奔走(분주)

- 원래 篆字(전자)에서는 ᠖이니, 이것은 새가 나무에 집을 짓고 그 집에 가서 쉬는 栖(서)자인데, 그때가 해가 **서쪽으로** 들어가는 때이므로 西(서)로 전이되어서 쓰여지게 되었다.

  西曆(서력)   西歐(서구)   西便(서편)   西洋(서양)

- 大(대)와 止(足)의 합자니, 발을 크게 벌려 **달아나는** 것이다.

  走馬看山(주마간산)   走馬燈(주마등)   走者(주자)

• 夷 : 오랑캐 이   • 今 : 이제 금   • 忙 : 바쁠 망   • 曆 : 책력 력   • 歐 : 토할 구
• 看 : 볼 간   • 燈 : 등 등

> **뜻** 득의양양하여 자기 자신도 잊다.

자원(字源)

- 彳(척)과 㝵(득)의 합자니, 가서(彳) 취한(㝵) 것은 **얻은** 것이다.
  * 득(得)은 운명적으로 얻어지는 것, 획(獲)은 자주적으로 얻어지는 것.
  得病(득병)　　得時(득시)　　得勢(득세)　　得失(득실)

- 音(음)과 心(심)의 합자니, 마음(心)의 **뜻**을 음성(音)으로 나타내는 것.
  意外(의외)　　意義(의의)　　意志(의지)　　意合(의합)

- 亡(망)과 心(심)의 합자니, 마음(心) 위에는 기억이 **없어진**(亡) 것이다.
  忘年會(망년회)　　忘失(망실)　　忘我(망아)　　忘恩(망은)

- 幵(형)과 彡(삼)의 합자니, 幵은 井(정)의 약자로서 질서정연함을 뜻
  하고, 彡(삼)은 터럭과 색채란 뜻으로 된 것이니 색채를 가지고 질서
  있게 있는 **얼굴(형상)**이다.
  形氣(형기)　　形貌(형모)　　形狀(형상)　　形色(형색)

・病 : 병들 병　　・勢 : 형세 세　　・義 : 옳을 의　　・會 : 모을 회　　・恩 : 은혜 은
・貌 : 모양 모　　・狀 : 형상 상　　・色 : 빛 색

뜻 서로 거스름이 없는 막역한 친구이다.

자원(字源)

- 서쪽에 있는 해(日)가 풀(艸)속으로 넘어가니, 일하지 **말라는** 뜻으로 된 글자이다.

  莫大(막대)　　莫强(막강)　　莫論(막론)　　莫上莫下(막상막하)
  莫重(막중)

- 원래는 屰(극)이 거스른다는 뜻인데, 辶(辵)을 덧붙여서 **거슬러가는** (辶) 것이다.

  逆臣(역신)　　逆賊(역적)　　逆行(역행)　　逆水(역수)

- 篆字(전자)에는 ⻌이 '갈 지' 자이니, 一(일)은 땅 위이고 ⻌은 싹이 커 올라**가는** 것이다.

  之東之西(지동지서)　　之次(지차)

- ナ와 又(우)의 합자니, ナ는 又(우)의 변형된 글자이고, 又(우)는 손이니, 손과 손을 맞잡은 친구이니, **벗**이다.

  友人(우인)　　友情(우정)　　親友(친우)　　朋友(붕우)

• 賊 : 도적 적　　• 親 : 친할 친　　• 朋 : 벗 붕

뜻 오래도록 절대로 깨어지지 않는다.

자원(字源)

- 甲骨文(갑골문)에는 이렇게 썼으니, 몸통에는 얼룩무늬가 있고 다리는 집게 모양의 특징을 가진 '전갈' 모양이니, 數字(숫자)로 **일만**의 뜻은 假借(가차)된 것이다.

萬國(만국)　　萬年雪(만년설)　　萬代(만대)　　萬民(만민)

- 원래는 벼 익을 때를 기준해서 禾(화)와 千(천)의 합자(秊)로 했으나, 지금 글자는 남방을 표시하는 午(오)에 一(일)로 동서를 표시하고 북동의 중간에 점(丶)으로서 입춘을 표시하여 **해 년**(年)자로 쓴다.

年間(연간)　　年齡(연령)　　年歲(연세)　　今年(금년)　　昨年(작년)

- 篆字(전자)로 이 '아니 불' 자니, 이것은 꽃봉오리의 형상이라 하니, 아직 꽃이 피지 **아니한** 때다.

不滅(불멸)　　不明(불명)　　不實(부실)　　不敏(불민)　　不當(부당)

- 貝(패)와 攵(복)의 합자니, 재물(貝)을 攵(매)로 치면 재물이 **부서지는** 것이다.
- *부서지는 것은 敗(패)고, 부수는 것은 破(파)고, 부수려는 것은 毀(훼)다.

敗軍(패군)　　敗亡(패망)　　敗德(패덕)　　敗北(패배)　　敗將(패장)

·齡 : 나이 령　　·歲 : 해 세　　·滅 : 멸할 멸　　·敏 : 민첩할 민　　·敗 : 패할 패

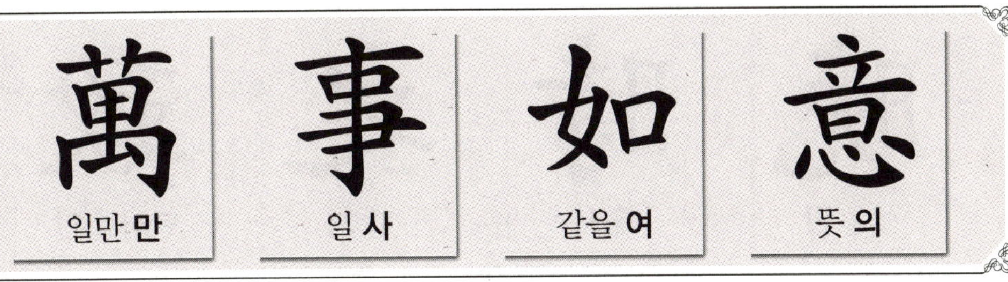

> **뜻** 모든 일이 뜻과 같이 잘된다.

자원(字源)

- 甲骨文(갑골문)에는 이렇게 썼으니, 몸통에는 얼룩무늬가 있고 다리는 집게 모양의 특징을 가진 '전갈' 모양이니, 數字(숫자)로 **일만**의 뜻은 假借(가차)된 것이다.

萬人(만인)　　萬名(만명)　　萬事(만사)

- 一은 하나의 목적, 口는 말하는 계획, ㅋ은 일하는 손, ㅣ은 끌어오는 갈구리니, 어떤 목적으로 계획해서 성과(ㅣ)를 거두도록 하는 **일**이다.

事物(사물)　　事件(사건)　　事故(사고)　　事情(사정)

- 女(여)와 口(구)의 합자니, 남자의 말(口)에 여자(女)가 따라서 일을 하면, 그것은 말과 **같은** 것이 된다.
- *如(여)는 내용이 같은 것, 似(사)는 겉만 같은 것, 同(동)은 보기에 같은 것, 若(약)은 만약에 같은 것.

如干(여간)　　如來(여래)　　如一(여일)　　如此(여차)　　如何(여하)

- 音(음)과 心(심)의 합자니, 마음(心)의 **뜻**을 음성(音)으로 나타내는 것.

意見(의견)　　意氣(의기)　　意味(의미)　　意思(의사)　　意義(의의)

• 件 : 일 건　　• 故 : 연고 고　　• 義 : 옳을 의

> **뜻**　기회를 놓친 탄식, 때늦은 한탄을 말한다.

자원(字源)

- 日(일)과 免(면)의 합자니, 해(日)가 없어질(免) 때니, **늦은** 저녁이다.

晚歌(만가)　　晚年(만년)　　晚學(만학)　　晚秋(만추)　　晚時(만시)

- 日(일)과 屮(지)와 寸(촌)의 합자니, 해(日)가 가는(之) 때(寸)이다.

時計(시계)　　時間(시간)　　時期(시기)　　時日(시일)

- 篆字(전자)에는 屮이 '갈 지' 자이니, 一은 땅 위이고 屮은 싹이 커 올라가는 것이다.

- 堇과 欠(흠)의 합자니, 堇은 어려운 것이고 欠(흠)은 입을 벌리는 것이니, 입을 벌려서 말하기 어려운 것이다. 그러므로 **탄식**하는 것이다.

歎美(탄미)　　歎辭(탄사)　　歎聲(탄성)　　歎願(탄원)　　歎痛(탄통)

•辭 : 말씀 사　　•願 : 원할 원　　•痛 : 아플 통

<table>
<tr><td>萬
일만 만</td><td>化
될 화</td><td>方
모 방</td><td>暢
화창할 창</td></tr>
</table>

뜻 따뜻한 봄날에 온갖 만물이 나서 자란다.

자원(字源)

- 甲骨文(갑골문)에는 이렇게 썼으니, 몸통에는 얼룩무늬가 있고 다리는 집게 모양의 특징을 가진 '전갈' 모양이니, 數字(숫자)로 **일만**의 뜻은 假借(가차)된 것이다.

  萬事(만사)　　萬國(만국)　　萬年(만년)　　萬人(만인)

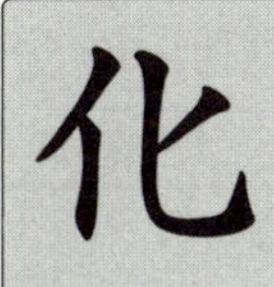

- イ(人)과 ヒ(化)의 합자가 사람이 나이를 먹으면서 늙은이로 **화(ヒ)하여** 간다.

  化學(화학)　　化生(화생)　　化石(화석)　　化身(화신)　　化粧(화장)

- 篆字(전자)로는 이니, 이것은 두 대의 배가 서로 나란히 있는 것을 상형한 것이니, 후에 **방위 방**은 전이되어 된 글자이다.

  方位(방위)　　方向(방향)　　方面(방면)　　地方(지방)

- 申(신)과 昜(양)의 합자니, 양기(昜)가 신장(申)하니, 날씨가 **화창하게** 된 것이다.

  暢達(창달)　　暢茂(창무)　　暢敍(창서)　　暢懷(창회)

・粧 : 단장할 장　　・達 : 통달 달　　・茂 : 성할 무　　・敍 : 펼 서　　・懷 : 품을 회

名	不	虛	傳
이름 **명**	아니 **불**	빌 **허**	전할 **전**

> **뜻** 명성이 헛되이 난게 아니란 뜻으로, 그만한 이유가 있기 때문에 이름이 났다는 말이다.

자원(字源)

- 夕(석)과 口(구)의 합한 글자이니, 어두운 저녁(夕)에는 사람이 보이지 아니하므로, **이름**을 불러(口)서 알리는 것이다.

  名聲(명성)　　名譽(명예)　　姓名(성명)　　地名(지명)

- 篆字(전자)로 禾이 '아니 불' 자니, 이것은 꽃봉오리의 형상이라 하니, 아직 꽃이 피지 **아니**한 때다.

  不快(불쾌)　　不滅(불멸)　　不法(불법)　　不遠千里(불원천리)

- 虍(호)와 丘(구)의 합한 글자니, 범이(虍) 있는 언덕에는 다른 동물들은 모두 도망갔으니, **비어** 있다는 것이다.

  虛構(허구)　　虛名(허명)　　虛想(허상)　　虛像(허상)

- 亻(人)과 重(세)와 寸(촌)의 합자니, 무엇을 손(寸)으로 끌어(重)서 남에게(亻) **전한다**.

  傳達(전달)　　傳道(전도)　　傳言(전언)　　傳記(전기)　　傳承(전승)

•聲 : 소리 성　　•譽 : 명예 예　　•滅 : 멸할 멸　　•構 : 얽을 구　　•想 : 생각 상
•承 : 이을 승

<table>
<tr><td>名</td><td>實</td><td>相</td><td>符</td></tr>
<tr><td>이름 명</td><td>열매 실, 채울 실</td><td>서로 상</td><td>병부 부</td></tr>
</table>

뜻 이름과 실상이 서로 맞다.

 자원(字源)

- 夕(석)과 口(구)의 합한 글자이니, 어두운 저녁(夕)에는 사람이 보이지 아니하므로 **이름**을 불러(口)서 알리는 것이다.

名人(명인)　　名聲(명성)　　名譽(명예)　　虛名(허명)

- 宀(면)과 毌(관)과 貝(패)의 합한 글자니, 집안(宀)에 꿴(毌) 재물(貝)이 가득히 **채워져** 있다.

實體(실체)　　實力(실력)　　實錄(실록)　　實利(실리)　　實物(실물)

- 木(목)과 目(목)의 합자니, 「눈으로 나무를 보다」가 본뜻인데, 引申(인신)되어 「**서로**」로 되었다.

相對(상대)　　相關(상관)　　相國(상국)

- 竹(죽)과 付(부)의 합자이니, 대나무(竹)를 반으로 갈라서 그 위에다 글씨를 쓰고 나누어 가졌다가 뒤에 그것을 부쳐보는 증서니, **병부**라고 한다.

符節(부절)　　符合(부합)

・體 : 몸 체　　・錄 : 기록 록　　・關 : 관계할 관　　・節 : 마디 절

明 若 觀 火

밝을 **명**   같을**약**, 만약**약**   볼 **관**   불 **화**

뜻   불을 보듯 분명하다.

자원(字源)

明
- 日(일)과 月(월)의 합자니, 해와(日) 달(月)은 **밝은** 것이라.
  * 눈이 밝음은 明(명)이니 明(명)으로도 쓰고, 해가 밝음은 晃(황)이고, 달이 밝음은 朗(랑)이다.

  明年(명년)   明月(명월)   明日(명일)   明朗(명랑)   明鏡(명경)

若
- 艸(草)와 右(우)의 합한 글자니, 오른(右)손으로 풀(艸)을 뽑는 것인데, **만약** 곡식이거든 남겨두고 잡풀이거든 뽑는다.

  若干(약간)   若此(약차)   若何(약하)

觀
- 雚(관)과 見(견)의 합자니, 올빼미(雚)는 어두운 밤에도 잘도 **보인(**見)다.

  觀客(관객)   觀光(관광)   觀念(관념)   觀覽(관람)   觀望(관망)

火
- 불이 타오르는 것을 상형(灬)한 것이다.

  火氣(화기)   火藥(화약)   火星(화성)   火急(화급)   火木(화목)

•鏡 : 거울 경   •覽 : 볼 람   •望 : 바랄 망   •藥 : 약 약

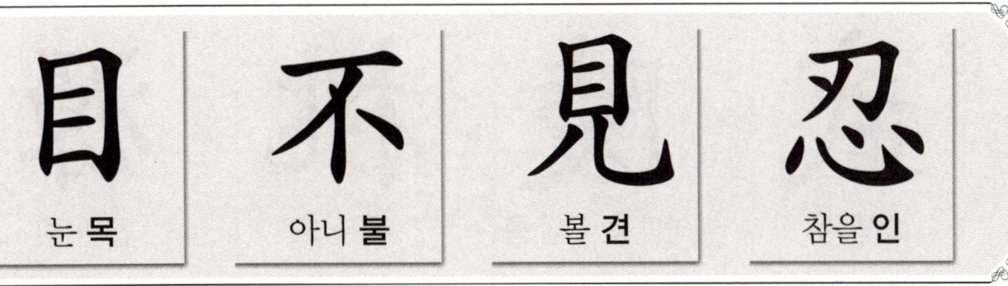

뜻 차마 눈 뜨고는 볼 수 없는 것이니, 상식과 이성을 초월한 행위이다.

자원(字源)

- 원래 金文(금문)에서는 ◉ 이렇게 썼으니, 이것은 **눈**의 모양새를 상형한 글자이다.

  目禮(목례)　　目錄(목록)　　目前(목전)　　目次(목차)　　目下(목하)

- 篆字(전자)에서는 ╳ 이렇게 쓰니, 이것은 꽃이 봉우리를 맺고 있는 모습이라고 하니, 꽃이 아직 피지 **않았을** 때이다.

  不可(불가)　　不敬(불경)　　不恭(불공)　　不公平(불공평)　　不吉(불길)

- 目(목)과 儿(인)의 합자니, 사람(儿)이 눈(目)으로 **보는** 것이다.

  見學(견학)　　見性(견성)　　見聞(견문)　　見本(견본)　　見習(견습)

- 刃(인)과 心(심)의 합자니, 칼날 밑에 마음(心)이 눌려서 꼼짝 못하고 있으니, 이것은 **참는** 것이다.

  *고통을 참는 것은 忍(인)이고, 법도대로 견디는 것은 耐(내)다.

  忍耐(인내)　　忍辱(인욕)　　忍之爲德(인지위덕)

・錄 : 기록 록　　・聞 : 들을 문　　・習 : 익힐 습　　・耐 : 견딜 내　　・辱 : 욕될 욕

<table>
<tr><td>武</td><td>陵</td><td>桃</td><td>源</td></tr>
<tr><td>호반 무</td><td>언덕 릉, 무덤 릉</td><td>복사 도</td><td>근원 원</td></tr>
</table>

뜻 신선이 살았다는 전설적인 곳, 별천지로 이상향을 뜻한다.

자원(字源)

- 戈(과)와 止(지)의 합자니, 무기(戈)로 사람을 해치는 것을 그치게(止) 하는 것이다. 창날 인(丿)을 뜯어서 위로 얹어 놓은 것은 폭력을 없게 함이다.

武力(무력)　　武士(무사)　　武器(무기)　　武人(무인)

- 阝(阜)과 㚄(릉)의 합자니, 높(㚄)게 만든 둔덕(阝)이니, 이것은 곧 임금의 **무덤**이다.

 *임금의 무덤은 陵(릉), 서민의 무덤은 墓(묘), 선조의 무덤은 塋(영), 고대의 무덤은 塚(총)이다.

陵官(능관)　　陵域(능역)　　陵丘(능구)　　陵參奉(능참봉)

- 귀신을 쫓는 조짐(兆)이 있는 나무(木)는 **복사나무**다. 전에는 삼눈을 잡을 때나, 단굿을 할 때는 반드시 **복사나무** 가지로 했다.

桃園結義(도원결의)　　桃李(도리)　　桃花(도화)

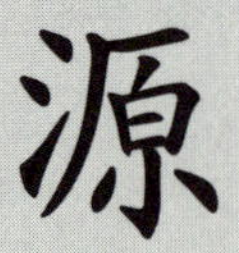

- 氵(水)와 原(원)의 합자니, 원리 原(원)은 언덕(厂) 밑에 샘(泉)이 솟는 것이니, 그것이 물(氵)의 근원이다.

源流(원류)　　源泉(원천)　　水源(수원)　　桃源(도원)

・器 : 그릇 기　　・域 : 지경 역　　・參 : 참작할 참

無	所	不	爲
없을 무	바 소	아니 불, 아니 부	할 위

뜻 못하는 일이 없이 모두 잘한다.

자원(字源)

- 甲骨文(갑골문)에는 이니 이것을 사람이 양손에 소 꼬리를 잡고 춤을 추는 모습이니, 有無(유무)의 無(무)는 假借(가차)된 것이다.

　無事(무사)　　無情(무정)　　無意味(무의미)

- 戶(호)와 斤(근)의 집이니, 도끼(斤)로 나무를 베어다가 집(戶)을 짓는 곳이다.

　所長(소장)　　派出所(파출소)　　支所(지소)

- 篆字(전자)로는 이렇게 쓰니, 이것은 꽃이 봉우리를 맺은 것인데 아직 꽃은 피지 **아니**하였다.

　不幸(불행)　　不法(불법)　　不當(부당)　　不全(부전)

- 爪(조)와 目(이)와 勹(포)와 火(灬)의 합자니, 불(火)을 내포(勹)한 손(爪)으로 써(目) 일을 하는 것이니, 불을 내포한 손이란 일할 수 있는 젊은이의 손을 말한다.

　爲國(위국)　　爲民(위민)　　爲始(위시)　　爲人(위인)　　爲主(위주)

・派 : 갈라질 파　　・當 : 마땅 당　　・全 : 온전 전

無	知	蒙	昧
없을 무	알 지	어두울 몽	어둘 매

뜻　전혀 아는 것이 없고 사리에 어둡다.

자원(字源)

- 甲骨文(갑골문)에는 🐾이니 이것은 사람이 양손에 소 꼬리를 잡고 춤을 추는 모습이니, 有無(유무)의 無(무)는 假借(가차)된 것이다.

無力(무력)　　無勞動(무노동)　　無誠意(무성의)　　無趣味(무취미)

- 矢(시)와 口(구)의 합자(合字)니, 과녁(的)을 맞추는 화살(矢)처럼 진리에 맞는 말(口)은 **알고** 하는 말이다.

知的所有權(지적소유권)　　知足禪師(지족선사)　　知悉(지실)

- 艸(草)와 豕(몽)의 합자니, 돼지(豕)가 더러운 두엄(艸)을 덮고 있으니 **몽매**한 것이다.

蒙古(몽고)　　蒙恩(몽은)　　蒙塵(몽진)　　蒙學(몽학)

- 日(일)과 未(미)의 합자니, 해(日)가 아직 뜨지 아니한(未) 때이니, **어둔** 것이다.

昧旦(매단)　　昧茫(매망)　　昧沒(매몰)　　昧事(매사)

• 誠 : 정성 성　• 趣 : 모을 취　• 權 : 권세 권　• 禪 : 터 닦을 선　• 師 : 스승 사
• 塵 : 티끌 진　• 茫 : 아득할 망　• 沒 : 빠질 몰

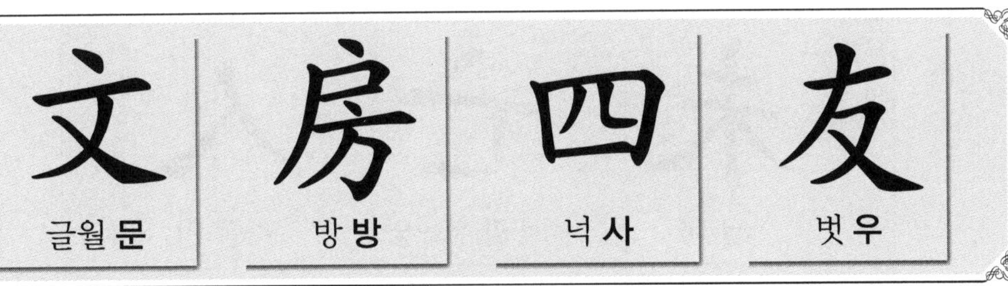

> **뜻** 종이, 먹, 벼루, 붓의 네 가지 필기도구, 즉 문방사우이다.

자원(字源)

- ノ은 양획이고, ＼은 음획이니, 그들의 교차한 것을 머리(亠)로 덮었으니 사람이 머리로 생각하는 세상의 일을 음과 양의 획으로서 기록하는 **글**이다.

文學(문학)   文人(문인)   文科(문과)   文化(문화)

- 戶(호)와 方(방)의 합자니, 문(戶)으로 들어가는 방향(方)에 있는 작은 **방**이다.
- *작은 방은 房(방)이고, 큰 방은 室(실)이고, 방으로 들어가는 마루는 堂(당)이다.

房內(방내)   房舍(방사)   房事(방사)   房外(방외)   房子(방자)

- 甲骨文(갑골문)에서는 ☰으로 되어 있다. 이것이 四字(사자)이니, 篆字(전자)에서는 四(사)로 변했다. 口의 네 귀를 표현한 것인데, 밑의 두 귀는 생략하고 **넉 사**라고 한다.

四色黨派(사색당파) 四捨五入(사사오입) 四方(사방) 四通八達(사통팔달)

- 𠂇와 又(우)의 합자니, 𠂇은 又(우)의 변형된 글자이고, 又(우)는 손이니, 손과 손은 맞잡는 친구이니 **벗**이다.

友情(우정)   友人(우인)   朋友(붕우)   親友(친우)

•舍 : 집 사   •黨 : 무리 당   •派 : 갈라질 파   •捨 : 놓을 사   •親 : 친할 친

뜻 남편을 여의고 혼자 사는 여인을 말한다.

자원(字源)

- 一(일)과 木(목)의 합자니, 크는 나무의 윗부분에 一(일)로 표시해두면 나무는 계속 크기 때문에 표시한 부분이 끝이 **아니다.**

未開(미개)　　未見(미견)　　未決(미결)　　未久(미구)　　未亡人(미망인)

- 본래는 ㅿ 이렇게 썼으니, ㄴ 이러한 곳에 들어가(入)서 숨은 것이니, **없어진** 것이다.

亡者(망자)　　亡人(망인)　　死亡(사망)　　空亡(공망)

- ノ은 하늘에서 내려온 정신이고, ＼은 땅에서 올라온 육체니 정신과 육체가 합한 것이 **사람**이다.

人生(인생)　　人間(인간)　　人本主義(인본주의)　　人民(인민)

[주] 원래 남편을 잃은 아내는 남편과 함께 죽었어야 할 사람인데, 아직 살아있다는 뜻으로 자기를 겸손하게 일컫는 말.

•開 : 열 개　　•死 : 죽을 사　　•空 : 빌 공

98

博	大	精	深
넓을 박	큰 대	정할 정	깊을 심

뜻 넓고 깊다.

자원(字源)

▪ 十(십)과 尃(부)의 합자니, 十(십)은 전체고 尃(부)는 펴는 것이니 모두 펴면 **넓은** 것이다.

博古(박고)　　博究(박구)　　博達(박달)　　博覽(박람)　　博識(박식)

▪ 사람(人)이 사지를 **크게** 벌리고 서 있는 모습을 상형한 글자이다. 또한 이 세상에서 제일 큰 자는 사람이다.

大邱(대구)　　大地(대지)　　大學(대학)　　大韓(대한)

▪ 米(미)와 靑(청)의 합자니, 쌀(米)에 푸른(靑)빛이 나게 **정한** 것이다. 음은 정이니, 靑(청)의 변음이다.

精米(정미)　　精潔(정결)　　精氣(정기)　　精力(정력)

▪ 본래 罙(세)는 구멍이 깊은 것인데, 위에 점을 떼고 氵변을 붙여 물의 **깊은** 것을 의미한 것이다.

* 종적으로 깊은 것은 深(심)이고, 횡적으로 깊은 것은 遂(수)다.

深水(심수)　　深川(심천)　　深海(심해)　　深淵(심연)

•覽 : 볼 람　　•潔 : 깨끗할 결　　•淵 : 못 연

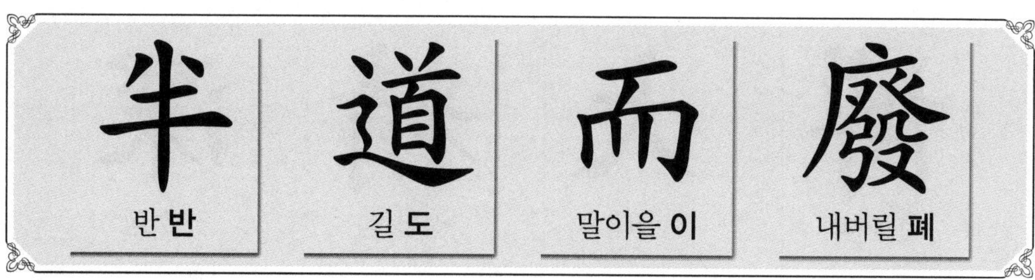

뜻 중간에 그만두다.

자원(字源)

▪ 〈說文(설문)〉에는 "八(팔)과 牛(우)에 따르니, 소는 물건이라 **나눌** 수가 있는 것이다."라고 했으나, 자형 그대로 보면 ㅣ(신)으로서 둘(二)로 나눈(八) 그 한쪽이니, 그 두 쪽은 서로 상반(反)되기 때문에, 음은 반이다.

半數(반수)　　半兩(반량)　　半斤(반근)　　半年(반년)

▪ 首(수)와 착(辶)의 합자니, 머리(首)로는 목적지를 생각하면서 발로 가는 길(道)이다. 인간이 가는 **길**이니, 이것은 곧 진리라는 뜻도 된다.

道路(도로)　　道上(도상)　　道敎(도교)　　道理(도리)

▪ 원래는 사람의 턱과 수염을 나타낸 글자였는데, 뒤에 접속사인 **말을 잇는** 뜻으로 되었다.

而立(이립)　　而已(이이)　　而後(이후)　　然而(연이)

▪ 广(엄)과 發(발)의 합자니, 집(广)을 쏘아(發) 나간 화살처럼 쓰지않고 **내버려둔** 것이다.

＊ 떨어진 것은 敝(폐)고, 닫혀진 것은 閉(폐)다.

廢家(폐가)　　廢棄(폐기)　　廢農(폐농)　　廢食(폐식)

•敎 : 가르칠 교　　•理 : 이치 리　　•然 : 그럴 연　　•棄 : 버릴 기

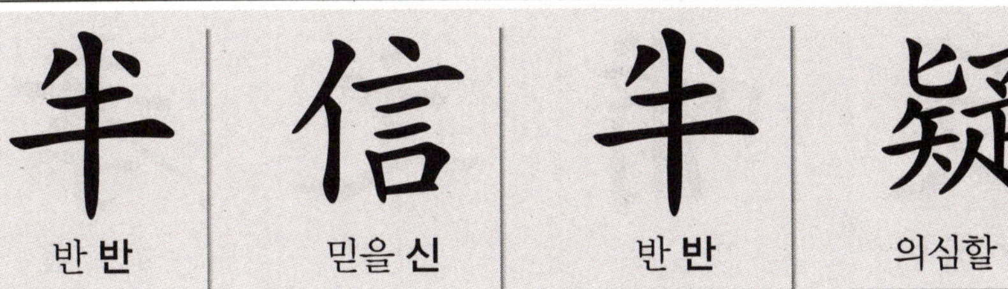

뜻 반신반의 하다.

자원(字源)

- 〈說文(설문)〉에는 "八(팔)과 牛(우)에 따르니, 소는 물건이라 **나눌** 수가 있는 것이다."라고 했으나, 자형 그대로 보면 ㅣ(신)으로서 둘(二)로 나눈(八) 그 한쪽이니, 그 두 쪽은 서로 상반(反)되기 때문에, 음은 반이다.

半死(반사)   半朔(반삭)   半世(반세)   半時(반시)

- 亻(인)과 言(언)의 합자니, 사람(人)의 한 말(言)대로 **믿는** 것이다. 음은 신이니 神(신)을 믿는 것이다.

  *사람의 약속을 믿는 것은 信(신)이고, 배후의 세력을 믿는 것은 恃(시)다.

信者(신자)   信仰(신앙)   信實(신실)   信言(신언)   信友(신우)

- 위에 기록함.

半身(반신)   半心(반심)   半失(반실)   半夜(반야)   半白(반백)

- 矣(의)와 ㄱ(子)과 疋(足)의 합자니, 아이(ㄱ)의 발(疋)이 갈 곳은 미정(矣)한 것이니, **의심하는** 것이다.

疑心(의심)   疑問(의문)   疑懼(의구)   疑似(의사)

• 朔 : 초하루 삭   • 仰 : 우러를 앙   • 夜 : 밤 야   • 懼 : 두려울 구

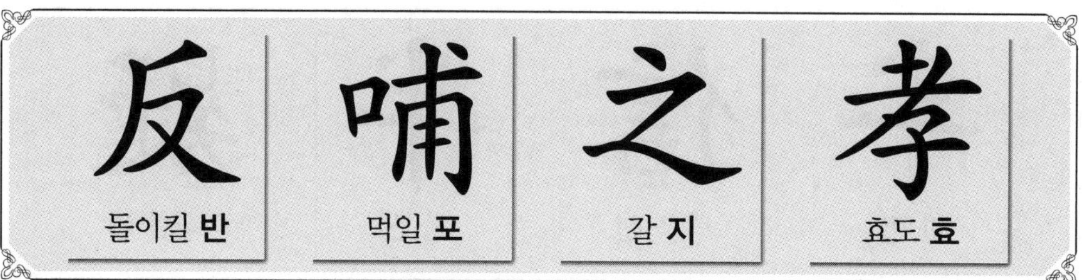

뜻 어버이의 은혜를 갚는 효성을 말한다.

자원(字源)

- 厂과 又의 합자니, 厂은 산의 절벽이고, 又(ㅋ)은 손이니, 힘들여서 산에 오르는 뜻이다. 그러므로 攀(반)의 본자이다.

反感(반감)   反擊(반격)   反對(반대)   反射(반사)

- 口(구)와 甫(보)의 합자니, 크게(甫) 벌린 입(口)에다가 음식을 **먹이는** 것이다.

哺乳(포유)   哺乳類(포유류)

- 之(지)의 古字(고자)는 ㅂ이니, 一(일)은 땅 위이고 ㅂ은 초목의 움이 지상으로 커서 올라**가는** 형상이다.

- 耂(老)와 子(자)의 합자니, 노인(耂)이 된 부모를 자식(子)이 받들어서 모시는 것이니, **효도**다.

孝女(효녀)   孝子(효자)   孝道(효도)   孝行(효행)   孝心(효심)

[주] 까마귀는 어미가 새끼를 기른 뒤에 새끼들이 스스로 날아다니며 먹이를 얻을 수 있게 되면, 그 뒤부터는 새끼들이 어미에게 먹이를 물어다 먹인다는 고사가 있는데, 그러므로 까마귀를 反哺鳥(반포조)라고 하며 효도를 할 줄 아는 새라고 일컫는다.

• 射 : 쏠 사   • 孝 : 효도 효

102

뺄 **발**　　　근본 **본**　　　막을 **색**　　　근원 **원**

> **뜻** 일을 바르게 처리하기 위하여 폐단의 근원을 모두 뽑아 버린다.

자원(字源)

- 扌(手)와 犮(발)의 합자니, 犮(발)은 개(犬)가 뻗쳐(丿) 달아나는 것이니, 여럿 중에서 그중 하나를 손(扌)으로 집어내는 것이니, 즉 **빼는** 것이다.

拔群(발군)　　拔劍(발검)　　拔去(발거)　　拔萃(발췌)

- 木(목)과 一(일)의 합자니, 초목의 원 뿌리를 一(일)로 표시한 것이니, 뿌리는 즉 **근본**이다.

本家(본가)　　本格(본격)　　本官(본관)　　本校(본교)　　本能(본능)

- 寒(건)과 土(토)의 합자니, 寒(건)은 집의 틈인데, 이것을 흙(土)으로 **막는** 것이다.

梗塞(경색)　　窘塞(군색)

- 氵(水)와 原(원)의 합자니, 원래 原(원)은 언덕(厂) 밑에 샘(泉)이 솟는 것이니, 그것이 물(氵)의 **근원**이다.

源泉(원천)　　水源地(수원지)　　根源(근원)

・群 : 무리 군　　・劍 : 칼 검　　・萃 : 모을 췌　　・梗 : 막힐 경

> **뜻** 술잔에 비친 활의 모습이 뱀의 모양과 같다. 자라보고 놀란 가슴 솥뚜껑보고 놀란다.

자원(字源)

■ 不(불)과 皿(명)의 합자나, 등당(藤堂) 박사는 不(불)을 불룩한 꽃봉오리 형상이라 했으니, 불룩(不)하게 만든 그릇(皿)인 **술잔**이다. 杯(배)로도 쓰니, 이는 나무로 만든 것이기 때문이다.

盃盂(배우)　　盃盞(배잔)

■ **활**을 상형한 글자가 변해온 것이다.

弓士(궁사)　　弓師(궁사)　　弓手(궁수)　　弓術(궁술)

■ 본래는 虫(충)이나 它(타)도 다 **뱀**을 상형한 글자였었는데, 뒤에 虫(충)은 일반동물의 통칭이 되고 它(타)는 다를 타(他)자로 쓰이니, 도로 두 자를 합해서 원뜻으로 하고 음은 사(蛇)다.

蛇足(사족)　　蛇頭(사두)　　蛇形(사형)　　蛇走(사주)

■ 景(경)과 彡(삼)의 합자로, 햇볕(景)이 밝은데서 무슨 물체(彡)를 나타내는 **그림자**인 것이다. 그늘진 그림자는 影(영)이고 비치는 그림자는 暎(영)이다.

影堂(영당)　　影像(영상)　　影印本(영인본)　　影響(영향)

· 盂 : 사발 우　· 盞 : 잔 잔　· 術 : 재주 술　· 頭 : 머리 두　· 印 : 도장 인
· 響 : 울릴 향

104

背	信	棄	義
등 배	믿을 신	버릴 기	옳을 의

뜻 신용과 도의를 저버리다.

자원(字源)

- 사람은 항상 양명한 남쪽을 향하니, 육(月)의 북쪽(北)은 **등**이다.

  背景(배경)　背敎(배교)　背面(배면)　背信(배신)

- 亻(인)과 言(언)의 합자니, 사람(人)의 한 말(言)대로 **믿는** 것이다. 음은 신이니 神(신)을 믿는 것이다.

  *사람의 약속을 믿는 것은 信(신)이고, 배후의 세력을 믿는 것은 恃(시)다.

  信仰(신앙)　信義(신의)　信實(신실)　信者(신자)

- 厶은 亡(망)자가 변형된 것이니, 나무(木)로 만든 오물을 치는 기구(丰)로서 무엇을 치다가 없애(亡) **버리는** 것이다.

  棄却(기각)　棄去(기거)　棄物(기물)　棄世(기세)

- 羊(양)과 我(아)의 합자니, 양(羊)과 같이 순종하는 나(我)니, **사회전체의 복리를 위해 순종하는** 모든 정신이다.

  義理(의리)　義兵(의병)　義人(의인)　義氣(의기)

•景 : 볕 경　•實 : 열매 실　•却 : 문득 각　•棄 : 버릴 기　•理 : 이치 리

뜻 많은 학자나 유세가 등 지식층의 활발한 논쟁을 말한다.

자원(字源)

- 一(일)과 白(백)의 합자다. 古文(고문)에 보면 白(백)을 百(백)으로 차용했음을 볼 수 있는데, 위에다 一(일)을 덧붙여 **일백 백**으로 하였다.

百家(백가)　　百千(백천)　　百萬(백만)　　百億(백억)　　百兆(백조)

- 宀(면)과 豕(시)의 합자니, 돼지(豕)가 항상 우리안에서 살듯이 사람도 하루의 일을 끝내고 나면 들어가 쉬어야 할 **집**(宀)이다.

家門(가문)　　家事(가사)　　家屋(가옥)　　家庭(가정)

- 爪(조)와 크(手)와 亅(궐)의 합자니, 재물을 손(크)으로 잡아 당기려(亅)고 손톱(爪)으로 서로 **다툰**다.

爭論(쟁론)　　爭訟(쟁송)　　爭議(쟁의)　　爭取(쟁취)　　爭鬪(쟁투)

- 口(구)와 鳥(조)의 합자니, 새(鳥)가 입(口)으로 내는 소리니, 이것을 새가 **운다**고 하나 사람이 슬퍼서 우는 것과 같이 우는 것은 아니다.

鳴琴(명금)　　鳴禽(명금)　　鳴動(명동)　　鳴鍾(명종)

[주] 중국의 춘추전국시대에는 언론이 자유로웠던 시기로 諸子百家(제자백가)가 雨後竹筍(우후죽순)처럼 출현하여 각자가 자기의 학문을 주장했으니, 이것을 百家爭鳴(백가쟁명)이라고 하는 것이다.

•屋 : 집 옥　　•訟 : 송사할 송　　•鬪 : 싸움 투　　•琴 : 거문고 금　　•禽 : 새 금

106

뜻 죽어 백골이 되어도 그 은혜를 잊지 못한다.

자원(字源)

- ノ와 日(일)의 합자니, 하늘에서 햇빛(日)이 내려(ㅣ)옴을 뜻하니, 그 빛은 **희**다.

白色(백색)   白夜(백야)   白金(백금)   白丁(백정)   白米(백미)

- 冎(과)와 月(肉)의 합자니, 살(肉)이 붙어 있는 뼈(冎)를 말한다.

骨格(골격)   骨氣(골기)   骨董(골동)   骨法(골법)   骨相(골상)

- 莫(탄)과 隹(추)의 합자니, 莫(탄)은 菫(근)의 변체로서 黃(황)의 약자와 土(토)의 합자인데, 황토색의 아름다운 새는 구하기가 **어렵다**는 것이다.

難事(난사)   難望(난망)   難易(난역)   困難(곤란)

- 亡(망)과 心(심)의 합자니, 마음(心) 위에는 기억이 **없어진**(亡) 것이다.

忘却(망각)   忘年(망년)   忘失(망실)   忘憂(망우)

•望 : 바랄 망   •却 : 물리칠 각   •憂 : 근심 우

<table>
<tr><td>百
일백 **백**</td><td>讀
읽을 **독**</td><td>不
아니 **불**</td><td>倦
게으를 **권**</td></tr>
</table>

뜻 백 번 읽음을 게으르게 하지 않는다.

자원(字源)

- 一(일)과 白(백)의 합자다. 古文(고문)에 보면 白(백)을 百(백)으로 차용했음을 볼 수 있는데, 위에다 一(일)을 덧붙여 **일백 백**으로 하였다.

百姓(백성)　　百人(백인)　　百千(백천)　　百萬(백만)

- 言(언)과 賣(매)의 합자니, 소리내어서 물건을 파(賣)는 것처럼 소리(言)를 크게 내어서 책을 **읽는** 것이다.

讀書(독서)　　讀心(독심)　　讀誦(독송)　　讀詩(독시)

- 篆字(전자)는 ���이니, 이것은 꽃봉오리이니, 꽃이 아직 피지 **아니한** 것이다.

＊ 不(불)자 뒤에 한글 ㅈ과 ㄷ이 오면 부로 읽어야 한다.

不誠實(불성실)　　不當(부당)　　不合(불합)　　不正(부정)

- 亻(인)과 卷(권)의 합자니, 사람(亻)이 일을 하다가 피로해서 그만 싸서 말아(卷) 치우는 것이다.

＊ 일하다 게을러짐은 倦(권)이고, 만심으로 게으름은 怠(태)다.

倦勞(권로)　　倦厭(권염)　　倦怠(권태)　　倦罷(권파)

・誦 : 외울 송　　・實 : 열매 실　　・厭 : 싫을 염　　・罷 : 파할 파

뜻 머리가 하얗게 늙도록 함께 늙다.

자원(字源)

- ノ와 日(일)의 합자니, 하늘에서 햇빛(日)이 내려(ㅣ)옴을 뜻하니, 그 빛은 **희다**.

白馬(백마)　白茅(백모)　白文(백문)　白眉(백미)

- 豆(두)와 頁(혈)의 합자니, 나무그릇(豆)처럼 곧게 서 있는 **머리**이다.

頭髮(두발)　頭相(두상)　頭邊(두변)　頭面(두면)

- 人(인)과 皆(개)의 합자니, 사람(人)이 모든(皆) 일을 다같이 하는 것이다. 화합해서 **같이함**은 偕(해)고, 공중(共衆)과 같이 함은 共(공)이다.

偕樂(해락)　偕偶(해우)　偕適(해적)　偕行(해행)

- 땅(土)으로 향(ノ)해서 굽어가는(匕 : 화하여 가는) **늙은이**, 즉 노인이다.

老人(노인)　老丈(노장)　老少(노소)　老髮(노발)

•茅 : 띠 모　•眉 : 눈썹 미　•髮 : 터럭 발　•偶 : 우연 우　•適 : 갈 적

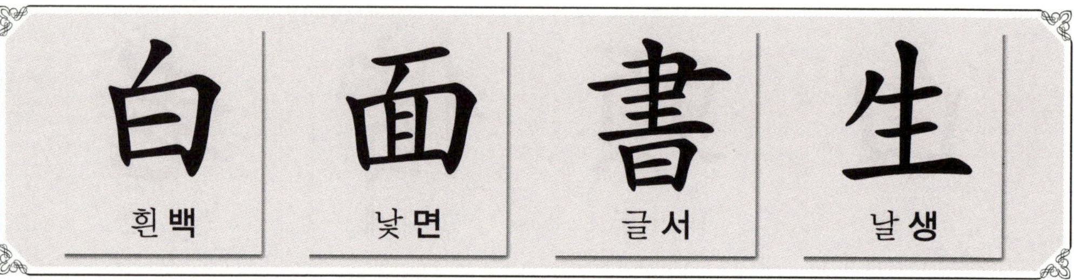

> **뜻** 나이가 적고 경험이 적은 서생, 풋내기를 말한다.

자원(字源)

- ノ와 日(일)의 합자니, 하늘에서 햇빛(日)이 내려(l)옴을 뜻하니, 그 빛은 **희다.**

  白骨(백골)　　白晝(백주)　　白蛇(백사)　　百千(백천)

- 머리털(ㅗ) 없는 首(수)자와 턱수염(ㅗ) 없는 頁(혈)자에다 좌우 살을 덧붙인([]) **낯이다.**

  面刀(면도)　　面目(면목)　　面貌(면모)　　面壁(면벽)

- 聿(률)과 曰(왈)의 합자니, 붓(聿)이 말(曰)하는 것은, 즉 붓으로 **글씨를 쓰는** 것이다.

  書堂(서당)　　書院(서원)　　書字(서자)　　書册(서책)

- 屮(철)과 土(토)의 합자니, 초목의 움(屮)이 땅(土)에서 **나오는** 것이다.

  生徒(생도)　　生活(생활)　　生水(생수)　　生命(생명)

・晝 : 낮 주　　・蛇 : 뱀 사　　・貌 : 모양 모　　・壁 : 벽 벽　　・院 : 집 원

110

뜻
① 총을 백발을 쏘았는데 모두 다 들어맞는다.
② 미리 생각한 일들이 착착 들어맞는다.

자원(字源)

■ 一(일)과 白(백)의 합자니, 古文(고문)에 보면 白(백)을 百(백)으로 차용하였음을 볼 수 있는데, 위에다 一(일)을 加(가)하여 **일백**이라 하였다.

百人(백인)　　百家(백가)　　百姓(백성)　　百千(백천)

■ 활(弓)을 메고 화살(矢)을 쏘면서 **나아가(癶)는** 것이다.

發明(발명)　　發展(발전)　　發願(발원)　　發聲(발성)　　出發(출발)

■ 위에 기록함.

百穀(백곡)　　百工(백공)　　百官(백관)　　百方(백방)　　百世(백세)

■ 물체(口)의 **가운데를 뚫**(丨)고 간 것이다.

中央(중앙)　　中心(중심)　　中學(중학)　　中國(중국)

・展 : 펼 전　　・願 : 원할 원　　・聲 : 소리 성　　・穀 : 곡식 곡

뜻 빈 손으로 가세나 기업을 일으키다. 자수성가하다.

자원(字源)

- ノ와 日(일)의 합자니, 하늘에서 햇빛(日)이 내려(ㅣ)옴을 뜻하니, 그 빛은 **희**다.

  白光(백광)　　白駒(백구)　　白宮(백궁)　　白圭(백규)

- 원래는 ♉이니, 손 모양의 상형자였었다. 楷書(해서)로는 수(手)이고 변(邊)은 扌이다.

  手足(수족)　　手巾(수건)　　手決(수결)　　手話(수화)

- 走(주)와 己(기)의 합자니, 달아나려고 하는 자신(己)은 반드시 **일어나야** 한다.

  起立(기립)　　起上(기상)　　起居(기거)　　起兵(기병)

- 宀(면)과 豕(시)의 합자니, 돼지처럼(豕) 항상 집에(宀) 들어가서 있어야 할 **집**이다.

  家勢(가세)　　家屋(가옥)　　家事(가사)　　家主(가주)

•駒 : 망아지 구　　•勢 : 형세 세　　•屋 : 집 옥

뜻 높은 장대에 오른 것처럼 극히 위태한 지경에 이름이다.

자원(字源)

■ 一(일)과 白(백)의 합자니, 古文(고문)에 보면 白(백)을 百(백)으로 차용
하였음을 볼 수 있는데, 위에다 一(일)을 加(가)하여 **일백**이라 하였다.

百姓(백성)　　百人(백인)　　百億(백억)　　百萬(백만)

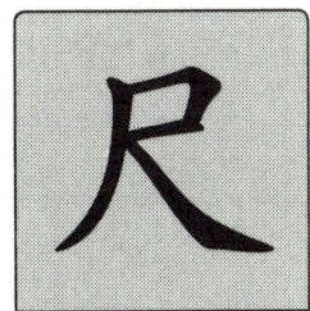

■ 손목의 금이 있는 곳에서 팔을 접는 곳까지를 **한자**로 보니, 尸은 손목
의 금이고, ＼은 팔을 접는 곳을 표시한 것이다.

尺度(척도)　　尺牘(척독)　　尺璧(척벽)　　尺雪(척설)

■ 竹(죽)과 干(幹)의 합자니, 길다란 **대나무 줄기**이다.

竿頭(간두)

■ 豆(두)와 頁(혈)의 합자니, 나무그릇(豆)처럼 곧게 서 있는 **머리**이다.

頭巾(두건)　　頭骨(두골)　　頭腦(두뇌)　　頭髮(두발)　　頭上(두상)

・億 : 억 억　　・牘 : 편지 독　　・腦 : 뇌 뇌　　・髮 : 터럭 발

飜	天	覆	地
번뜩일 **번**	하늘 **천**	덮을 **복**	땅 **지**

뜻　천지가 뒤집히다.

자원(字源)

- 番(번)과 羽(우)의 합자니, 새가 날개(羽)를 번(番)수 없이 **번뜩이면서** 나는 것이다. 따라서 번역한다는 뜻도 되어 飜(번)으로 통용하니, 음은 번(番)이다.

  飜刻(번각)　飜覆(번복)　飜譯(번역)　飜然(번연)

- 一(일)과 大(대)의 合字(합자)니, 세상에서 제일(一) 큰(大) 것은 **하늘**이다.

  天地(천지)　天下(천하)　天城(천성)　天主(천주)

- 両(아)와 復(복)의 합자니, 위를 덮고(両) 돌려서(復) 아래로 **덮는** 것이다.

  覆蓋(복개)　覆校(복교)　覆面(복면)　覆盆子(복분자)

- 土(토)와 也(야)의 합자니 土也(토지)라는 것은, 즉 **땅이다** 라는 것이다.

  地面(지면)　地上(지상)　地球(지구)　地主(지주)

• 覆 : 덮을 복　• 譯 : 번역 역　• 蓋 : 덮을 개　• 盆 : 동이 분　• 球 : 공 구, 구슬 구

114

變	化	莫	測
변할 **변**	될 **화**	없을 **막**	헤아릴 **측**

뜻 변화를 예측하기 어렵다.

자원(字源)

- 戀(련)과 攵(치)의 합자니, 주고 받는 말(言)의 실(絲) 머리가 뒤(攵)에 가면 그 내용이 **달라져 가는** 것이다.

  *變(변)은 말이 달라져 변한 것이고, 化(화)는 다른 것으로 변한 것이다.

  變數(변수)　變改(변개)　變故(변고)　變動(변동)

- 亻(人)과 匕(化)의 합자가 사람이 나이를 먹으면서 늙은이로 **화(匕)하여** 간다.

  化學(화학)　化工(화공)　化生(화생)　化合(화합)

- 서쪽에 있는 해(日)가 풀(艸)속으로 넘어가니, 일하지 **말라는** 뜻으로 된 글자이다.

  莫强(막강)　莫大(막대)　莫論(막론)　莫重(막중)

- 氵(水)와 則(칙)의 합자니, 물(氵)은 법칙(則)에 의해 그 **깊이를 재는** 것이다.

  測量(측량)　測度(측도)　測水(측수)　測定(측정)

•學 : 배울 학　•强 : 강할 강　•論 : 논할 논　•量 : 헤아릴 량

뜻 전쟁에서는 이기고 지는 일이 흔히 있는 일이니, 혹시 지더라도 낙담하지 말라는 말이다.

자원(字源)

- 斤(근)과 廾(공)의 합자니, 도끼(斤)를 두 손(廾)으로 잡고 있는 **병사**이다.

  兵器(병기)　　兵士(병사)　　兵卒(병졸)　　兵役(병역)

- 宀(면)과 豕(시)의 합자니, 돼지(豕)가 항상 우리안에서 살듯이 사람도 하루의 일을 끝내고 나면 들어가 쉬어야 할 **집**(宀)이다.

  妻家(처가)　　本家(본가)　　外家(외가)　　出家(출가)

- 尙(상)과 巾(건)의 합자니, 포목(巾)으로 몸 위(尙)를 덮는 옷은 **항상** 입는 것이다.

  常時(상시)　　常用(상용)　　常住(상주)　　常務(상무)　　常習(상습)

- 一(일)과 口(구)와 彐(手)와 亅(궐)의 합자니, 一(일)은 목표점이니 계획적인 말(口)과 일하는 손(彐)으로 당겨(亅)서 **일하는** 것이다.

  事事件件(사사건건)　　事故(사고)　　事實(사실)　　事情(사정)

・役 : 역사 역　　・件 : 일 건　　・故 : 연고 고

<table>
<tr><td>寶
보배 보</td><td>刀
칼 도</td><td>不
아니 불</td><td>老
늙을 로</td></tr>
</table>

뜻 보검은 녹슬지 않는다.

자원(字源)

- 宀(면)과 玉(옥)과 缶(부)와 貝(패)의 합자니, 집(宀)안에 있는 그릇(缶)에다 玉(옥)과 재물(貝)을 감추어 둔 것은 **보배**이다. 음을 보니 부(缶)의 변성이다.

  * 드물게 있는 것은 珍(진)이다.

  寶劍(보검)　　寶鏡(보경)　　寶庫(보고)　　寶書(보서)

- ㄱ 이것은 작은 칼등과 자루요, ノ은 칼날이다. **칼**(刀)날만은 하나의 점(ヽ)으로 표시하여 刃(인)으로 쓴다. 음은 도니, 법도(度)있게 잘 써야만 된다는 것이다.

  刀劍(도검)　　刀工(도공)　　刀匠(도장)　　刀尺(도척)

- 篆字(전자)는 乑이니, 이것은 꽃봉오리이니, 꽃이 아직 피지 **아니한** 것이다.

  * 不(불)자 뒤에 한글 ㅈ과 ㄷ이 오면 부로 읽어야 한다.

  不安(불안)　　不眠(불면)　　不懼(불구)　　不備(불비)

- 땅(土)으로 향(ノ)해서 굽어가는(匕 : 화하여 가는) **늙은이**이다.

  老人(노인)　　老成(노성)　　老境(노경)　　老者(노자)

- 劍 : 칼 검　　- 鏡 : 거울 경　　- 眠 : 잘 면　　- 懼 : 두려울 구　　- 備 : 갖출 비
- 境 : 지경 경

伏	龍	鳳	雛
엎드릴 **복**	용 **룡**	새 **봉**	새끼 **추**, 병아리 **추**

뜻 엎드려 있는 용과 새끼 봉황새란 뜻으로, 중국 삼국시대의 제갈량과 방통을 말하니, 초야에 은거하는 才士(재사)를 말한다.

자원(字源)

▪ 人(인)과 犬(견)의 합자니, 사람(人)이 개처럼(犬) **엎드려** 있는 때는 삼복더위 때이다.

三伏(삼복)　　初伏(초복)　　中伏(중복)　　末伏(말복)　　越伏(월복)

▪ 턑은, 위는 **용**의 머리, 밑은 꼬리, 점은 비늘이다. 하늘로 올라가려고 몸(月)이 서(立) 있는 것이다.

龍骨(용골)　　龍官(용관)　　龍女(용녀)　　龍馬(용마)　　龍王(용왕)

▪ 凡(범)과 鳥(조)의 합자니, 무릇(凡) 새(鳥) 중에서 제일 높은 새니, **봉황새**를 말한다.

鳳扇(봉선)　　鳳聲(봉성)　　鳳蝶(봉접)　　鳳凰(봉황)

▪ 芻(추)는 새 알에서 깐 새끼를 상형한(勻) 것을 거듭한 자니, **병아리**이다.

鳳雛(봉추)

•越 : 넘을 월　　•扇 : 부채 선　　•蝶 : 나비 접

本
근본 본

末
끝 말

倒
거꾸러질 도

置
둘 치

자원(字源)

- 木(목)과 一(일)의 합자니, 초목의 원 뿌리를 一(일)로 표시한 것이니, 뿌리는 즉 **근본**이다.

  本來(본래)　　本始(본시)　　本人(본인)　　本籍(본적)

- ㅗ(上)과 木(목)의 합자니, 나무(木)의 위(上)는 **끝**이다.

  * 마치는 끝은 말(末)이고, 시작하는 끝은 단(端)이고, 형제들에서 끝은 계(季)다.

  末甲(말갑)　　末年(말년)　　末期(말기)　　末路(말로)

- 사람(人)은 이르는(至) 칼(刂)에 **거꾸러지는** 것이다.

  倒産(도산)　　倒錯(도착)　　倒懸(도현)　　倒婚(도혼)

- 정직(直)한 자는 법망(罒)에 걸려도 **풀어둔다**.

  置簿(치부)　　安置(안치)　　易置(역치)　　措置(조치)

• 籍 : 호적 적　　• 期 : 기약 기　　• 錯 : 어긋날 착　　• 婚 : 혼인 혼　　• 簿 : 문서 부
• 置 : 둘 치

本	性	難	移
근본 **본**	성품 **성**	어려울 **난**	옮길 **이**

뜻 본성은 고치기 어렵다.

자원(字源)

▪木(목)과 一(일)의 합자니, 초목의 원 뿌리를 一(일)로 표시한 것이니, 뿌리는 즉 **근본**이다.

本格(본격)　　本主(본주)　　本司(본사)　　本文(본문)

▪忄(心)과 生(생)의 합자니, **타고난(生) 마음(心)** 그대로이다.

性理(성리)　　性格(성격)　　性本(성본)　　性質(성질)

▪堇(탄)과 隹(추)의 합자니, 堇은 菫의 변체로서 黃(황)의 약자와 土(토)자의 합자인데, 황색의 아름다운 새는 구하기가 **어려운** 것이다.

難堪(난감)　　難忘(난망)　　難事(난사)　　困難(곤난)

▪禾(화)와 多(다)의 합자니, 많은(多) 벼 모종(禾)을 **옮겨** 심는 것이다.

移住(이주)　　移舍(이사)　　移居(이거)　　移民(이민)

• 堪 : 견딜 감　　• 居 : 살 거

> **뜻** 벌이 떼지어 일어나듯, 각처에서 병란이나 민란이 일어난다.

자원(字源)

- 蟲(충)과 夅(봉)의 합자니, 夅(봉)은 봉우리(峯)를 뜻하니, 모두가 뭉쳐서 봉우리(夅)처럼 되는 **벌(蟲)**을 말한다.

蜂蜜(봉밀)　　蜂房(봉방)　　蜂巢(봉소)　　蜂蝶(봉접)

- 走(주)와 己(기)의 합자니, 몸(己)이 달아나려고(走) **일어나는** 것이다.

起工(기공)　　起動(기동)　　起立(기립)　　起兵(기병)
起死回生(기사회생)

•蜜 : 꿀 밀　　•巢 : 깃들일 소　　•蝶 : 나비 접

뜻 부귀는 뜬구름과 같다는 뜻으로, 부정하게 지위나 재물을 얻어봤자 그것은 덧없는 뜬구름과 같다는 말이다.

자원(字源)

- 畐(福)있는 집(宀)이라 할 수 있으니, **부자**이다.

富强(부강)　　富國(부국)　　富裕(부유)　　富者(부자)　　富村(부촌)

- 中(중) + 一(일) + 貝(패)니 中(중)으로 一(일)관해 쓰는 재물(貝)은 **귀**한 것이다.

貴客(귀객)　　貴公者(귀공자)　　貴國(귀국)　　貴門(귀문)　　貴人(귀인)

- 氵(水)와 孚(부)의 합자니, 孚(부)는 새가 새끼(子)를 발톱(爪)으로 까니, 새는 새끼 위에 떠있게 된다. 그러므로 물(氵) 위에 **떠** 있는 것이다.

浮雲(부운)　　浮言(부언)　　浮遊(부유)　　浮橋(부교)

- 본시는 云(운)이 구름을 상형한 것인데, 이것이 말한다는 뜻으로 쓰이니, 비 우(雨)를 덧붙여서 **구름 운**이라 하였다.

雲氣(운기)　　雲霧(운무)　　雲雨之情(운우지정)　　雲集(운집)

・裕 : 넉넉할 유　　・橋 : 다리 교　　・霧 : 안개 무

뜻 원한이 깊어 한 하늘 아래서 같이 살 수 없다.

자원(字源)

- 篆字(전자)는 ꝥ이니, 이것은 꽃봉오리이니, 꽃이 아직 피지 **아니한** 것이다.
  * 不(불)자 뒤에 한글 ㅈ과 ㄷ이 오면 부로 읽어야 한다.
  不可(불가)   不敢(불감)   不潔(불결)   不輕(불경)

- 廾(입)과 廾(공)의 합자니, 스무(廾) 사람이 **모여** 두 손(廾)으로 다 같이 일하는 것이다. 그것은 公(공)으로도 통하니 음은 공이다.
  * 같이 힘씀은 共(공)이고, 같은 것은 同(동)이다.
  共同(공동)   共立(공립)   共鳴(공명)   共手(공수)

- 𢦏(載)와 共(공) 合字(합자)니, 물건을 싣(載)고 두 손을 같이(共) 잡는 것을 **이른** 것이다.
  戴冠式(대관식)   戴星(대성)   戴勝(대승)

- 一(일)과 大(대)의 合字(합자)니, 세상에서 제일(一) 큰(大) 것은 **하늘이** 다.
  天地(천지)   天人(천인)   天城(천성)   天堂(천당)

• 鳴 : 울 명   • 冠 : 갓 관   • 勝 : 이길 승   • 城 : 재 성

> **뜻** 음성과 안색에 동요가 없다.

자원(字源)

- 篆字(전자)는 圀이니, 이것은 꽃봉오리이니, 꽃이 아직 피지 **아니한** 것이다.

  * 不(불)자 뒤에 한글 ㅈ과 ㄷ이 오면 부로 읽어야 한다.

  不精(부정)　不合(불합)　不知(부지)　不計(불계)

- 重(중)과 力(력)을 합한 글자니, 重力(중력)의 작용으로 스스로 **움직이**는 것이다.

  動心(동심)　動物(동물)　動靜(동정)　動的(동적)

- 石(돌)로 두드려(殳)서 소리(声) 내는 것은 磬(경)인데, 石(석)이 耳(이)로 바뀌었으니, 귀로 듣게 치는 **소리**이다.

  聲聞(성문)　聲音(성음)　聲援(성원)　聲調(성조)

- 勹(人)과 巴(巳)의 합자니, 사람의 마음에 있는 것이 병부(巳)처럼 맞게 얼굴에 나타나는 **빛**이다.

  色家(색가)　色人(색인)　色酒(색주)　色相(색상)

•精 : 자세할 정　•的 : 과녁 적　•聞 : 들을 문　•援 : 도울 원　•調 : 고를 조　•酒 : 술 주

아니 불

배울 학

없을 무

재주 술

자원(字源)

- 篆字(전자)는 이니, 이것은 꽃봉오리이니, 꽃이 아직 피지 **아니한** 것이다.

  * 不(불)자 뒤에 한글 ㅈ과 ㄷ이 오면 부로 읽어야 한다.

  不公(불공)　　不敬(불경)　　不功(불공)　　不過(불과)

- 덮어(宀) 쓰여서 몽매한 아이(子)가 두 손(臼)을 들어서 좋은 본을 받아 (爻)드림이니, 즉 **가르침**을 배우는 것이다.

  學校(학교)　　學院(학원)　　學生(학생)　　學監(학감)

- 甲骨文(갑골문)에는 이니, 이것은 사람이 양손에 소 꼬리를 잡고 춤추는 모양이니, 有無(있고 **없음**)의 無(무)는 假借(가차)된 것이다.

  無故(무고)　　無價(무가)　　無知(무지)　　無識(무식)

- 行(행)과 朮(출)의 합자니, 사람이 살아가는(行)데 꼭 필요한 곡식(朮 : 기장)이니, 이것은 **인생의 길에서 가장 중요한 기능**인 것이다.

  技術(기술)　　算術(산술)　　仁術(인술)　　醫術(의술)

・過 : 지날 과　　・監 : 볼 감　　・價 : 값 가　　・識 : 알 식　　・術 : 재주 술

鵬	程	萬	里
새 **붕**	길 **정**	일만 **만**	마을 **리**

> **뜻** 붕새를 타고 만 리를 난다는 뜻이니, 즉 머나먼 앞길이다.

자원(字源)

- 원래 朋(붕)은 鵬(붕)의 本字(본자)니, 朋(붕)은 하나가 날면 따라서 난다고 해서 벗이라고도 하며, 벗과 새를 구별하기 위해서 새 조(鳥)를 붙여서 **새 붕**이 되었다.

鵬鳥(붕조)　　鵬程(붕정)　　鵬際(붕제)

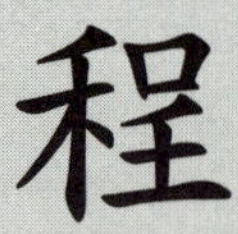

- 禾(화)와 呈(정)의 합자니, 벼(禾)에 보이는 까끄라기는 터럭의 하나의 부피이니, 十髮(십발)이 程(정)이고, 十程(십정)은 分(분)이고 十分(십분)은 寸(촌)이다. 정도란 의미에서 **길**이란 뜻이 되었다.

程度(정도)　　程式(정식)　　程色(정색)

- 甲骨文(갑골문)에는  이렇게 썼으니, 몸통에는 얼룩무늬가 있고 다리는 집게 모양의 특징을 가진 '전갈' 모양이니, 數字(숫자)로 **萬(만)**의 뜻은 假借(가차)된 것이다.

萬里(만리)　　萬人(만인)　　萬名(만명)　　萬個(만개)

- 田(전)과 土(토)의 합자니, 田土(전토)가 있는 곳에 사람이 살고 **마을**이 있다.

里長(이장)　　里居(이거)　　里門(이문)　　里巷(이항)

[주] 鵬程萬里(붕정만리)는 莊子(장자)에서 나오는 말이니, 장자는 내용이 허황된 듯 하지만 사람의 마음을 최대로 확대시켜 놓았으므로, 벌레같은 인생살이에서 탈출구로서의 가치는 괄목할만한 책이다.

・際 : 즈음 제　　・個 : 낱 개　　・巷 : 거리 항

卑 낮을 비　　躬 몸 궁　　屈 굽힐 굴　　膝 무릎 슬

자원(字源)

- 甶은 술뜨는 그릇이고 十(십)은 여럿을 뜻하니, 여럿이 쓰는 그릇은 천한 것이다. 따라서 **낮은** 것이니, 음은 비다.
  * 尊(존)의 반대로 낮게 함은 卑(비)고, 高(고)의 반대로 낮은 위치는 低(저)다.

卑位(비위)　　尊卑(존비)　　男尊女卑(남존여비)

- 身(신)과 呂(려)의 합자니, 육체(身)의 척추(呂)라, **육신의 지주가 동작**하는 것이니, 즉 몸소 무슨 일을 하는 것이다. 그런데 躬(궁)으로도 쓰니, 음은 궁(弓)이다.

躬稼(궁가)　　躬耕(궁경)　　躬行(궁행)　　躬桑(궁상)

- 본래 尾(미)와 出(출)의 합자니, 동물의 척추 끝에 나가 달린 꼬리(尾) 끝이 말려서 **굽은 것**인데, 毛(모)자가 생략된 것이다. 음은 굴이니, 出(출)의 변음이다. 굽은 것을 펴는 것은 伸(신)이다.

屈身(굴신)　　屈曲(굴곡)　　屈伏(굴복)　　屈伸(굴신)

- 肉(육)과 體(체)에서 옻나무(桼)에 뭉쳐진 마디가 있는 것처럼 다리에 뭉친 마디는 **무릎**이다. 음은 슬이니 桼의 변성이다.
  * 膝(슬)의 위는 股(고)고 아래는 脛(경)인데, 그 전체는 脚(각)이다.

膝甲(슬갑)　　膝蓋骨(슬개골)　　膝下(슬하)　　膝行(슬행)

•尊 : 높을 존　　•稼 : 심을 가　　•桑 : 뽕나무 상　　•伏 : 엎드릴 복　　•伸 : 펼 신
•骨 : 뼈 골

悲	憤	慷	慨
슬플 **비**	분발할 **분**	강개할 **강**	분개할 **개**

뜻 슬프고 분해서 마음이 복받친다.

자원(字源)

- 非(비)와 心(심)의 합자니, **비정에 놓인 마음**이다.

悲感(비감)　悲觀(비관)　悲劇(비극)　悲鳴(비명)　悲報(비보)

- ↑(心)과 賁(분)의 합자니, 실패한 것을 성공시키려고 마음(↑)을 꾸미는(賁) 것이다. 즉 이것은 **분발**하는 것이다.

憤慨(분개)　憤痛(분통)　憤歎(분탄)　憤心(분심)

- ↑(心)과 康(강)의 합자니, 건강(康)한 마음(心)으로 모순된 현실을 **개**탄하는 것이다.

慷慨(강개)

- 心(심)과 皀(향)과 기(旡)의 합자니, 마음이(↑) 향기(皀)로 막혀(旡)서 **분개**하는 것이다.

慨慷(개강)　慨然(개연)　慨歎(개탄)

• 劇 : 연극 극　• 鳴 : 울 명　• 報 : 갚을 보　• 歎 : 탄식할 탄

悲	不	自	勝
슬플 **비**	아니 **부**	스스로 **자**	이길 **승**

뜻 매우 비통하여 자신을 통제하지 못하다.

자원(字源)

- 非(비)와 心(심)의 합자니, **비정에 놓인 마음**이다.
  悲歌(비가)　悲感(비감)　悲境(비경)　悲苦(비고)

- 篆字(전자)는 �否이니, 이것은 꽃봉오리이니, 꽃이 아직 피지 **아니한** 것이다.
  *不(불)자 뒤에 한글 ㅈ과 ㄷ이 오면 부로 읽어야 한다.
  不遠(불원)　不信者(불신자)　不感(불감)　不服(불복)

- 원래 코를 본떠서 만든 鼻(비)자였는데, 뒤에 **스스로** 자로 假借(가차)되었다. 코는 **스스로** 숨을 쉰다.
  自然(자연)　自己(자기)　自至(자지)　自身(자신)

- 月(肉)과 粂(권)과 力(력)의 합자니, 육체(月)에 말려(粂) 둘려있는 힘(力)이 우수함이다. 따라서 싸우면 **이기는** 것이다. 음은 승이니 힘이 상승(昇)하는 것이다.
  勝利(승리)　勝報(승보)　勝算(승산)　勝戰(승전)

・歌 : 노래 가　・感 : 느낄 감　・苦 : 쓸 고　・服 : 입을 복　・報 : 갚을 보
・算 : 셈 산　・戰 : 싸움 전

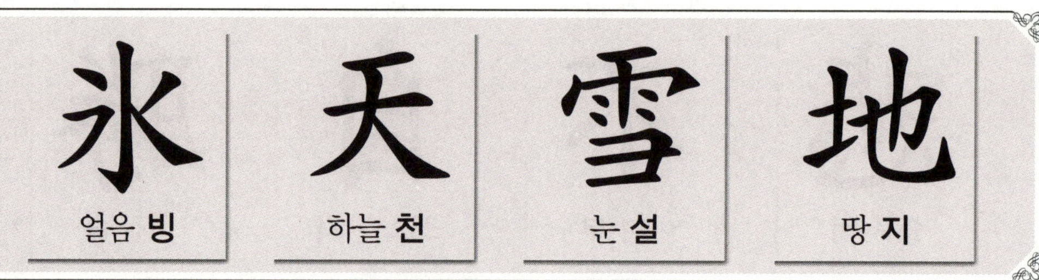

> **뜻** 매우 춥다. 얼음과 눈으로 뒤덮이다.

자원(字源)

- 본시는 冰(빙)자가 **얼음**을 상형했는데, 이것이 冫자로 변하여 물(水)이 얼(冫)은 것인다.

氷水(빙수)　　氷物(빙물)　　氷庫(빙고)　　氷谷(빙곡)

- 一(일)과 大(대)의 合字(합자)니, 세상에서 제일(一) 큰(大) 것은 **하늘**이다.

天地(천지)　　天球(천구)　　天心(천심)　　天性(천성)

- 雨(우)는 雲(운)의 약자고, 크은 눈의 형상이니, 구름(雨)이 한기를 만나서 응결된 **눈**이다.

雪園(설원)　　雪霜(설상)　　雪花(설화)　　雪梅(설매)

- 土(토)와 也(야)의 합자니 土也(토야)라는 것은, 즉 **땅이다** 라는 것이다.

地球(지구)　　地上(지상)　　地支(지지)　　地方(지방)

・庫 : 곳집 고　　・園 : 동산 원　　・霜 : 서리 상　　・梅 : 매화 매

사람의 성품(본성)에서 우러나오는 네 가지 마음씨와 일곱 가지의 감정이다. 곧 仁(인)에서 우러나오는 惻隱之心(측은지심), 義(의)에서 우러나오는 羞惡之心(수오지심), 禮(예)에서 우러나오는 辭讓之心(사양지심), 智(지)에서 우러나오는 是非之心(시비지심)과 喜(희)·怒(노)·哀(애)·樂(락)·愛(애)·惡(오)·欲(욕)을 이른다.

자원(字源)

▪ 원래는 ☰으로 이렇게 썼는데, 복잡한 것을 피하기 위해서 □의 네 귀를 표시해서 **넉 사**라고 하고, □의 아래의 두 귀의 표시는 삭제했다.

四捨五入(사사오입)　　四月(사월)　　四季節(사계절)

▪ 立(입)과 耑(단)의 합자니, 물체가 처음에 세워(立)질 때는 반드시 **바른**(耑) 것이다.

端午(단오)　　端正(단정)　　端雅(단아)　　端緒(단서)

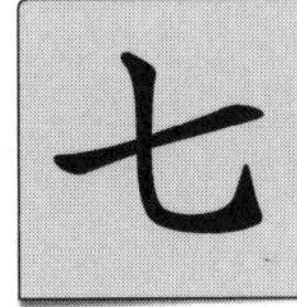

▪ 七(칠)은 切(절)의 本字(본자)로 물건이 잘려 둘이 되는 모양(十 : 갑골문)으로 가운데가 끊어지는 것을 말한다. 그러나 十字(십자)와 구별하기 위해서 소전(小篆)때에 㐅으로 바꿨다.

七星(칠성)　　七月(칠월)　　七夕(칠석)　　七日(칠일)

▪ 小(心)과 主(生)과 丹(단)의 합자니, 이것은 곧 性(성)자에다 丹(단)을 합한 글자이다. 정신적인 性(성)에 대한 육체(月)적 **감정**인 것이다.

情慾(정욕)　　七情(칠정)　　性情(성정)

・捨 : 놓을 사　　・雅 : 맑을 아　　・緒 : 실마리 서　　・慾 : 욕심 욕

뜻 죽음과 삶을 돌보지 않고 끝장을 낸다.

자원(字源)

- 歹(알)과 匕(化)의 합자니, 죽어서 살은 썩고 뼈(歹)만 남는 것으로 화(匕)하는 것이니, 즉 죽는 것이다.

死活(사활)   死力(사력)   死鬪(사투)

- 屮(철)과 土(토)의 합자니, 움(屮)이 땅[土] 위로 **살아서 커 나간다.**

生活(생활)   生死(생사)   生命(생명)   生水(생수)

- 氵(水)와 夬(쾌)의 합자니, 물(水)이 夬卦(쾌괘)처럼 갈라진 곳으로 흘러나가게 방향을 **결정**하는 것이다.

決裂(결렬)   決算(결산)   決心(결심)

- 斷(단)의 古字(고자)는 㡭(계)이고, 斤(근)은 끊는 날이다. 이어진 것을 **끊는 것이다.**

斷交(단교)   斷念(단념)   斷頭(단두)   斷髮(단발)   斷産(단산)

• 鬪 : 싸움 투   • 裂 : 찢어질 렬   • 算 : 셈 산   • 念 : 생각 념   • 髮 : 터럭 발

事	人	如	天
섬길 **사**	사람 **인**	같을 **여**	하늘 **천**

자원(字源)

- 一 + 口 + ᄏ(手) + 」니 一은 목표고, 口는 계획된 말이니, 손(ᄏ)을 가지고 계획된(口) 목표(一)대로 **일**을 해(」)내는 것이다.

事情(사정)   事實(사실)   事件(사건)   事故(사고)

- (丿)은 하늘에서 내려온 정신이고 (乀)은 땅에서 올라온 육체니, 정신과 육체가 합해진 것이 **사람**이다.

人情(인정)   人性(인성)   人民(인민)

- 女(여)와 口(구)의 합자니, 남편의 말(口)에 따라 아내(女)가 일을 하니, 말과 **같은** 것이다.

如意(여의)   如一(여일)   如前(여전)   如何(여하)

- 一(일)과 大(대)의 합자니, 세상에서 제일 큰 것은 **하늘**이다.

天地(천지)   天上(천상)   天下(천하)   天國(천국)   天門(천문)

•故 : 연고 고   •意 : 뜻 의   •何 : 어찌 하

뜻
① 사자가 울부짖다.
② 크게 열변을 토해내다.

자원(字源)

- 犭(犬)과 師(사)의 합자니, 짐승(犭)의 스승격(師)인 **사자**다.

獅子(사자)　　獅子吼(사자후)

- 篆字(전자)는 𗐗니, 위는 머리고 두 팔을 벌리고 있는 **아이**다.

子息(자식)　　子女(자녀)　　子宮(자궁)　　子爵(자작)
男子(남자)　　女子(여자)

- 口(구)와 孔(공)의 합자니, 사자가 입(口) 구멍(孔)을 벌리고 **울부짖는 소리**이다.

吼怒(후노)

• 爵 : 벼슬 작　　• 怒 : 성낼 노

134

事 일 사
必 반드시 필
歸 돌아갈 귀
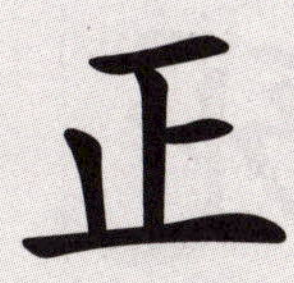正 바를 정

뜻 만사는 반드시 정리(正理)로 돌아간다.

자원(字源)

- 一 + 口 + 크(手) + ㅣ니 一은 목표고, 口는 계획된 말이니, 손(크)을 가지고 계획된(口) 목표(一)대로 **일**을 해(ㅣ)내는 것이다.
  事故(사고)　事件(사건)　**事實**(사실)　事情(사정)

- 心(심)과 丿(별)의 합자니, 무슨 일이든지 마음(心)이 통(丿)해야 **반드시** 이루어진다.
  必勝(필승)　必需(필수)　必讀(필독)　必得(필득)　必是(필시)

- 自(부)와 止(지)와 帚(추)의 합자니, 둔덕같이 쌓였던(自) 것이 바람에 흩어진 것을 비(帚)로 쓸어서 **제자리로 와서** 그치게(止)하는 것이다.
  歸路(귀로)　歸家(귀가)　歸鄕(귀향)　歸省(귀성)

- 一(일)과 止(지)의 합자니, 오직 하나(一) 뿐인 양심에 그쳐(止) 있는 것은 **바른** 것이다.
  正一品(정일품)　正直(정직)　正時(정시)　正刻(정각)

• 勝 : 이길 승　• 需 : 쓸 수　• 鄕 : 시골 향　• 省 : 살필 성

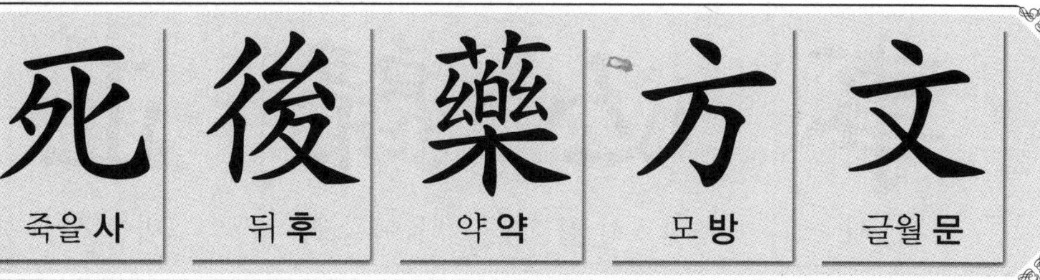

> **뜻** '상여 뒤에 약방문'이란 뜻으로, 평소에 방비하지 않고 실패한 뒤에 대책을 세우는 것이니, 후회해도 소용이 없다는 말이다.

자원(字源)

- 歹(알)과 匕(化)의 합자니, 뼈(歹)만 남아있는 상태(**죽은 것**)로 된(匕) 것이다.

死亡(사망)　死生(사생)　死力(사력)　死後(사후)

- 彳(척)과 幺(요)와 夊(치)의 합자니, 어린이(幺)가 어른보다 **뒤**(夊)에 가는(彳) 것이다.

後悔(후회)　後學(후학)　後生(후생)　後援(후원)

- 艸(草)와 樂(락)의 합자니, **약초**(艸)를 먹으니 병이 완쾌되어서 마음이 즐겁게(樂) 된 것이다.

藥房(약방)　藥局(약국)　藥草(약초)

- 고문에는 旁 이렇게 쓰니, 이것은 배 두 대가 서로 나란히 있는 것을 상형한 것이니, 뒤에 전이되어 **방위 방**이 되었다.

方法(방법)　方向(방향)　方位(방위)

- ノ은 양획, ㇏은 음획인데, 그들이 교차한 것을 머리(亠)로 덮었으니, 사람이 머리로 생각하는 뜻을 음양의 획으로 기록하는 **글**이다.

文章(문장)　文體(문체)　文字(문자)

•悔 : 뉘우칠 회　•房 : 방 방　•局 : 판 국　•章 : 글 장　•體 : 몸 체

뜻 어진 이의 뛰어난 덕을 산이 높고 큰 강이 굽이쳐 흐르는데 비유하여 쓰여진 말이다.

자원(字源)

- 古字(고자)에는 ⴑⴑ이니, 山(산)을 상형한 것이다.

山行(산행)　　山水(산수)　　山神(산신)　　山嶽(산악)

- 冋(경)은 토대이고, 古 이것은 집이니, 건물이 **높은** 것이다.

高校(고교)　　高等(고등)　　高官(고관)

- 물이 흘러가는 상형(川)이다.

水源(수원)　　水路(수로)　　水深(수심)　　流水(유수)

- 초목이 甲(갑)에서 乚(을)로 자라나 변화해서(匕) 지면(一)으로 나와서
  처음은 厂, 다음은 戶, 끝으로 戶, 이렇게 커가니, **어른**이란 뜻이 된다.

年長者(연장자)　　班長(반장)　　長短(장단)　　長官(장관)

• 等 : 무리 등　　• 班 : 나눌 반　　• 短 : 짧을 단

# 山戰水戰
메 산　싸움 전　물 수　싸움 전

> **뜻** 이 세상의 온갖 고생과 어려움을 다 겪어 경험이 많다.

자원(字源)

- 古字(고자)에는 ⚲이니, **산**을 상형한 것이다.

泰山(태산)　　白頭山(백두산)　　太白山(태백산)　　小白山(소백산)

- 單(단)은 고대의 짐승 잡는 도구이고, 戈(과)는 古代(고대)의 병기이다. 그때는 사냥하면서 전투연습을 했기 때문에 **전쟁**과 사냥을 같이 생각하게 된 것이다.

戰爭(전쟁)　　戰鬪(전투)　　戰果(전과)　　戰力(전력)　　戰亂(전란)

- 古字(고자)에는 ⚱이니, **물**을 상형한 글자다.

水陸(수육)　　水深(수심)　　水源(수원)　　水色(수색)

- 위에 기록함.

戰線(전선)　　戰略(전략)　　戰利品(전리품)　　戰法(전법)
戰死(전사)

・泰 : 클 태　　・爭 : 다툴 쟁　　・鬪 : 싸움 투　　・亂 : 어려울 난　　・陸 : 육지 육
・深 : 깊을 심

<table>
<tr><td>森</td><td>羅</td><td>萬</td><td>象</td></tr>
<tr><td>수풀 삼</td><td>벌릴 라</td><td>일만 만</td><td>코끼리 상</td></tr>
</table>

뜻 우주 사이에 벌려져 있는 모든 사물의 현상이다.

자원(字源)

- 세 그루의 나무로, **많은 나무들**이 서 있음을 나타낸 것이다.
  * 林(림)은 키가 같은 숲이고, 森(삼)은 숲 위에 높은 나무가 있는 숲이다.
  森林(삼림)   森林浴場(삼림욕장)

- 罒(网)과 維(유)의 합자니, 실(維)로 얽은 그물(罒)을 **벌려** 치고 짐승을 잡는 것이다.
  羅紗(나사)   羅列(나열)   羅針盤(나침반)   羅漢(나한)

- 甲骨文(갑골문)에는 🦂 이렇게 썼으니, 몸통에는 얼룩무늬가 있고 다리는 집게 모양의 특징을 가진 「전갈」 모양이니, 數字(숫자)로 **萬(만)**의 뜻은 假借(가차)된 것이다.
  萬人(만인)   萬名(만명)   萬歲(만세)   萬象(만상)

- 어금니와 코가 길다란 지상 최대의 동물인 **코끼리**를 상형한 글자이다.
  象牙(상아)   象形文字(상형문자)   象牙塔(상아탑)

•浴 : 목욕 욕   •場 : 마당 장   •針 : 바늘 침   •盤 : 소반 반   •塔 : 탑 탑

> **뜻** 유학의 바탕이 되는 세 가지 벼리(綱)와 지켜야 할 다섯 가지의 도리이다.

자원(字源)

- 세 개의 線(선)으로 표시하였다. 指事(지사) 자이다.

  三色(삼색)   三輪車(삼륜차)   三人(삼인)   三名(삼명)   三等(삼등)

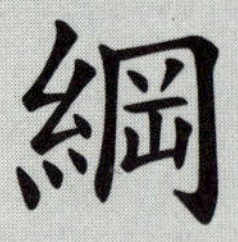

- 岡(강)은 산등이고 糸(사)는 실줄이다. 산등(岡)같이 높은 실줄(糸)이니, **그물 위의 밧줄**이다. 이를 들면 그물 전체가 모두 따라오니, 음은 강(綱)이다.

  綱領(강령)   綱目(강목)   綱紀(강기)   綱常(강상)

- 甲骨文(갑골문)에 어떤 것은 ☰로 나타낸 것도 있는데, 이것은 ☰와 혼동되어서 ☒로 나타내게 되었다.

  五行(오행)   五線(오선)   五色(오색)   五人(오인)   五名(오명)

- 亻(人)과 侖(륜)의 합자니, 侖(륜)은 △(集)과 册(책)의 합자로서 질서있게 정리한 것이다. 따라서 인간(亻)의 질서를 의미한다.

  人倫(인륜)   倫理(윤리)   五倫(오륜)

• 輪 : 바퀴 윤   • 領 : 거느릴 령   • 常 : 떳떳 상

三綱(삼강)

君爲臣綱(군위신강)	임금은 신하의 벼리가 되고
父爲子綱(부위자강)	아버지는 자식이 벼리가 되고
夫爲婦綱(부위부강)	남편은 아내의 벼리가 된다.

五倫(오륜)

父子有親(부자유친)	아비와 자식간에는 친함이 있고
君臣有義(군신유의)	임금과 신하간에는 의가 있고
夫婦有別(부부유별)	부부간에는 각각 맡은바가 다르고
長幼有序(장유유서)	어른과 어린이는 차례가 있고
朋友有信(붕우유신)	벗과 벗은 믿음이 있어야 한다.

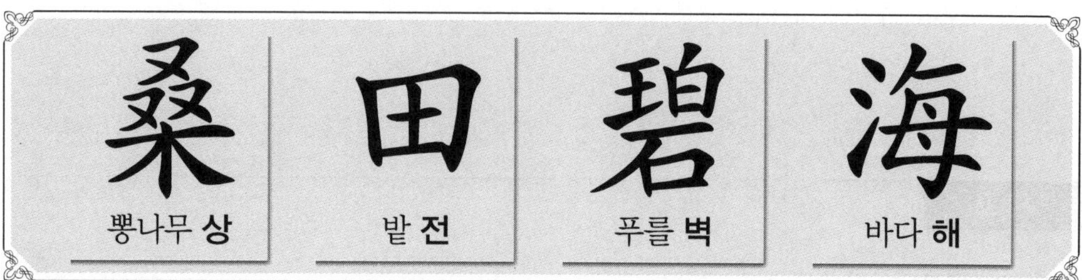

뜻 뽕나무 밭이 변하여 바다가 된다는 뜻이니, 세상일이 덧없이 변천한다는 비유의 말이다.

자원(字源)

- 叒(약)과 木(목)의 합자니, 여러 손(叒)으로 잎을 **따**는 나무는 **뽕**이다.

桑葉(상엽)　　桑田(상전)　　桑林(상림)　　桑白皮(상백피)　　桑實(상실)

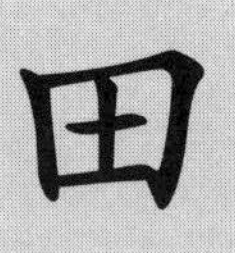

- □(위)는 경계선이고 十(십)은 다니는 길이다. 곡식을 경작하는 **밭**이다.
 *田(전)은 물이 없는 밭, 畓(답)은 물이 있는 밭. 火田(화전)은 불을 태우고 만든 밭이다.

田土(전토)　　田主(전주)　　田地(전지)　　田宅(전택)

- 玉 + 白 + 石이니, 玉(옥)은 청옥, 白(백)은 백옥, 청과 백옥이 섞여있는 돌(石)이니, 청백간색의 **푸름**이다.

碧海(벽해)　　碧玉(벽옥)　　碧天(벽천)　　碧波(벽파)

- 氵(水)와 每(매)의 합자니, 모든(每) 강물(氵)이 모이는 곳은 **바다**이다.

海上(해상)　　海風(해풍)　　大海(대해)　　東海(동해)

• 畓 : 논 답

> **뜻** 배우지 않아도 나면서부터 모든 이치를 앎. 곧 성인(聖人)이다.

자원(字源)

- 屮(철)과 土(토)의 합자니, 초목의 움(屮)이 땅(土)에서 **나오는** 것이다.
  生食(생식)　　生育(생육)　　生産(생산)　　生物(생물)

- 원래는 사람의 턱과 수염을 나타낸 글자였는데, 뒤에 접속사인 **말을 잇는** 뜻으로 되었다.

- 矢(시)와 口(구)의 합자니, 과녁을 맞추는 화살(矢)처럼 진리에 맞는 말(口)은 **아는** 것이다. 음은 矢(시)의 변음이다.
  *知(지)는 그냥 아는 것이고, 智(지)는 밝게 아는 것이다.
  知覺(지각)　　知識(지식)　　知性(지성)　　知人(지인)

- 篆字(전자)로는 㞢 이니 땅 위(一)로 초목의 움(屮)이 커 올라**감**이다.

•育 : 기를 육　　•覺 : 깨달을 각　　•識 : 알 식　　•性 : 성품 성

> **뜻** 앞일을 미리 내다보는 지혜이다.

자원(字源)

- 生(屮→之)와 儿(인)의 합자니, 간(之) 사람(儿)이니, 이는 **먼저** 간 것이다.

先生(선생)　　先輩(선배)　　先發走者(선발주자)　　先進(선진)

- 사람(儿)이 눈(目)으로 **보는** 것이다.

見學(견학)　　見性(견성)　　見聞(견문)　　見本(견본)　　見習(견습)

- 篆字(전자)로는 屮 이니, 땅 위(一)로 초목의 움(屮)이 커 올라**감**이다.

- 해(日)와 달(月)의 **밝음**이다.

明月(명월)　　明朗(명랑)　　明心寶鑑(명심보감)　　明快(명쾌)

•輩 : 무리 배　•習 : 익힐 습　•朗 : 밝을 랑　•寶 : 보배 보　•鑑 : 거울 감

144

雪　上　加　霜
눈 설　윗 상　더할 가　서리 상

자원(字源)

▪雨(우)는 雲(운)의 약자고, ⴌ은 눈의 형상이니, 구름(雨)이 寒氣(한기)를 만나서 응결된 **눈**이다.

雪月(설월)　　雪景(설경)　　雪天地(설천지)　　春雪(춘설)

▪一(일)을 표준으로 해서 그 위에 ⴢ을 쳐서 위를 표시하고 丨을 그어서는 위로 올라감을 뜻하니, **윗 상, 오를 상** 등으로 쓴다.

上司(상사)　　上京(상경)　　上行(상행)　　上官(상관)

▪力(력)과 口(구)의 합자니, 입(口)으로 음식을 먹으니 힘(力)이 **더욱** 생긴다.

加減(가감)　　加味(가미)　　加工(가공)　　加勢(가세)

▪雨(우)와 相(상)의 합자니, 초목을 살리는 것은 雨(우)인데, 상대(相)적으로 죽이는 것은 **서리**이다.

霜雪(상설)　　霜天(상천)　　霜降(상강)　　霜菊(상국)

•景 : 경치 경　　•司 : 맡을 사　　•減 : 덜 감　　•菊 : 국화 국

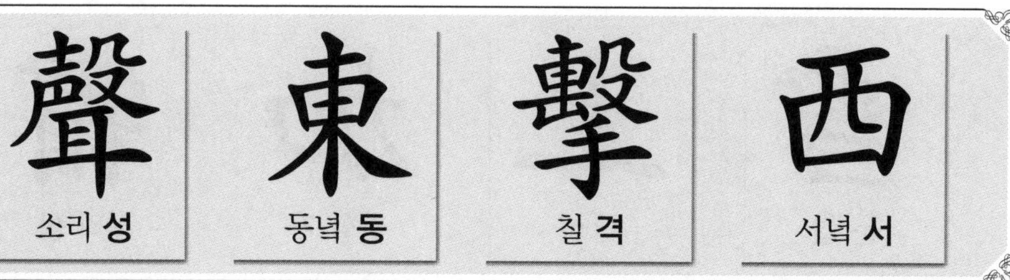

뜻 동쪽을 칠 듯이 말하고 실제로는 서쪽을 친다는 뜻으로, 상대방을 기만하여 기묘하게 공략하는 것을 말한다.

자원(字源)

- 石(돌)로 두드려(殳)서 소리(声) 내는 것은 磬(경)인데, 石(석)이 耳(이)로 바뀌었으니, 귀로 듣게 치는 **소리**이다.

  聲樂(성악)　　聲音(성음)　　聲讀(성독)　　名聲(명성)

- 木(목)과 日(일)의 합자니, 木(목)은 오행(五行)으로 동을 뜻하는데 그 가운데에 日(일)을 덧붙였으니, 해가 뜨는 **동쪽**이다.

  東方(동방)　　東洋(동양)　　東國(동국)　　東夷(동이)　　東海(동해)

- 毄(격)과 手(수)의 합자니, 차가 서로 부딪친(毄) 것처럼, 서로 손(手)으로 **치는** 것이다.

  擊劍(격검)　　擊壤歌(격양가)　　擊退(격퇴)　　擊破(격파)　　擊沈(격침)

- 西(서)는 栖(서)와 동자니, 栖(서)는 篆字(전자)로 ⿴이니 새(⺃)가 둥지에 내려와 쉬는 것이니, 이때가 해가 **서쪽**으로 넘어가는 때이다. 그러므로 西(서)로 전이되어서 쓰여지게 되었다.

  西洋(서양)　　西方(서방)　　西天(서천)　　西海(서해)

• 樂 : 노래 악　　• 夷 : 오랑캐 이　　• 壤 : 흙덩이 양　　• 歌 : 노래 가　　• 破 : 깨칠 파
• 沈 : 잠길 침

必
반드시 필

뜻 세상은 덧없어서 한번 성한 자는 반드시 쇠한다.

자원(字源)

盛

- 成(성)과 皿(명)의 합자니, 그릇(皿)에 식물을 가득(成)히 담은 것이다. 따라서 높이 솟게 담아지니, **성한** 것이다.

盛大(성대)　盛業(성업)　盛德(성덕)　茂盛(무성)　全盛(전성)

者

- 耂(老)와 白(백)의 합자니, 늙은이(耂)의 고백(白)이다. 그는 인생을 경험한 人(인), 物(물), 時(시), 所(소), 事(사) 등 무수한 것을 말함이다.

學者(학자)　長者(장자)　讀者(독자)　記者(기자)

必

- 心(심)과 丿(별)의 합자니, 무슨 일이든지 마음(心)에 통해야 일이 **반드시** 이루어진다.

必要(필요)　必勝(필승)　必罰(필벌)　必需(필수)　必至(필지)

衰

- 篆字(전자)로 𢖶이니, 비올 때의 도롱이와 삿갓이다. 뒤에 **쇠퇴하다**의 뜻으로 되었으니, 그러므로 衰(쇠)자 위에 艸(초)를 얹어서 蓑(사)를 만들었다.
  * 蓑 도롱이 사

衰年(쇠년)　衰弱(쇠약)　衰殘(쇠잔)　衰盡(쇠진)　衰亡(쇠망)

・業 : 일 업　・德 : 큰 덕　・勝 : 이길 승　・罰 : 벌 벌　・需 : 쓸 수　・弱 : 약할 약
・殘 : 남을 잔

뜻 신라 진평왕 때 원광 법사가 지은 화랑의 다섯 가지 계율이다.

자원(字源)

- 卅과 一의 합자니, 三十年을 一기로 한 명칭이니 **一世**는 30년이다.

世上(세상)　　世俗(세속)　　世界(세계)　　世人(세인)　　世帶(세대)

- 亻(人)과 谷(곡)의 합자니, 한(一) 골짜기(谷)에 사는 사람들의 **풍속**이다.

俗談(속담)　　俗世(속세)　　俗人(속인)　　風俗(풍속)

- 甲骨文(갑골문)에 어떤 것은 ☰으로 나타낸 것도 있는데 이것은 ☰와 혼동되므로 Ⓧ으로 나타내게 되었다.

五色(오색)　　五月(오월)　　五行(오행)　　五人(오인)

- ++과 戈(과)의 합자니 두 손(++)으로 창(戈)을 가지고 적을 **경계**하는 것이다.

* 무기로 경계함은 戒(계)고, 말로서 경계함은 誡(계)다.

戒律(계율)　　戒心(계심)　　戒色(계색)　　戒告(계고)　　戒酒(계주)

•帶 : 띠 대　　•談 : 말씀 담　　•律 : 법칙 률

참고

世俗五戒(세속오계)

事君以忠(사군이충)	임금을 섬기되 충성으로 하고
事親以孝(사친이효)	어버이를 섬기되 효도로서 하고
交友以信(교우이신)	벗과 사귀는데 믿음으로서 하고
臨戰無退(임전무퇴)	전쟁할 때는 절대로 물러서지 않고
殺生有擇(살생유택)	살생할 시는 가려서 한다.

笑　而　不　答

웃음 소　　말이을 이　　아니 불　　대답 답

뜻 웃기만 하고 대답을 하지 않는다는 뜻으로, 남에게 질문을 받고 대답하기 싫거나 곤란할 때의 태도이다.

자원(字源)

- 대(竹)밭에 죽순이 요요(夭)하게 아름다운 것이다. 그것이 즐거워서 사람들은 **웃는** 것이다.

笑談(소담)　　笑聲(소성)　　笑顔(소안)　　微笑(미소)　　大笑(대소)

- 원래는 사람의 턱과 수염을 나타낸 글자였는데, 뒤에 접속사인 **말을 잇는** 뜻으로 되었다.

- 篆字(전자)로는 ⺬이니, 이것은 꽃봉오리의 형상이다. 이는 꽃봉오리이므로 꽃이 아직 피지 **아니**한 것이다.

不幸(불행)　　不法(불법)　　不當(부당)　　不在(부재)

- 竹(죽)과 合(합)의 합자니, 속이 빈 대(竹)통을 서로 合(합)해 치면 소리가 나니, **대답하는** 것이다.

答信(답신)　　答禮(답례)　　答書(답서)　　答辭(답사)　　答言(답언)

• 顔 : 얼굴 안　　• 當 : 마땅 당　　• 禮 : 예도 예　　• 辭 : 말씀 사

150

> **뜻** 시문(詩文), 서화(書畵)를 일삼는 사람. 곧 시인, 문인, 서가(書家), 화가를 이르는 말이다.

자원(字源)

- 馬(마)와 蚤(조)의 합자니, 말(馬)이 벼룩(蚤)처럼 날뛰어서 **소란한** 것이다.

騷動(소동)　　騷客(소객)　　騷亂(소란)　　騷人(소인)

- 하늘에서 내려온 정신(丿)과 땅에서 올라온 육체(乀)가 결합한 것이 **사람**이다.

人間(인간)　　人物(인물)　　人情(인정)　　人事(인사)　　人口(인구)

- 태고(太古)에는 석탄같은 검은(黑) 흙(土)을 풀어서 **먹**으로 썼다.

墨客(묵객)　　墨畫(묵화)　　墨紙(묵지)　　墨汁(묵즙)　　墨刑(묵형)

- ⼧(면)과 各(각)의 합자니, 집안(⼧)에 각각(各) 다른 사람은 **손님**이다.

客席(객석)　　客車(객차)　　客居(객거)　　客觀(객관)　　客室(객실)

[주] 騷(소) : 전국시대 초나라의 우국시인 屈原(굴원)이 읊은 離騷(이소)에서 비롯된 것으로서 우국지사의 비분, 애상의 정이 담긴 韻文(운문).

•亂 : 어지러울 난　　•畫 : 그림 화　　•汁 : 액 즙　　•席 : 자리 석

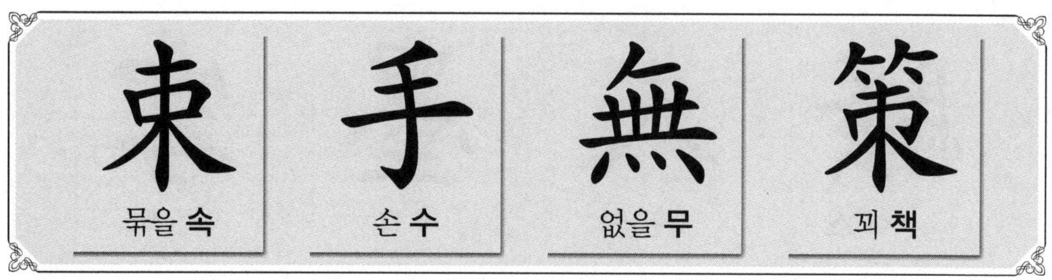

뜻 손을 묶은 것처럼 어쩔 도리가 없음을 말한다.

자원(字源)

- 木(목)과 口(구)의 합자니, 나무(木)을 **묶는**(口)다는 뜻이니, 나무꾼이 나무할 때를 연상해 보라.

束手(속수)   束縛(속박)   束髮(속발)   拘束(구속)

- 원래는 ✋이니, **손** 모양의 상형자였었다. 해서(楷書)로는 수(手)이고 변(邊)은 扌이다.

手法(수법)   手巾(수건)   拍手(박수)   洗手(세수)

- 甲骨文(갑골문)에는 이니, 이것은 사람이 양손으로 소 꼬리를 잡고 춤추는 모양이니, 有無(유무)의 無(무)는 假借(가차)된 것이다.

無知(무지)   無識(무식)   無情(무정)   無故(무고)   無人(무인)

- 篆字(전자)는 이니, 이것은 대(竹)로 만든 말 채찍이다. 채찍을 가지고 말을 모니, **모책**이 된다.

策略(책략)   策士(책사)   策命(책명)   策定(책정)

• 縛 : 얽을 박   • 拍 : 칠 박   • 洗 : 씻을 세   • 識 : 알 식   • 略 : 간략할 략

損	者	三	樂
덜 손	놈 자	석 삼	좋아할요, 즐거울락

> **뜻** 인생의 즐거움을 더는 것 셋이니, 첫째, 교만하게 굴기를 좋아하고(樂驕樂), 둘째, 한가하게 놀기를 즐거워하고(樂佚遊), 셋째, 늘 주색의 향연을 좋아하니(樂宴樂), 이 세 가지는 손해라는 뜻이다.

자원(字源)

- 扣(구)와 貝(패)의 합자니, 재물(貝)을 두드리면(扣) 재물이 손상을 입으니, **더는 것**이다.

損金(손금)　　損失(손실)　　損傷(손상)　　損益(손익)　　損害(손해)

- 耂(노)와 白(백)의 합자니, 늙은(耂)이의 고백(白)이다. 그는 인생을 경험한 人(인)·物(물)·時(시)·所(소)·事(사) 등등 무수한 것을 말함이다.

- 세 줄을 그어놓고 **三(삼)**이라 한 것이니, 指事(지사) 자이다.

三線(삼선)　　三色(삼색)　　三樂(삼락)　　三人(삼인)

- 나무(木)로 만든 대 위에서 管(白) 弦(幺) 악기로 음악을 하고 **즐기는** 것이니, 이것은 **좋은** 것이다.

樂觀(낙관)　　樂園(낙원)　　樂天(낙천)　　樂器(악기)　　樂山(요산)

・傷 : 상할 상　　・害 : 해할 해　　・線 : 줄 선　　・觀 : 볼 관　　・器 : 그릇 기

> **뜻** 소나무가 무성하게 자라면 옆의 잣나무가 기뻐한다는 뜻으로, 남이 잘 되는 것을 기뻐함의 비유이다.

자원(字源)

- 木(목)과 公(공)의 합자니, 소나무는 **公木(공목)**이다. 음은 公(공)의 변음이다. 사시사철 변함없이 푸르고, 건축하는데 주재로 쓰이니, 公(공)한 성격의 **나무**다.

松菌(송균)　　松林(송림)　　松煙(송연)　　松脂(송지)　　松花(송화)

- 艸(草)와 戊(무)의 합자니, 초목의 씨가 최초로 甲(갑)에서 싹이 터서 다섯째인 戊(무)에 오면 **무성해진다.**
  * 甲(갑)은 天干(천간)에서 첫째이고, 戊(무)는 다섯 번째이다.

茂盛(무성)　　茂林(무림)　　茂士(무사)

- 「六書精蘊(육서정온)」에는 柏(백)은 陰木(음목)이라 했으니, 음양론으로 보면 음은 서북쪽인데, 木 + 白이니, 白(백)은 서쪽에 해당하는 색이다. 그러므로 **잣나무**는 음지에서 잘 자란다.

柏子(백자)　　柏實(백실)　　柏林(백림)　　柏悅(백열)

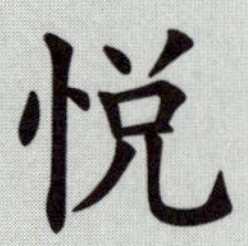

- 忄(심)과 兌(태)의 합자니, 兌(태)는 기쁨을 나타내는 자고, 心(심)이 덧붙여 있으니, 마음으로 **기뻐**하는 것이다.

松柏(송백)　　白松(백송)　　喜悅(희열)

・菌 : 버섯 균　　・煙 : 연기 연　　・脂 : 기름 지　　・盛 : 성할 성

松 솔 송   柏 잣 백   之 갈 지   操 잡을 조

자원(字源)

▪ 木(목)과 公(공)의 합자니, 소나무는 **公木(공목)**이다. 음(음)은 公(공)의 변음이다. 사시사철 변함없이 푸르고, 건축하는데 주재로 쓰이니 公(공)한 성격의 **나무**다.

松林(송림)   松花(송화)   靑松(청송)   老松(노송)   長松(장송)

▪ 「六書精蘊(육서정온)」에는 柏(백)은 陰木(음목)이라 했으니, 음양론으로 보면 음은 서북쪽인데, 木 + 白이니, 白(백)은 서쪽에 해당하는 색이다. 그러므로 **잣나무**는 음지에서 잘 자란다.

柏子(백자)   柏實(백실)   柏子仁(백자인)   柏葉(백엽)

▪ 篆字(전자)에는 ⻌이 之자니, 一은 땅 위이고 屮은 움이 커**감**이다.

▪ 扌와 喿(조)의 합자니, 喿(조)는 나무 위에서 새들이 시끄럽게 울부짖는 글자다. 시끄러운 중에도 무엇 하나를 손(扌)으로 **잡고** 있는 것이다.

操鍊(조련)   操心(조심)   操業(조업)   操縱士(조종사)

•實 : 열매 실   •鍊 : 익힐 련   •業 : 일 업   •縱 : 놓을 종

> **뜻** 입을 병마개 막듯이 한다는 뜻으로, 비밀을 잘 지켜 결코 남에게 알리지 아니함의 비유이다.

자원(字源)

- 법도(寸)로서 가정(宀)을 **지킨다**.

守令(수령)　　守門(수문)　　守勢(수세)　　守節(수절)　　守錢奴(수전노)

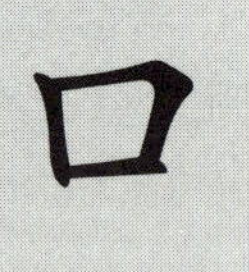
- 사람의 **입**을 상형한 상형문자이다.

口訣(구결)　　口頭(구두)　　口舌(구설)　　口誦(구송)
口述(구술)　　口辯(구변)

- 아내(女)가 남편의 말(口)에 따라서 일을 하니, 말과 **같이** 된 것이다.

如意(여의)　　如何(여하)　　如意珠(여의주)　　如心(여심)

- 幷(병)과 瓦(와)의 합자니, 입구는 좁고 몸뚱이는 넓은 것이다. 반쪽씩 만들어서 아울러(幷) 붙인 옹기(瓦) 그릇이다.

花瓶(화병)　　酒瓶(주병)　　藥瓶(약병)

- 勢 : 형세 세　　• 頭 : 머리 두　　• 誦 : 외울 송　　• 述 : 지을 술　　• 辯 : 말 잘할 변
- 意 : 뜻 의　　• 珠 : 구슬 주

156

垂	頭	喪	氣
드릴 **수**	머리 **두**	잃을 **상**	기운 **기**

뜻 고개를 늘어뜨리고 기가 죽다.

자원(字源)

■土(토) 위에 干(간)자 형의 지주를 세우고 그 중간의 긴 횡선으로써 수평을 보아, 그 좌우로 두 수직선이 지주와 평형이 되도록 **드리우는** 것이다.

垂老(수로)　　垂露(수로)　　垂柳(수류)　　垂楊(수양)

■豆(두)와 頁(혈)의 합자니, 나무그릇(豆)처럼 곧게 서 있는 **머리**이다.

頭上(두상)　　頭頂(두정)　　頭髮(두발)　　頭邊(두변)

■본시는 哭(곡)과 亡(망)의 합자로 썼던 것이니, 亡人(망인)에 **우는**(哭) 것이다.

喪家(상가)　　喪妻(상처)　　喪制(상제)　　喪主(상주)

■气(기)와 米(미)의 합자니, 원래 气(기)는 수증기가 올라가는 형상인데, 米(미)는 사람이 먹고 사는 쌀이다. 공중에 있는 대기란 뜻에서 사람이 쓰는 **기운**도 뜻한다.

氣質(기질)　　氣勢(기세)　　氣運(기운)　　氣息(기식)

• 露 : 이슬 로　　• 柳 : 버들 유　　• 楊 : 버들 양　　• 頂 : 정수리 정　　• 邊 : 갓 변
• 妻 : 아내 처　　• 制 : 지을 제　　• 質 : 바탕 질　　• 勢 : 형세 세　　• 運 : 운수 운

뜻 손에서 책을 놓지 않고 늘 글을 읽는다.

자원(字源)

- 원래는 ✋이니, 이것은 **손**을 상형한 글자이다.

  手指(수지)　手相(수상)　拍手(박수)　左手(좌수)　右手(우수)

- 篆字(전자)로는 ☒이니, 이것은 꽃이 봉오리 진 모습이라 하니, 아직 꽃이 활짝 피지 **아니한** 것이다.

  不幸(불행)　不法(불법)　不眼(불안)　不敏(불민)

- 采(변)과 睪(역)의 합자니, 엿보아(睪)서, 가려내(采)서, **놓아**주는 것이다.

  釋放(석방)　釋迦如來(석가여래)　釋尊(석존)

- 釜(권)과 卩(절)의 합자니, 종이가 발명되지 않았을 때는 글을 대쪽(卩)에 써서 엮어서 말아(釜)서 만든 **책**이다.

  一卷(일권)　萬卷(만권)　卷煙(권연)　卷數(권수)

- 迦 : 부처이름 가　· 尊 : 높을 존　· 煙 : 연기 연

158

<table>
<tr><td>修</td><td>身</td><td>齊</td><td>家</td></tr>
<tr><td>닦을 수</td><td>몸 신</td><td>가지런할 제</td><td>집 가</td></tr>
</table>

뜻 심신을 닦고 집을 다스리는 일이다.

자원(字源)

- 攸(유)와 彡(삼)의 합자니, 얼굴(彡)을 훌륭하게 **닦는** 바(攸)이다.
  修交(수교)　修女(수녀)　修鍊(수련)　修理(수리)　修身(수신)

- 사람의 **몸**을 상형(身)한 글자다.
  身體(신체)　身檢(신검)　身分(신분)　身手(신수)　身弱(신약)

- 甲骨文(갑골문)에는 ᄶ이니, 이것은 벼 이삭이 모두 나온 것이니, 그 모습이 **가지런**하다.
  齊家(제가)　齊民(제민)　齊唱(제창)

- 宀(면)과 豕(시)의 합자니, 돼지(豕)가 항상 우리안에만 있는데, 사람도 피로하면 집(宀) 안으로 들어와서 쉬는 **집**이다.
  家庭(가정)　家宅(가택)　家屋(가옥)　家內(가내)　家室(가실)

•鍊 : 익힐 련　　•體 : 몸 체　　•檢 : 검사할 검　　•唱 : 부를 창　　•庭 : 뜰 정

뜻　아침에 일찍 일어나고 밤늦게 잔다는 뜻으로 부지런히 일함을 이르는 말이다.

자원(字源)

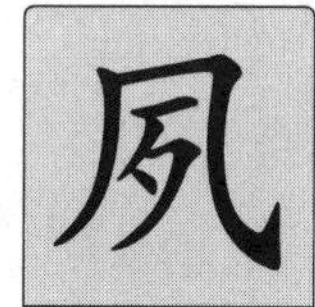

▪凡(범)과 夕(석)의 합자니, 아직 날이 다 새지 않은 새벽이니 **일찍**이다.

夙成(숙성)　夙夜(숙야)　夙怨(숙원)　夙興(숙흥)　夙願(숙원)

▪舁(여)와 同(동)의 합자니, 두 손(舁)으로 한가지(同) 힘을 합쳐서 **일**을 하니, 일이 잘 되는 것이다.

興味(흥미)　興起(흥기)　興亡(흥망)　興盛(흥성)　興旺(흥왕)

▪亦(역)과 夕(석)의 합자니, 저녁(夕)으로부터 또 오는 시간은 **밤**이다.

夜食(야식)　夜行(야행)　夜半(야반)　夜景(야경)

▪宀(면)과 爿(장)과 未(미)의 합자니, 어두운(昧) 밤. 집(宀) 침대(爿)에서 잠을 **자는** 것이다.

寤寐不忘(오매불망)　寐語(매어)

•怨 : 원망 원　•願 : 원할 원　•起 : 일어날 기　•旺 : 왕성할 왕

純	潔	無	垢
순수할 **순**	깨끗할 **결**	없을 **무**	때 **구**

자원(字源)

- 糸(사)와 屯(둔)의 합자니, 屯(둔)은 아직 지상에 확연히 나타나지 못한 상태의 풀을 상징한 것이니, 아직 물들이지 않은(屯) 실(糸)은 잡색이 섞이지 않은 **순수한** 색이다.

純金(순금)　　純潔(순결)　　純粹(순수)　　純一(순일)　　純全(순전)

- 氵과 絜(결)의 합자니, 물(氵)로서 조촐(絜)하게 씻으니 **깨끗한** 것이다.

潔白(결백)　　潔癖(결벽)　　潔齋(결재)

- 甲骨文(갑골문)에는 ❀이니, 이것은 사람이 양손에 소 꼬리를 잡고 춤추는 모양이니, 有無(유무)의 **無(무)**는 假借(가차)된 것이다.

無知(무지)　　無人島(무인도)　　無識(무식)　　無誠意(무성의)

- 흙(土)이 마른 뒤(后)에 먼지가 되어 물건에 묻어서 되는 **때**이다.

無垢(무구)　　垢衣(구의)

・粹 : 순수할 수　　・癖 : 버릇 벽　　・齋 : 집 재　　・島 : 섬 도　　・識 : 알 식
・誠 : 정성 성

> **뜻** 입술이 없으면 이가 시리다.

자원(字源)

- 辰(진)은 三(삼)월이니 양기가 통하는 것이고 月(월)은 육체의 살이다. 살(月)이 움직이는(辰) 것은 **입술**이다.

脣頭(순두) 脣舌(순설) 脣腫(순종) 脣齒(순치)

- 본래는 ㄴ 이렇게 썼으니, ㄴ 이러한 곳에 들어가(入)서 숨은 것이니, **없어진** 것이다.

亡人(망인) 亡夫(망부) 亡子(망자) 亡家(망가)

- 止(지)와 齒의 합자니, 齒은 **이**를 상형한 것인데, 그는 정지(止)된 것이다.

齒骨(치골) 齒科(치과) 齒根(치근) 齒石(치석)

- 寒(건)과 冫(冰)의 합자니, 寒(건)은 집 틈으로 바람이 들어오고, 冫은 얼음이 얼었으니 **추운** 것이다.
- * 물체가 차가운 것은 冷(냉)이다.

寒氣(한기) 寒露(한로) 寒傷(한상) 寒家(한가)

•腫 : 부을 종 •科 : 과목 과 •傷 : 상할 상

뜻 하늘의 뜻에 따르는 사람은 산다.

자원(字源)

- 川(천)과 頁(혈)의 합자니, 머리(頁)에서 아래로 냇물(川)처럼 **순하게** 흐르는 것이다.

順理(순리)　　順番(순번)　　順序(순서)　　順逆(순역)

- 一(일)과 大(대)의 합자니, 세상에서 제일(一) 큰(大) 것은 **하늘**이다.

天下(천하)　　天國(천국)　　天主(천주)　　靑天(청천)　　白天(백천)

- 耂(노)와 白(백)의 합자니, 늙은(耂)이의 고백(白)이다. 그는 인생을 경험한 人(인)·物(물)·時(시)·所(소)·事(사) 등등 무수한 것을 말함이다.

少者(소자)　　老者(노자)　　弱者(약자)　　强者(강자)　　學者(학자)
長者(장자)

- 子(자)와 才(재)의 합자니, 아들(子)의 재질(才)이 **있는** 것이다.

存立(존립)　　存亡(존망)　　存命(존명)　　存續(존속)　　存在(존재)

•番 : 번지 번　　•序 : 차례 서　　•逆 : 거스릴 역　　•續 : 이을 속

| 뜻 | 옳은 것은 옳다고 하고 그른 것은 그르다고 판단한다. |

자원(字源)

- 曰(왈)과 正(정)의 합자니, 바른 것(正)을 바르다고 말(曰)하는 것은 옳은 것이다.

  是非(시비)　　是非之心(시비지심)　　是耶非耶(시야비야)

- 위에 기록함.

  是認(시인)　　是正(시정)　　是是非非(시시비비)

- 왼쪽(크)과 오른쪽(非)이 서로 등져서 상대방을 아니라고 비방하는 것이다.

  非公式(비공식)　　非難(비난)　　非禮(비례)　　非理(비리)　　非賣(비매)

- 위에 기록함.

  非命(비명)　　非命橫死(비명횡사)　　非凡(비범)　　非常(비상)
  非行(비행)

• 耶 : 어조사 야　　• 認 : 인정할 인　　• 賣 : 팔 매　　• 橫 : 비낄 횡

164

> **뜻** 몸둥이 전체(몸, 털, 피부)이다.

자원(字源)

- 사람의 **몸**을 상형(身)한 글자다.

身命(신명)　　身體檢査(신체검사)　　身病(신병)　　身分(신분)
身世(신세)

- 骨(골)과 豊(풍)의 합자니, 뼈(骨)를 중심으로 해서 살이 풍성하게(豊) 붙어 있으니, **몸**이다.

體育(체육)　　體力(체력)　　體感(체감)　　身體(신체)

- 髟(표)와 犮(발)의 합자니, **털(彡)이 길게(長)** 빼낸(犮) 것이다.
- *짧은 털은 毛(모), 긴 털은 髮(발), 턱수염은 鬚(수), 볼수염은 髥(염)이다.

理髮(이발)　　毛髮(모발)　　斷髮(단발)　　長髮(장발)

- 盧(로)와 月(肉)의 합자니, 사람의 육체(月) 표면(盧)을 덮은 살이니, **피부**다.

皮膚(피부)　　皮膚科(피부과)　　皮膚美容(피부미용)

· 檢 : 검사할 검　　· 查 : 조사할 사　　· 感 : 느낄 감　　· 髮 : 터럭 발

뜻 귀신처럼 자유자재로 출몰(出沒)하여 그 변화를 헤아릴 수 없다.

자원(字源)

- 示(시)와 申(신)의 합자니, 신장(申)하는 신령(示)이라, 우주만물을 낳아서 지배하는 **주재자**다.

  神靈(신령)　神經(신경)　神父(신부)　神奇(신기)

- 甲骨文(갑골문)에는 이니, ∪ 이러한 구덩이에서 움(ψ)이 **나옴**이다.

  出現(출현)　出頭(출두)　出家(출가)　外出(외출)　家出(가출)

- 由은 **귀신**의 얼굴이고, 儿은 사람의 변형이고 △은 私(사)니 사사로운 (△) 사람(儿)의 망령(由)이다.

  鬼神(귀신)　鬼哭聲(귀곡성)　鬼門(귀문)

- 손(又)으로 물(氵)속을 휘젓는(⺈) 것이니, 손이 물에 **빠져** 있다.

  沒年(몰년)　沒落(몰락)　沒殺(몰살)　沒世(몰세)　沒收(몰수)

- 靈 : 신령 령　　• 經 : 날 경　　• 奇 : 기이할 기　　• 現 : 나타날 현　　• 哭 : 곡할 곡
- 聲 : 소리 성

> **뜻** 내 몸과 내가 태어난 땅은 하나라는 뜻으로, 같은 땅에서 산출된 것이라야 체질에 잘 맞는다는 말이다.

자원(字源)

- 석고문(石鼓文)에는 (身)이니, 이것은 **몸**(人體)를 형상한 글자이다.
  身體(신체)　身手(신수)　身分(신분)　身上(신상)　自身(자신)

- 甲骨文(갑골문)에는 ⊥ 이니, 땅에서 싹이 올라오는 형상이니, **땅**이다.
  土地(토지)　土建(토건)　土班(토반)　土龍(토룡)　土木(토목)

- 篆字(전자)로는 ⺎ 이니, 이것은 식물의 꽃봉오리라고 한다. 꽃이 아직 활짝 피지 **아니**한 것이다.
  不肖(불초)　不問(불문)　不學(불학)　不敏(불민)　不及(불급)

- 두 획을 그어서 **둘**(二)을 표시했으나, 指事(지사) 문자다.
  二日(이일)　二月(이월)　二等(이등)　二年(이년)

•班 : 나눌 반　•肖 : 같을 초　•等 : 무리 등

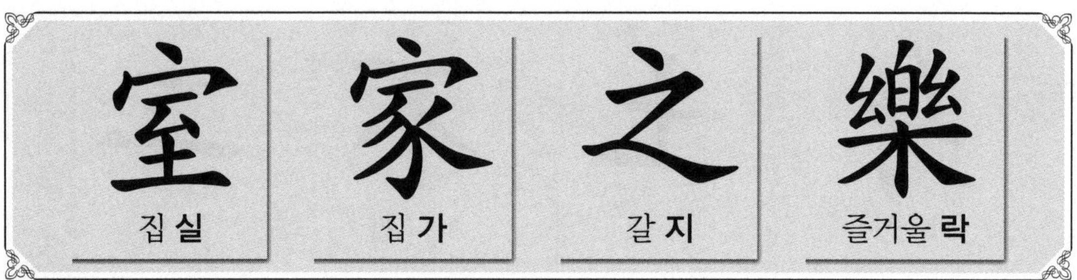

뜻 부부 사이의 화목한 즐거움(樂)을 말한다.

자원(字源)

▪ 宀(면)과 至(지)의 합자니, 집(宀) 안에서 가장 들어(室)가 있는 **방**이다.

室內(실내)　　室人(실인)　　內室(내실)　　居室(거실)　　家室(가실)

▪ 宀(면) 豕(시)의 합자니, 돼지처럼 들어가서 쉴 수 있는 **집**이다.

家內(가내)　　家人(가인)　　家庭(가정)　　家宅(가택)　　家屋(가옥)

▪ 篆字(전자)에는 屮 이니, 땅 위(一)로 초목의 움(屮)이 **올라가는** 것이다.

▪ 나무(木)로 만든 대 위에서 管악기(白)와 弦악기(幺)로 음악을 하고 **즐기는** 것이다.

娛樂(오락)　　自樂(자락)　　行樂(행락)　　同樂(동락)　　音樂(음악)

•庭 : 뜰 정　　•屋 : 집 옥　　•娛 : 즐길 오

168

뜻
① 사실에 근거하여 사물의 진상·진리 등을 연구하는 일이다.
② 청조(淸朝)시대, 고전연구의 고증학 학풍이다.

 자원(字源)

- 집(宀) 안에 꿴(毌) 재물(貝)이 **가득찬** 것이다.
實體(실체)　實權(실권)　實利(실리)　實物(실물)　實相(실상)

- 목표(一)를 향해 계획(口)을 세워서 손(크)을 가지고 **일(｜)**하는 것이다.
事件(사건)　事用(사용)　事故(사고)　事例(사례)　事實(사실)

- 說文(설문)에는 裘(구)의 본자로, 겉옷을 상형한 글자라고 하였다.
求得(구득)　求職(구직)　求心力(구심력)　求刑(구형)　求索(구색)

- 日(왈)과 正(正소)의 합자니, 바른 것을 말(曰)하니 **옳은** 것이다.
是非(시비)　是正(시정)　是是非非(시시비비)

•權 : 권세 권　•件 : 일 건　•故 : 연고 고　•職 : 직분 직　•索 : 찾을 색

> **뜻** 열사람이 밥 한수저씩 보태면 한 사람이 한끼 식량은 된다는 뜻으로, 여러 사람이 한 사람을 돕기는 쉽다는 말이다.

자원(字源)

▪ 金文(금문)에서는 ┃이니, 小篆(소전)에서 점 부분을 가로 그은 획으로 그어서 **十(십)**이 되었다.

十萬(십만)　　十億(십억)　　十里(십리)　　十家(십가)　　十世(십세)

▪ 본래 匕(비)는 비수라는 뜻만이 아니고 숟가락이란 뜻이 있는데, 是(시)를 덧붙이니 이것은 **숟가락**이다.

匙箸(시저)　　揷匙(삽시)

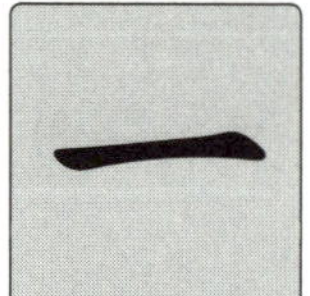

▪ **하나**를 하나의 선으로 표시한 指事(지사)문자이다.

一人(일인)　　一等(일등)　　一班(일반)　　一學年(일학년)　　一名(일명)

▪ 食(식)과 反(반)의 합자니, 하루 세끼 반복(反)해서 먹(食)는 **밥**이다.

飯器(반기)　　飯米(반미)　　飯床(반상)　　飯酒(반주)　　飯饌(반찬)

・億 : 억 억　　・器 : 그릇 기　　・床 : 상 상　　・饌 : 반찬 찬

<table>
<tr><td>阿</td><td>鼻</td><td>叫</td><td>喚</td></tr>
<tr><td>언덕 아, 아첨할 아</td><td>코 비</td><td>부르짖을 규</td><td>부를 환</td></tr>
</table>

뜻
① 아비지옥과 규환지옥이다.
② 지옥의 심한 고통을 못참아 부르짖는 소리이다.

자원(字源)

- 阝(阜)와 可(가)의 합자니, 가(可)히 언덕(阝)이라 할 수 있다. 높은 산에 붙어 있으니, **아첨하는**듯하다.

  阿膠(아교)　　阿房宮(아방궁)　　阿父(아부)　　阿世(아세)
  阿修羅(아수라)

- 원래는 自(자)자가 **코를** 상형한 글자였는데, 뒤에 畀(비)를 덧붙여서 쓰게 되었다.

  耳目口鼻(이목구비)　　鼻炎(비염)　　鼻孔(비공)　　鼻門(비문)
  鼻笑(비소)

- 口(구)와 丩(규)의 합자니, 丩(규)는 풀 덩굴이 나무에 엉겨 올라가는 것이다. 입(口)으로 부르짖는 소리가 귀에 엉기도록 **부르짖는 소리**다.

  叫號(규호)　　叫喚(규환)

- 입(口)으로 밝게(奐) **부르는** 소리다.
- *큰소리로 부름은 喚(환)이고, 아래 사람을 부름은 召(소)고, 손으로 부름은 招(초)다.

  喚起(환기)　　喚醒(환성)

•膠 : 부레 교　　•修 : 닦을 수　　•羅 : 벌릴 라　　•醒 : 깰 성

뜻 좋은 일은 잘 알려지지 않으나, 나쁜 일은 금새 세상에 널리 퍼진다는 말이다.

자원(字源)

- 亞(아)는 보기 흉한 것이니, 추한(亞) 마음(心)은 **사나운** 것이다. 음은 악이니, 驚愕(경악)할 정도다. 추한 것은 **미워하게** 되니, 이것을 **어찌할까** 한다.

惡政(악정)　　惡心(악심)　　惡用(악용)　　惡漢(악한)　　惡事(악사)

- (一)은 목표, 口는 말로 하는 계획이니, 목표(一)를 세우고 계획(口)대로 손(⺕)을 가지고 **일(亅)하는** 것이다.

事故(사고)　　事實(사실)　　事件(사건)　　事用(사용)　　事情(사정)

- 說文(설문)에 「千(천)은 열 개의 百(백)이며, 十(십)과 人(인)에서 나왔다」고 했는데, 十(십)은 一(일)로부터 나오고 **千(천)은** 큰 수니 많은 사람을 나타낸 수다.

千萬(천만)　　千億(천억)　　千人(천인)　　千名(천명)　　千個(천개)

- 田(전)과 土(토)의 합자니, 田土(전토)가 있는 곳에 모여 사는 **마을**이다.
  * 里(리)는 들이 있는 마을, 洞(동)은 산골마을, 閭(려)는 동리의 입구, 閻(염)은 동리의 중문이다.

里門(이문)　　里長(이장)　　洞里(동리)　　千里(천리)

•件 : 일 건　　•億 : 억 억　　•洞 : 고을 동

<table>
<tr><td>惡</td><td>衣</td><td>惡</td><td>食</td></tr>
<tr><td>악할 악, 미워할 오, 어찌 오</td><td>옷 의</td><td>악할 악</td><td>먹을 식</td></tr>
</table>

뜻 좋지 않은 옷과 거친 음식이다.

자원(字源)

■ 亞(아)는 보기 흉한 것이니, 추한(亞) 마음(心)은 **사나운** 것이다. 음은 악이니 驚愕(경악)할 정도다. 추한 것은 **미워하게** 되니, 이것을 **어찌할까** 한다.

惡人(악인)　　惡漢(악한)　　惡鬼(악귀)　　惡氣(악기)　　惡女(악녀)

■ 甲骨文(갑골문)에는 �이니, 이것은 **상의**를 상형한 글자이다.

＊상의는 衣(의), 하의는 裳(상), 상하의 총칭은 服(복)이다.

衣裳(의상)　　衣食(의식)　　衣冠(의관)　　上衣(상의)

■ 上(상)에 기록함.

惡念(악념)　　惡談(악담)　　惡徒(악도)　　惡名(악명)　　惡夢(악몽)

■ 人(인)과 良(량)의 합자니, 사람에게 가장 좋은 것은 **먹는** 것이다.

食堂(식당)　　食慾(식욕)　　食母(식모)　　食指(식지)　　食事(식사)

・漢 : 사내 한　　・鬼 : 귀신 귀　　・夢 : 꿈 몽　　・慾 : 욕심 욕　　・指 : 손가락 지

> **뜻**　분수를 편안히 하면 자기를 지킨다.

자원(字源)

- 宀(면)과 女(녀)의 합자니, 여자(女)가 집(宀)안에 있는 형상이라, 여자가 집안에서 의(衣)·식(食)·주(住)를 잘해야만 집안이 **편안**하다.
  * 安(안)은 집안이 편안한 것이고, 康(강)은 몸이 편안한 것이다.
  安世(안세)　安住(안주)　安定(안정)　安心(안심)

- 八(팔)과 刀(도)의 합자니, 칼(刀)로 양쪽(八)으로 **나누**는 것이다.
  分任(분임)　分離(분리)　分別(분별)　分社(분사)

- 법도(寸)로서 가정(宀)을 **지킨다**.
  守城(수성)　守身(수신)　守備(수비)　守勢(수세)

- 三(삼)자에 왼쪽 밑과 오른쪽 위를 丨로 막아서 사방을 표시하고 그의 중앙(己)에 위치한 **자기**를 의미한다.
  修己(수기)　克己(극기)　利己(이기)　知己(지기)

•守 : 지킬 수　•勢 : 형세 세　•離 : 떠날 리　•社 : 두레 사　•城 : 재 성

安 편안 안 **分** 나눌 분 **知** 알 지 **足** 발 족

뜻 편안한 마음으로 분수를 지켜 만족함을 얻는다.

자원(字源)

- 宀(면)과 女(녀)의 합자니, 여자(女)가 집(宀)안에 있는 형상이라, 여자가 집안에서 의(衣)·식(食)·주(住)를 잘해야만 집안이 **편안**하다.

  *安(안)은 집안이 편안한 것이고, 康(강)은 몸이 편안한 것이다.

  安定(안정)　　安心(안심)　　安國(안국)　　安家(안가)　　安民(안민)

- 八(팔)과 刀(도)의 합자니, 칼(刀)로 양쪽(八)으로 **나누**는 것이다.

  分割(분할)　　分家(분가)　　分爭(분쟁)　　分數(분수)　　分財(분재)

- 과녁(的)에 맞는 화살(矢)처럼 진리에 맞는 말(口)은 **아는** 것이다.

  知足(지족)　　知覺(지각)　　知己(지기)　　知性(지성)　　知識(지식)

- 口(구)는 발가락을 합한 것이고, 止(지)는 발뒤꿈치가 땅에 그쳐 있는 것이니, 곧 **발**이다.

  足下(족하)　　足心(족심)　　足掌(족장)　　足球(족구)

•割 : 벨 할　　•覺 : 깨달을 각　　•掌 : 손바닥 장　　•球 : 공 구

> **뜻** 천하가 태평할 때도 닥쳐올 위험에 대해 걱정하고 마음을 놓지 않는 것을 말한다.

자원(字源)

■ 여자(女)가 집(宀)안에 있는 형상이다. 여자가 집안에서 의(衣)·식(食)·주(住)를 잘해야만 집안이 **편안**하다.

安世(안세)　　安樂(안락)　　安住(안주)　　安民(안민)

■ 篆字(전자)로는 𣎴이니, 이것은 식물의 꽃봉오리라고 한다. 꽃이 아직 활짝 피지 **아니**한 것이다.

不幸(불행)　　不敏(불민)　　不眠(불면)　　不得(부득)　　不敗(불패)

■ 亡(망)과 心의 합자니, 마음(心) 위의 **두뇌작용이 없어진**(亡) 것이다.

忘年(망년)　　忘却(망각)　　忘失(망실)　　忘憂(망우)

■ 𠂊(人)과 厂(엄)과 㔾(已)의 합자니, 언젠가는 무너져(㔾) 내릴 언덕(厂)위에 있는 사람(人)이니, **위태한 것**이다.

危殆(위태)　　危機(위기)　　危計(위계)　　危急(위급)　　危地(위지)

•眠 : 졸음 면　　•却 : 문득 각　　•殆 : 위태 태　　•機 : 조짐 기

安 편안 **안**　　貧 가난 **빈**　　樂 즐거울 **낙**　　道 길 **도**

자원(字源)

- 여자(女)가 집(宀)안에 있는 형상이다. 여자가 집안에서 의(衣)·식(食)·주(住)를 잘해야만 집안이 **편안**하다.

安寧(안녕)　　安樂(안락)　　安住(안주)　　安心(안심)　　安全(안전)

- 分(분)과 貝(패)의 합자다. 재물(貝)을 나누어 가지니, **가난**하게 된 것이다.

貧家(빈가)　　貧國(빈국)　　貧農(빈농)　　貧寒(빈한)

- 管(白)악기와 弦(현)악기(幺)를 나무판 위에서 치니 마음이 **즐겁**다.

樂道(낙도)　　樂器(악기)　　樂聖(악성)　　音樂(음악)

- 首(수)와 辶(착)의 합자니, 머리(首)로는 목적지를 생각하면서 길을 가(辶)는 것이니, 길이다.

道德(도덕)　　道政(도정)　　道民(도민)　　道伯(도백)　　道路(도로)

· 農 : 농사 농　· 寒 : 찰 한　· 聖 : 성인 성　· 路 : 길 로

뜻 암연히 빛을 잃다.

자원(字源)

- 黑(흑)과 音(음)의 합자니, 黑(흑)은 뜻으로 **검음**을 뜻하고 音(음)은 음부로, 음이 암으로 변이되어 음은 암이다.

  黯淡(암담)   黯黑(암흑)

- 然(연)은 개(犬) 고기(月)인데 灬(火)자로 받쳤으니 타는 것이라. 음은 연(煙)이다. 뒤에 **그러나**로 쓰이니, 탄다는 뜻으로는 火(화)변을 붙여 燃(연)으로 쓴다.

  當然(당연)   本然(본연)   敢然(감연)   凄然(처연)

- 矢(시)의 윗부분이 조금 삐져 나온(失) 것이다. 화살이 나간 것이니, 즉 화살을 **잃은** 것이다.

  失調(실조)   失言(실언)   失身(실신)   失聲(실성)

- 𠂉(人)과 巴(卩)의 합자니, 사람(𠂉)의 마음에 있는 것이 병부(卩)처럼 맞게 얼굴에 나타나는 **빛**이다.

  *물건에서 나타난 빛은 色(색)이고, 색이 보이게 밝은 것은 光(광)이다.

  色調(색조)   色人(색인)   紅色(홍색)   赤色(적색)

• 淡 : 맑을 담   • 黑 : 검을 흑   • 聲 : 소리 성   • 調 : 고를 조

仰	不	愧	於	天
우러를 **앙**	아니 **불**	부끄러울 **괴**	어조사 **어**	하늘 **천**

뜻 하늘을 우러러 보아도 한점 부끄럽지 않다는 뜻이다. 그러므로 매사에 공명정대하여 마음에 한점의 흠이 없는 것을 말한다.

자원(字源)

- 人(인)과 卬(앙)의 합자니, 남(人)에게 무엇을 바라(卬)고 **우러러보는** 것이다.

  仰天(앙천) 仰見(앙견) 仰慕(앙모) 仰望(앙망) 仰視(앙시)

- 篆字(전자)로는 不이니, 꽃봉오리의 형상이라 하니 꽃이 아직 피지 **아니한** 것이다.

  不快(불쾌) 不及(불급) 不確實(불확실) 不在(부재) 不遠(불원)

- ↑(心)과 鬼(귀)의 합자니, 귀신(鬼)에게 홀린 것처럼 괴로운 마음(心)은 **부끄러운** 것이다.

  *부끄러움이 얼굴에 나타나는 것은 怍(작)이고, 부끄러움이 행동에 나타나는 것은 羞(수)다.

  愧色(괴색) 愧羞(괴수) 愧忿(괴분)

- 원래는 까마귀(烏)를 상형한 것인데, 그 소리는 「아」 하니 음은 「아」로서 탄성으로 쓰고 또 아가 우(于)로 통하여 장소를 표시하는 전치사가 되었으나, 지금은 「어」로 쓴다.

- 세상에서 제일(一) 큰(大) 것은 **하늘**이다.

  天地(천지) 天國(천국) 天上(천상) 天下(천하) 天城(천성)

• 慕 : 사모 모   • 快 : 쾌할 쾌   • 確 : 확실 확   • 遠 : 멀 원

> **뜻** 국민 사랑하기를 자식 사랑하는 것처럼 한다.

자원(字源)

- 본래는 㤅(애)로 썼으니, 마음(心)을 이기는 (夂)사랑인데, 또 爫(조)와 冖(멱)을 덧붙였으니, **사랑**해서 손(爫)으로 덮(冖)어 어루만지는 것이다.

愛敬(애경)　　愛國(애국)　　愛黨(애당)　　愛戀(애련)

- 冖(멱)과 氏(씨)의 합자니, 氏(씨)는 동족의 뿌리를 박고 있는 개인을 존칭하는 것이고, 冖(멱)은 다수를 덮어서 하나로 합칭하는 것이니, 다수의 사람을 총칭하는 **백성**이다.

民家(민가)　　民主(민주)　　民權(민권)　　民兵(민병)　　民事(민사)

- 女(여)와 口(구)의 합자니, 남편의 말(口)에 따라 아내(女)가 일을 하니 말과 **같은** 것이다.

如今(여금)　　如來(여래)　　如是(여시)　　如實(여실)　　如意(여의)

- 篆字(전자)로는 ♀이니, 두 팔을 벌리고 있는 **아이**의 형상이다.

子息(자식)　　子女(자녀)　　子婦(자부)　　子姪(자질)　　子思(자사)

・戀 : 연모할 련　　・權 : 권세 권　　・婦 : 지어미 부　　・姪 : 조카 질

愛 사랑 애　　憎 미워할 증　　分 나눌 분　　明 밝을 명

뜻　사랑과 미움이 분명하다.

자원(字源)

- 원래 사랑 애 자는 㤅으로 썼으니, 마음(心)이 가는(夂) 사랑인데 뒤에 爪(조)와 ⼍(멱)을 붙였으니 **사랑하는** 마음이 생기니 손(爪)으로 감싸는(⼍) 것이다.

愛心(애심)　　愛菊(애국)　　愛蓮(애련)　　愛妻(애처)

- 忄(心)과 曾(증)의 합자다. 마음(忄)에 부담을 더욱(曾) 더하니 **미워하**는 것이다. 기분으로 미워함은 憎(증)이고 악한 것을 미워함은 惡(오)다.

憎惡(증오)　　憎怨(증원)　　憎嫉(증질)　　憎嫌(증혐)

- 八(팔)과 刀(도)의 합자니, 칼(刀)로 양쪽(八)으로 **나누**는 것이다.

分數(분수)　　分子(분자)　　分班(분반)　　分國(분국)

- 해(日)와 달(月)의 **밝음**이다.

明心(명심)　　明天(명천)　　明星(명성)　　明察(명찰)

・菊 : 국화 국　　・蓮 : 연 련　　・怨 : 원망할 원　　・嫌 : 혐의 혐　　・察 : 살필 찰

> **뜻** 많은 사람들이 한데 모여 다투고 떠드는 것이다.

자원(字源)

- 若(약)과 心(심)의 합자니, 마음(心) 먹은 대(若)로 끄는 것이다.
  * 惹(야)는 끌어 일으키는 것, 牽(견)은 끌어가는 것, 引(인)은 끌어 당기는 것이다.

  惹起(야기)

- 立(립)과 耑(단)의 합자니, 물건이 처음(耑)에 성립(立)될 때는 반드시 바른 것이다.

  端正(단정)　　端雅(단아)　　端午(단오)　　端午節(단오절)

- 氵(水)와 去(거)의 합자니, 水平(수평)적인 질서를 위해서 諸惡(제악)을 제거(去)하는 수단의 **법**이다.

  法庭(법정)　　法大(법대)　　法身(법신)　　法院(법원)　　法曹(법조)

- 庶(서)와 巾(건)의 합자니, 여러(庶) 사람이 깔고 앉는 **자리**(巾)이다.

  坐席(좌석)　　老人席(노인석)　　貴賓席(귀빈석)　　賤民席(천민석)

•起 : 일어날 기　　•雅 : 맑을 아　　•庭 : 뜰 정　　•賤 : 천할 천

野	無	遺	賢
들 야	없을 무	끼칠 유	어질 현

뜻 어진 선비가 모두 등용되어 민간에는 숨은 인재가 없다는 뜻으로, 천하가 잘 다스려진다는 뜻이다.

자원(字源)

- 里(리)와 予(여)의 합자니 나(予)의 농사짓는 전토(田土)는 각자 내(予)가 소유한 들이다. 또한 甲骨文(갑골문)에는 ㅤ이니, 숲이 우거진 곳을 들(野)이라 한다.

野球(야구)　　野外(야외)　　野食(야식)　　野談(야담)　　野景(야경)

- 甲骨文(갑골문)에는 ㅤ이니, 사람이 양손으로 소 꼬리를 잡고 춤추는 모양이니, 無(무)이다. 뒤에 假借(가차)되어서 **없다는** 無(무)가 되었다.

無識(무식)　　無應答(무응답)　　無意識(무의식)

- 貴(귀)와 辶(착)의 합자니, 귀(貴)한 것을 두고 간(辶) 것이니, **끼쳐놓은** 것이다.
  * 지나고 남겨놓은 것은 遺(유)고, 나가서 돌아오지 않는 것은 失(실)이다.

遺物(유물)　　遺産(유산)　　遺傳(유전)　　遺民(유민)　　遺書(유서)

- 신하(臣), 즉 관리가 잡(又)고 있어야 할 보배(貝)는 **어진** 마음이다.

賢人(현인)　　賢者(현자)　　聖賢(성현)　　大賢(대현)

・應 : 응할 응　　・答 : 대답 답　　・産 : 낳을 산　　・聖 : 성인 성

> **뜻** 밤길에는 하얗게 보이는 것은 물이니 밟지 말라는 뜻이다.

자원(字源)

- 「說文(설문)」에는 亦(역)과 夕(석)의 합자라고 했으니, 저녁(夕) 때부터 또 오는 시간은 **밤**이다.

夜間(야간)　　夜行(야행)　　夜食(야식)　　夜客(야객)　　夜光(야광)

- 篆字(전자)로는 𢀓이니, 꽃봉오리의 형상이라 하니, 꽃이 아직 피지 **아니**한 것이다.

不定(부정)　　不治病(불치병)　　不名譽(불명예)　　不完全(불완전)
不食(불식)

- 足(족)과 畓(답)의 합자니, 땅에 발(足)이 붙(畓)는 것처럼 **밟는** 것이다.
- *蹈(도)는 절구(臼) 찧는 것처럼 밟는 것, 踐(천)은 행동으로 밟는 것, 履(리)는 실행해 가면서 밟는 것.

踏步(답보)　　踏査(답사)　　踏襲(답습)　　踏月(답월)　　踏靑(답청)

- 해(日)의 빛이 내려(丿) 오는 것이니, 그 빛의 색은 **흰** 것이다.

白色(백색)　　白鷗(백구)　　白球(백구)　　白夜(백야)　　白痴(백치)

•譽 : 명예 예　　•査 : 조사 사　　•襲 : 엄습할 습　　•鷗 : 갈매기 구　　•痴 : 어리석을 치

약할 **약**   고기 **육**   강할 **강**   먹을 **식**

뜻 약한 것은 강한 것에 먹힌다.

자원(字源)

- 부드러운(巽) 날개의 털(羽)이니, **약한** 것이다. 따라서 아직 독립생활의 능력이 없는 二十(이십)세 이하를 弱冠(약관)이라 한다.

弱體(약체)   弱冠(약관)   弱小(약소)   弱者(약자)   弱質(약질)

- 동물의 살을 형상한 글자이다.
  *동물의 고기는 肉(육), 물속의 고기는 魚(어)라 한다.

肉體(육체)   肉食(육식)   肉身(육신)   肉色(육색)   肉聲(육성)

- 弘(홍)과 蟲(충)의 합자니, 거북같은 넓은(弘) 피갑을 쓴 벌레(蟲)가 **굳센** 것이다.

強者(강자)   強權(강권)   強弱(강약)   強健(강건)   強硬(강경)

- 人(인)과 良(량)의 합자니, 사람에게 좋은(食) **음식**이다.

食事(식사)   食人種(식인종)   食慾(식욕)   食口(식구)   食指(식지)

- 冠 : 갓 관   ・體 : 몸 체   ・聲 : 소리 성   ・權 : 권세 권   ・健 : 건강할 건
- 慾 : 욕심 욕   ・指 : 손가락 지

> **뜻** 빼어난 문장을 이르는 말이다.

자원(字源)

- 艮(간)은 해(日)가 뜨는 쪽으로 가까이(匕) 가는(乀) 것이니, 북쪽에서 동쪽으로 가는 중간지점으로, 겨울에서 봄으로 가는 시점(丶)은 **좋은** 것이다.

良心(양심)　　良人(양인)　　良民(양민)　　良好(양호)　　善良(선량)

- 「說文(설문)」에는 今(금)과 土(토)의 합자로 보았으나, 차라리 흙(土)속에 있는 것(ハ)을 모아(△) 놓은 것이 **금**이다.

金銀(금은)　　金銅(금동)　　金賞(금상)　　金品(금품)　　金錢(금전)

- 羊(양)과 大(대)의 합자니, 큰(大) 羊(양)의 고기가 맛이 **아름다운** 것이니, 사람을 현혹시키는 것이다.

美女(미녀)　　美人(미인)　　美談(미담)　　美術(미술)　　美容(미용)

- 원래는 王(왕)이 **구슬** 옥인데(구슬 셋을 꿰어놓은 것) 뒤에 임금왕으로 넓게 쓰이게 되니, 그 위에 점(丶)을 덧붙여서 쓰게 되었다.

玉石(옥석)　　玉體(옥체)　　玉顔(옥안)　　玉骨(옥골)　　玉杯(옥배)

・銀 : 은 은　・銅 : 구리 동　・談 : 말씀 담　・術 : 재주 술　・容 : 얼굴 용
・杯 : 술잔 배

梁	上	塗	灰
들보 양	윗 상	바를 도	석회 회

 **뜻** 들보 위에다 회를 바른다는 뜻으로, 아름답지 못한 여자가 얼굴에 분을 많이 바른 것을 비웃는 말이다.

자원(字源)

- 水(수)와 刀(창)과 木(목)의 합자니, 물(水) 위에 나무(木)로 만든(刅) 다리이다.

梁材(양재)　　梁上君子(양상군자)　　梁木(양목)

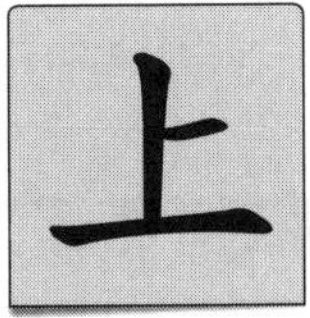
- 一을 표준으로 해서 그 위에 점(丶)을 쳐서 위를 표시하고 ｜ 을 그어서 올라감을 표시했다.

上氣(상기)　　上官(상관)　　上京(상경)　　上體(상체)　　上國(상국)

- 흙(土)이 물이 들어가(涂)서 이겨진 것을 물체에 **바르는** 것이다.

塗料(도료)　　塗色(도색)　　塗壁(도벽)　　塗炭(도탄)

- 𠂇(左)와 火(화)의 합자니, 불(火)은 오른쪽으로 가고 왼쪽(左)에 남은 재다.

灰色(회색)　　灰壁(회벽)　　灰滅(회멸)　　灰心(회심)

・料 : 재료 료　　・壁 : 벽 벽　　・炭 : 숯 탄　　・滅 : 멸할 멸

뜻 두 마리의 범이 서로 싸우듯이 두 영웅이나 강국은 공존하지 못한다.

자원(字源)

- 丁(枰)의 **양쪽**에 十二(십이)수의 중량을 넣(入)고 그것을 하나로 덮어 (冂)놓은 二十四(이십사) 수를 지칭한 것이다.

兩家(양가)　　兩人(양인)　　兩立(양립)　　兩端(양단)　　兩者(양자)

- 虍(호)와 几(궤)의 합자니, 虍(호)는 범가죽이고 几(궤)는 그 몸이니, 즉 **범**이다.

虎患(호환)　　虎口(호구)　　虎窟(호굴)　　虎騎(호기)　　虎皮(호피)

- 땅 위에서 첫째로 보이(目)는 것은 나무(木)이니 木(목)과 目(목)은 서로 주와 객으로 대하는 것이고 주객은 **서로 돕는** 것이다.

相對(상대)　　相互(상호)　　相見(상견)　　相國(상국)

- 鬥(투)는 𠂤(국)과 𠬞(격)의 합자니, 좌우 손에 무기를 들고 싸우는 것이고, 斲(착)은 무기로 베는 것이다. 무기를 던져(投) 해치며 베이는 것이니, **싸우는** 것이다.

鬪爭(투쟁)　　鬪志(투지)　　鬪犬(투견)　　鬪牛(투우)

•端：끝 단　　•患：근심 환　　•窟：굴 굴　　•騎：말 탈 기　　•爭：다툴 쟁

 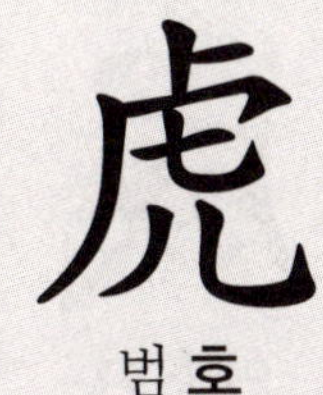 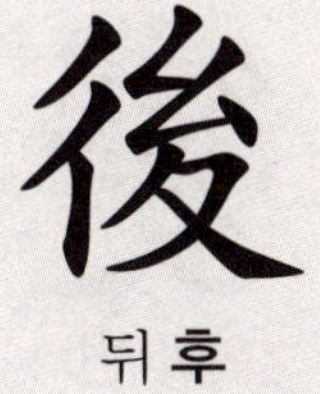 

養	虎	後	患
기를 양	범 호	뒤 후	근심 환

뜻 범을 길러 놓고 뒤에 범에게 화를 입게 된다는 말이다.

자원(字源)

- 羊(양)과 食(식)의 합자니, 양(羊)을 먹여(食) **기르는** 것이다.
  - *養(양)은 먹여서 기르는 것, 育(육)은 도와서 기르는 것, 畜(축)은 짐승을 기르는 것.

養育(양육)   養子(양자)   養犬(양견)   養鷄(양계)   養女(양녀)

- 虍(호)와 几(궤)의 합자니, 虍(호)는 범가죽이고 几(궤)는 그 몸이니, 즉 **범**이다.

虎皮(호피)   虎將(호장)   虎口(호구)   虎相(호상)   虎猛(호맹)

- 彳(척)과 幺(요)와 夂(치)의 합자니, 작(幺)은 아기가 걸어가(彳) 늦게 이르(夂)니, 어른의 **뒤**에 선 것이다.

後生(후생)   後援(후원)   後者(후자)   後發(후발)   後學(후학)

- 串(관)과 心(심)의 합자니, 마음(心)을 꿰어(串)서 **걱정**하는 것이다.
  - *愁(수)는 마음이 수수한 근심, 憂(우)는 얼굴에 나타난 근심이다.

患者(환자)   患難(환난)   患部(환부)   患害(환해)

•鷄 : 닭 계   •將 : 장수 장   •援 : 구원할 원   •難 : 어려울 난   •害 : 해할 해

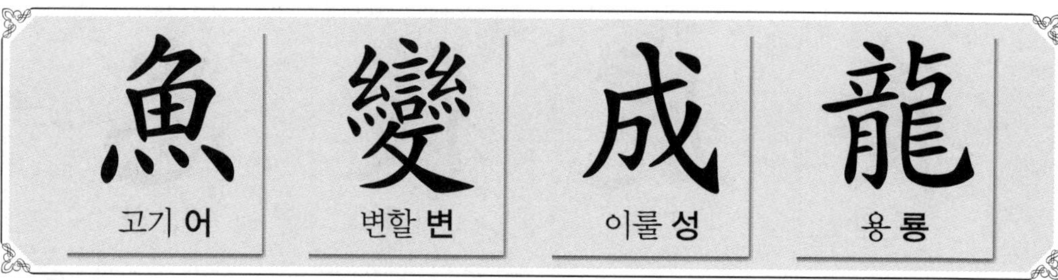

뜻 물고기가 변하여 용이 되었다는 말로 곤궁하던 자가 부귀하여짐의 비유이다.

자원(字源)

■ 篆字(전자)에는 **魚**이니, **물고기**를 상형한 글자이다.

魚物(어물)　　魚群(어군)　　魚類(어류)　　魚肥(어비)　　魚脯(어포)

■ 䜌(련)과 攵(치)의 합자니, 주고 받는 말(言)의 실(絲) 머리가 뒤(攵)에 가면 그 내용이 **달라져 가는** 것이다.

*變(변)은 말이 달라져 변한 것이고, 化(화)는 다른 것으로 변한 것이다.

變心(변심)　　變化(변화)　　變故(변고)　　變動(변동)　　變亂(변란)

■ 戊(무)와 丁(정)의 합자니, 戊(무)는 茂(무)로 통하고 丁(정)은 當(당)을 뜻함이라. 초목이 무성해서 완전한 상태에 도달한 것이니, **이루는** 것이다.

成功(성공)　　成大(성대)　　成人(성인)　　成家(성가)　　成年(성년)

■ 𤲰의 위는 머리, 아래는 꼬리, 중간은 비늘 달린 몸이니, 즉 **용**인데, 그것은 하늘로 올라가니, 몸(月)이 서(立) 있는 것이다.

龍王(용왕)　　龍顏(용안)　　龍體(용체)　　龍畵(용화)　　龍夢(용몽)

• 類 : 같을 유　　• 脯 : 포 포　　• 亂 : 어지러울 난　　• 顏 : 얼굴 안　　• 夢 : 꿈 몽

누를 **억**　　강할 **강**　　붙들 **부**　　약할 **약**

> **뜻** 강한 자를 누르고 약한 자를 도와주는 것을 말한다.

자원(字源)

- 扌(手)와 卩(印)의 합자니, 손(手)으로 도장(印)을 **누르**는 것이다.
  *힘으로 눌리는 것은 抑(억)이고, 무게로 눌리는 것은 壓(압)이다.
  抑佛崇儒(억불숭유)　　抑留(억류)　　抑賣(억매)　　抑壓(억압)

- 弘(홍)과 蟲(충)의 합자니, 거북같은 넓은(弘) 피갑을 쓴 벌레(蟲)가 굳은 것이다.
  強勢(강세)　　強者(강자)　　強健(강건)　　強軍(강군)　　強要(강요)

- 힘센 남편(夫)이 약한 아내를 손(手)으로 도우는 것처럼, 약한 자를 **붙잡**는 것이다.
  扶助(부조)　　扶桑(부상)　　扶弱(부약)　　扶養(부양)　　扶餘(부여)

- 부드러운(巽) 날개의 털(羽)이니, **약한** 것이다. 따라서 아직 독립생활의 능력이 없는 二十(이십) 이하를 弱冠(약관)이라 한다.
  弱小民族(약소민족)　　弱者(약자)　　弱勢(약세)　　弱體(약체)

- 佛 : 부처 불　　· 崇 : 높을 숭　　· 儒 : 선비 유　　· 壓 : 누를 압　　· 勢 : 형세 세
- 健 : 건강할 건　　· 餘 : 남을 여　　· 族 : 겨레 족

뜻 어찌 감히 그런 마음을 먹을 수 있으랴!의 뜻이다.

자원(字源)

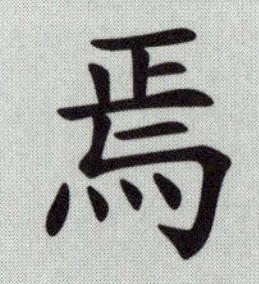

▪篆字(전자)에는 　이니, 이것은 江淮(강회)에 있는 누른 鳳凰(봉황)이라. 태평성대가 아니면 나오지 않는 새니, 말세에 **어찌** 나오겠는가?

焉敢生心(언감생심)　　焉烏(언오)　　焉馬(언마)

▪功(공)과 耳(이)의 합자로 功耳(공이)니, 칠(功) 뿐(耳)이다. 결심을 가지고 **감히** 행동하는 것이다.

敢行(감행)　　敢言(감언)　　敢爲(감위)

▪屮(철)과 土(토)의 합자니, 움(屮)이 땅(土)에서 **나는** 것이다.

生涯(생애)　　生覺(생각)　　生物(생물)　　生體(생체)　　生鮮(생선)

▪篆字(전자)에는 　이니, 심장을 상형한 글자이다.

心性(심성)　　心志(심지)　　心相(심상)　　心中(심중)

•烏 : 어찌 오　　•涯 : 물가 애　　•覺 : 깨달을 각　　•鮮 : 생선 선　　•性 : 성품 성

뜻 너무 엄청나게 사리에 어긋나 말문이 막힌다는 뜻으로 어이가 없어 말로는 나타낼 수가 없다.

자원(字源)

- 「說文(설문)」에는 辛(건)과 口의 합자라고 했으나, 해서의 言(언)은 二(上)과 二(下)와 口의 합자로 위와 아래로 입을 놀려서 **말하는** 것이다.

  言聲(언성)　言語(언어)　言及(언급)　言爭(언쟁)　言權(언권)

- 吾(내)가 하고 싶은 **말**(言)이다.
  * 話(화)는 혀로만 말하는 것이고, 談(담)은 열이 나게 하는 말이고, 譯(역)은 외국말 뜻을 전하는 말이다.

  語感(어감)　語句(어구)　語根(어근)　語尾(어미)　語法(어법)

- 머리(首)로는 목적지를 생각하면서 발로 가(辶)는 **길**이다.

  道德(도덕)　道學(도학)　道民(도민)　道伯(도백)

- 𢇍는 繼(계)의 古字(고자)이고 斤(근)은 끊는 것이다. 이어진 것을 **끊는** 것이다.

  斷水(단수)　斷交(단교)　斷念(단념)　斷頭(단두)　斷産(단산)

• 聲 : 소리 성　• 爭 : 다툴 쟁　• 權 : 권세 권　• 感 : 느낄 감　• 頭 : 머리 두

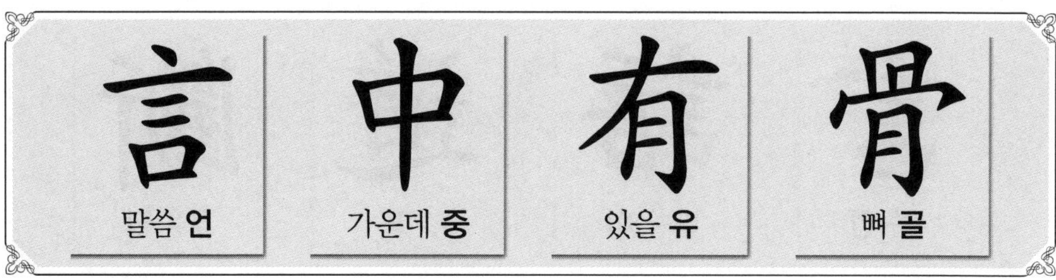

뜻 | 예사로운 말 속에 뼈 같은 속뜻이 있다는 말이다.

자원(字源)

- 「說文(설문)」에는 辛(건)과 口의 합자라고 했으나, 해서의 言(언)은 二(上)과 二(下)와 口의 합자로 위와 아래로 입을 놀려서 **말하는** 것이다.

言語(언어)　言爭(언쟁)　言聲(언성)　言及(언급)　敬言(경언)

- 甲骨文(갑골문) 中에서 ㅣ은 깃대이고 ∥은 바람에 나부끼는 깃발이다. 기는 민족사회의 상징이며 큰 행사 때에는 기를 향해 사방으로부터 백성들이 모여든다. 따라서 旗(기)가 있는 곳이 **중앙**이 된다.

中間(중간)　中心(중심)　中等(중등)　中學(중학)　中位(중위)

- 𠂇(又)와 月(월)의 합자니, 그믐밤에 없던 달(月)이 초 三日(삼일)이 되면 또(又) **있는** 것이다.

有識(유식)　有力(유력)　有言(유언)　有功(유공)　有故(유고)

- 冎(과)와 月(肉)의 합자니, 살(月)이 붙어있는 **뼈**(冎)이다.
- *骨(골)은 살 속에 들어있는 뼈, 骸(해)는 살이 벗겨진 뼈, 髓(수)는 기름이 관통하는 뼈이다.

骨格(골격)　骨氣(골기)　骨法(골법)　骨相(골상)　骨肉(골육)

•爭 : 다툴 쟁　•等 : 무리 등　•識 : 알 식　•格 : 격식 격

與	世	推	移
더불 여, 줄 여	인간 세	밀 추	옮길 이

뜻 세상의 변함에 따라 함께 변하는 것을 말한다.

자원(字源)

- 원래는 준다는 뜻인 与(여) 자를 두 손으로 같이 든다는 뜻인 舁(여) 속에 넣었으니, 두 손이 서로 **더불어** 주는 것이다.

  與民同樂(여민동락)　　與黨(여당)　　與奪(여탈)　　與受(여수)

- 卅(삽)과 一(일)의 합자니 三十(삼십)년을 一(일)기로 한 명칭이다. 시간적인 세대나 공간적인 세상을 뜻하니 三十歲(삼십세)의 수다.

  世界(세계)　　世俗(세속)　　世上(세상)　　世間(세간)

- 扌(手)와 隹(추)의 합자니, 隹(추)는 雀(작)의 약자이다. 참새가 뛰어나 아가는 것처럼 손(扌)으로 **미는** 것이다.

  推進(추진)　　推究(추구)　　推仰(추앙)　　推考(추고)　　推理(추리)

- 禾(화)와 多(다)의 합자니, 많은(多) 벼 모종(禾)을 **옮겨** 심는 것이다.

  移動(이동)　　移文(이문)　　移民(이민)　　移舍(이사)　　移葬(이장)

- 黨 : 무리 당　　• 奪 : 뺏을 탈　　• 進 : 나갈 진　　• 究 : 연구 구　　• 仰 : 우러를 앙
- 考 : 상고할 고　　• 舍 : 집 사

뜻
① 용의 가슴에 거꾸로 붙어있는 비늘을 말한다.
② 임금의 진노의 비유이다.

자원(字源)

- 원래는 屰(극)이 거스린다는 의미였었는데, 후에 辶을 덧붙였으니, **거슬러** 가는 것이다.
* 물을 거슬러 올라감은 溯(소)다.

逆賊(역적)　　逆臣(역신)　　逆境(역경)　　逆謀(역모)　　逆水(역수)

- 魚(어)와 粦(린)의 합자니, 고기(魚)에 린(粦)빛이 있는 **비늘**.
* 鱗(린)은 고기에 붙은 작은 조각 비늘, 甲(갑)은 고기에 붙은 굳고 넓은 껍질.

鱗甲(인갑)　　鱗介(인개)　　鱗毛(인모)　　鱗蟲(인충)　　鱗比(인비)

[주] 용의 턱 밑에는 비늘 하나가 거꾸로 붙어있는데, 누구든지 이 비늘을 건드리면 용이 노하여 뿔로 받아 죽인다는 중국의 전설에서 온 말.

・賊 : 도적 적　　・境 : 지경 경　　・謨 : 꾀 모　　・介 : 껍질 개

196

易	地	思	之
바꿀 **역**, 쉬울 **이**	땅 **지**	생각 **사**	갈 **지**

뜻 서로 처지를 바꾸어 생각하라.

자원(字源)

- 日(일)과 勿(月)의 합자니, 해(日)와 달(月)이 서로 **바뀌는** 것이다. 그리고 주(日) 야(月)가 서로 바뀜은 자연이니, **쉬운** 것이다.

  易書(역서)   易理(역리)   易象(역상)   易姓(역성)   易學(역학)

- 土(토)와 也(야)의 합자니, 土地(토지)라는 것은 즉 **땅**이다.

  地上(지상)   地球(지구)   地域(지역)   地理(지리)   地平線(지평선)

- 두뇌(田)에서 작용하는 마음(心)이니, 곧 **생각하는** 것이다.
  * 思(사)는 창조하는 생각이고, 憶(억)은 기억하는 생각이다.

  思想(사상)   思慕(사모)   思戀(사련)   思索(사색)   思潮(사조)

- 전서에서는 ⽌ 이니, 땅 위(一)에 초목의 움이(屮) 커**가는** 것이다.

- 球 : 공 구   • 域 : 지경 역   • 想 : 생각 상   • 慕 : 사모 모   • 戀 : 생각할 련
- 潮 : 조수 조

> **뜻** 옷의 깃과 소매는 남의 눈에 잘 띈다는 뜻으로, 우두머리가 되어 본보기가 되는 사람을 일컫는 말이다.

자원(字源)

- 令(령)과 頁(혈)의 합자니, 육체의 동작을 명령(令)하는 머리이니, **우두머리**란 뜻이 된다.

領官(영관)　　領導(영도)　　領事(영사)　　領相(영상)　　領土(영토)

- 衣(의)와 由(유)의 합자니, 손을 경유(由)해서 들어가는 옷(衣)은 즉 **소매**이다.

領袖(영수)　　領袖會談(영수회담)

•導 : 인도할 도　　•相 : 정승 상　　•談 : 말씀 담

寤	寐	不	忘
잠깰 오	잘 매	아니 불	잊을 망

> **뜻** 자나깨나 잊지 못한다.

자원(字源)

- ⺌(면)과 爿(장)과 吾(오)의 합자니, 집안(⺌) 침상(爿)에 누워있는 나(吾)는 잠에서 **깨는** 것이다.

  寤寐(오매)　寤夢(오몽)　寤言(오언)

- ⺌(면)과 爿(장)과 未(미)의 합자니, 어두운(昧) 밤. 집(⺌) 침대(爿)에서 잠을 **자는** 것이다.

  寤寐不忘(오매불망)　寐語(매어)

- 篆字(전자)에는 $\overline{\overline{\overline{\mathsf{X}}}}$이니, 이것은 초목의 꽃봉오리 형상이라고 하며 아직 꽃이 활짝 피지 **아니한** 것이다.

  不敬(불경)　不法(불법)　不敏(불민)　不願(불원)　不忘(불망)

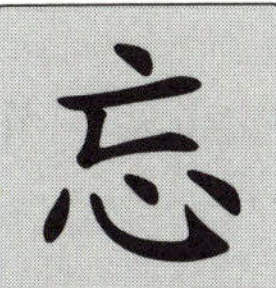

- 마음(心) 위의 기억이 없어(亡)진 것이다. 마음이 식역(識域) 아래로 내려갔으니, **잊어버린** 것이다.

  忘憂里(망우리)　忘却(망각)　忘失(망실)　忘年(망년)
  忘憂物(망우물)

- 夢 : 꿈 몽　• 敬 : 공경 경　• 敏 : 민첩할 민　• 願 : 원할 원　• 憂 : 근심 우
- 却 : 문득 각

뜻 나는 그 일에 상관하지 아니한다.

자원(字源)

- 원래 吾(오)는 言語(언어)의 語(어)였었다. 뒤에 吾(오), 我(아) 등이 一人稱代詞(일인칭대사)로 假借(가차)되어 쓰이자 「말과 나」를 구별하기 위하여 言(언)을 덧붙여서 語(어)가 만들어지게 되었다.
- *吾(오)는 말하는 나, 我(아)는 싸우는 나, 予(여)는 남에게 주는 나니, 余(여)로 통한다.

吾黨(오당)　　吾人(오인)　　吾子(오자)　　吾兄(오형)

- 篆字(전자)에는 <전자>이니, 이것은 초목의 꽃봉오리 형상이라고 하며 아직 꽃이 활짝 피지 **아니한** 것이다.

不眠(불면)　　不願(불원)　　不參席(불참석)　　不法(불법)
不誠實(불성실)

- 門(문)과 䢴(관)의 합자니, 두 쪽문(門)에 빗장을 꿰(䢴)어서 잠그는 것이다. 국경을 드나드는 관문역할을 하니, **관계**하는 곳이다.

關心(관심)　　關節(관절)　　關係(관계)　　關連(관련)　　關門(관문)

- 篆字(전자)에는 <전자>이니, 이것은 江淮(강회)에 있는 누른 鳳凰(봉황)이니, 태평성대가 아니면 나오지 않는 새니, 말세에 **어찌** 나오겠는가?

焉敢生心(언감생심)　　焉哉乎也(언재호야)

· 黨 : 무리 당　　· 眠 : 졸 면　　· 參 : 참여할 참　　· 敢 : 감히 감　　· 哉 : 이끼 재

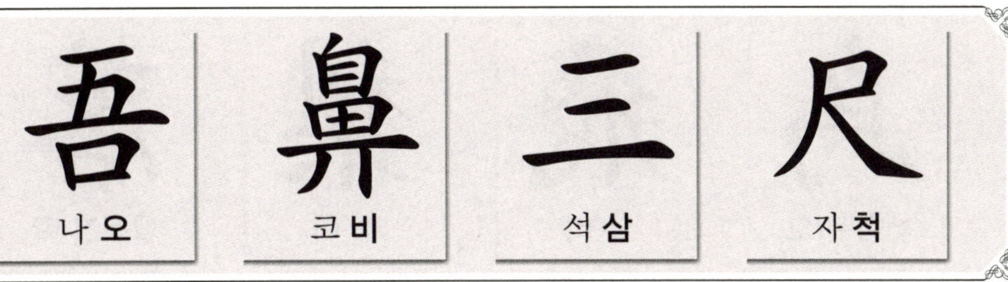

> **뜻** 내 코가 석자란 뜻으로 내 사정이 급해서 남을 돌볼 여유가 없다는 말이다.

자원(字源)

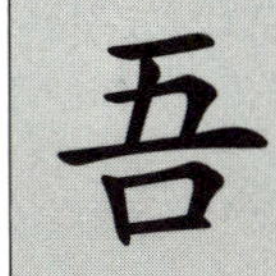

- 원래 吾(오)는 言語(언어)의 語(어)였었다. 뒤에 吾(오), 我(아) 등이 一人稱代詞(일인칭대사)로 假借(가차)되어 쓰이자 「말과 나」를 구별하기 위하여 言(언)을 덧붙여서 語(어)가 만들어지게 되었다.

  吾等(오등)　　吾人(오인)　　吾兄(오형)　　吾子(오자)　　吾黨(오당)

- 원래는 自(자)가 코를 상형한 자였으나, 스스로 자로 쓰이게 되니, 밑에다 畀(비)를 붙여서 **코** 비라 하였다.

  鼻炎(비염)　　鼻骨(비골)　　鼻孔(비공)　　鼻塞(비색)　　鼻門(비문)

- 세 개의 선(三)으로서 **셋**을 표시한 指事(지사) 문자이다.

  三位(삼위)　　三神(삼신)　　三者(삼자)　　三省(삼성)

- 尺(척)의 尸(시)는 손목의 금이고, ╲은 팔의 중간 접는 곳의 표시니, 두 곳의 길이가 一尺(일척)이다.

  三尺(삼척)　　九尺(구척)　　曲尺(곡척)　　咫尺(지척)

• 等 : 무리 등　　• 炎 : 불꽃 염　　• 塞 : 막을 색

까마귀 **오**　　　날 **비**　　　배 **이**　　　떨어질 **락**

> **뜻**　'까마귀 날자 배 떨어진다'는 뜻으로 우연의 일치로 남의 의심을 받게 됨의 비유이다.

자원(字源)

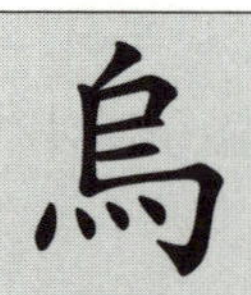

- 鳥(조)에서 그 눈을 표시하는 부분을 생략한 것이 까마귀 오니 그것은 눈까지 전부 다 **검기** 때문이다.

烏鳥(오조)　　　烏鵲(오작)　　　烏骨鷄(오골계)　　　烏合之卒(오합지졸)

- 새가 나는 형상이라고도 하고, 또한 羽(우)와 升(승)의 합자니 날개(羽)를 쳐서 공중을 **나는**(升) 것이다.
- *翻(번)은 날아서 날개를 자주 치는 것이다, 翔(상)은 날아서 공중을 도는 것이다.

飛行(비행)　　　飛騰(비등)　　　飛翔(비상)　　　飛白(비백)　　　飛虎(비호)

- 利(리)와 木(목)의 합자니, 먹으면 利(리)해서 변비증을 고치는 나무의 열매니, 즉 **배**나무 열매다.
- *먹어서 설사가 막히는 나무열매는 감(柿)이다.

梨花(이화)　　　梨實(이실)　　　梨田(이전)　　　梨花園(이화원)

- 艸(草)와 氵(水)와 各(각)의 합자니, 물(氵)이 흐르는 것처럼 풀잎(艸)이 **떨어지는** 것이다.
- *落(락)은 붙은 것이 떨어지는 것이고, 墮(타)는 힘이 없어서 떨어지는 것이고, 墜(추)는 땅 위로 떨어지는 것이다.

落葉(낙엽)　　　落水(낙수)　　　落地(낙지)　　　落馬(낙마)　　　落月(낙월)

•鵲 : 까치 작　•鷄 : 닭 계　•騰 : 날 등　•翔 : 날개 상　•園 : 동산 원　•葉 : 잎 엽

뜻 까마귀들의 모임이란 뜻으로, 갑자기 모아들인 훈련없는 군사 또는 규율도 통일도 없는 군중을 이르는 말이다.

자원(字源)

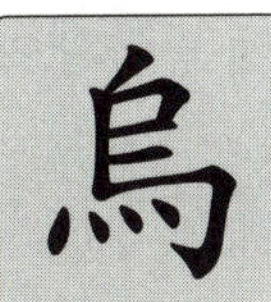

- 鳥(조)에서 그 눈을 표시하는 부분을 생략한 것이 까마귀 오니, 그것은 눈까지 전부 다 **검기** 때문이다.

烏鳥(오조)   烏鵲(오작)   烏骨鷄(오골계)

- △(集)과 口의 합자니 입(口)을 담은(△) 듯이 **합한** 것이다.

合格(합격)   合資(합자)   合一(합일)   合金(합금)   合成(합성)

- 전서에서는 ⊻ 이니, 땅 위(一)에 초목의 움이(屮) **커가는** 것이다.

- 원래는 衣(의)와 十(십)의 합자니, 부하 열 명(十)에게 옷(衣)을 나누어 주는 것이다. 그 수는 열로써 끝나니, **마친다**는 뜻도 된다.

卒兵(졸병)   卒業(졸업)   卒然(졸연)   卒倒(졸도)   卒之(졸지)

•鵲 : 까치 작   •鷄 : 닭 계   •資 : 자료 자   •然 : 그럴 연   •倒 : 거꾸러질 도

玉	不	琢	不	成	器
옥 옥	아니 불	다듬을 탁	아니 불	이룰 성	그릇 기

> **뜻** 옥도 다듬어 쪼지 않으면 그릇이 될 수 없다는 말로, 재주가 비상한 사람이라도 학문을 쌓지 않으면 훌륭한 사람이 될 수 없음의 비유이다.

자원(字源)

- 원래는 王(왕)이 구슬 옥인데(구슬 셋을 꿰어 놓은 것) 뒤에 임금왕으로 넓게 쓰이게 되니, 그 위에 점(丶)을 붙여서 쓰게 되었다.

  玉璽(옥새)　　玉印(옥인)　　玉杯(옥배)　　玉石(옥석)　　玉水(옥수)

- 篆字(전자)에는 (전자 자형)이니, 이것은 초목의 꽃봉오리 형상이라고 하며 아직 꽃이 활짝 피지 **아니한** 것이다.

  不行(불행)　　不法(불법)　　不敬(불경)　　不願(불원)　　不忘(불망)

- 豕(축)과 玉(옥)의 합자니, 豕(축)은 발을 매어 놓은 돼지가 계속 밟은 족적(足跡)이니, 玉(옥)을 징으로 돼지 발자국처럼 계속적으로 **다듬는** 것이다.

  琢磨(탁마)

- 위에 기록함.

  不名譽(불명예)　　不誠實(불성실)

204

▪戊(무)와 丁(정)의 합자니, 戊(무)는 茂(무)로 통하고 정(丁)은 當(당)을 뜻한다. 초목이 무성해서 완전한 상태에 도달한 것이니, 목적을 **이룬** 것이다.

成事(성사)　　成功(성공)　　成氏(성씨)　　成大(성대)　　成人(성인)

▪器(기)를 噐(기)로 쓰니, 사람이 만든(工) **도구 및 물건들**(皿)이다.

器官(기관)　　器具(기구)　　器械(기계)　　器皿(기명)　　器局(기국)

[주]「대응언」人不學不知道(인불학부지도)
　　　뜻 : 사람이 배우지 못하면 인간의 도를 알지 못한다.

•璽 : 옥새 새　　•譽 : 명예 예　　•誠 : 정성 성　　•實 : 열매 실　　•具 : 갖출 구
•械 : 기계 계　　•皿 : 그릇 명

溫　故　知　新

따뜻할 온, 복습할 온　　연고 고, 옛 고　　알 지　　새 신

옛것을 익히면 그것으로 미루어 새것을 안다는 뜻이다.

자원(字源)

- ⺡(水)와 皿(온)의 합자니, 皿(온)은 갇힌(囚) 죄수에게 음식 그릇(皿)을 주는 정이 따뜻한 것이나, 또한 이에 ⺡변을 덧붙였으니, 물질이 **따뜻한** 것을 형용한 것이다.

溫情(온정)　　溫和(온화)　　溫氣(온기)　　溫度(온도)　　溫室(온실)

- 古(고)와 攵(복)의 합자니, 옛(古)것으로 치는(攵) 것이다. 옛일(故事) 옛땅(故鄕) 고인(故人) 등의 뜻이 되어, 또 **그러므로**란 뜻이 되었다.

故鄕(고향)　　故事(고사)　　故人(고인)

- 矢(시)와 口(구)의 합자니, 과녁에 맞는 화살(矢)처럼 진리에 맞는 말(口)은 **아는** 것이다.

知識(지식)　　知己(지기)　　知人(지인)　　知性(지성)　　知足(지족)

- 立(립)과 木(목)과 斤(근)의 합자니, 서 있는(立) 나무(木)를 도끼날(斤)로 베어 쓰는 것은 **새로운** 재목이다.

新式(신식)　　新郎(신랑)　　新婦(신부)　　新舊(신구)　　新聞(신문)

孔子(공자)는 「논어」 爲政篇(위정편)에서 다음과 같이 말씀했다.
"옛 것을 익히어 새 것을 알면 가히 써 남의 스승이 될 수 있을 것이다."
溫故而知新 可以爲師矣(온고이지신 가이위사의)
남의 스승이 된 사람은 古典(고전)에 대한 博識(박식)함만으로는 안된다.
즉, 고전을 연구한 지식으로 현대나 미래에 적용될 수 있는 새로운 도리를 깨닫는 것이 아니면 안 된다는 것을 말하고 있다.

•鄕 : 시골 향   •式 : 법 식   •郎 : 사내 랑   •婦 : 아내 부   •舊 : 옛 구

누울 **와**　　섶 **신**

맛볼 **상**　　쓸개 **담**

> **뜻** 섶 위에서 잠을 자고 쓸개를 핥는다는 뜻으로, 목적을 달성하기 위해 온갖 고난을 참고 견딤의 비유이다.

자원(字源)

- 「說文(설문)」에는 신하(臣)는 임금 앞에서 항상 **엎드리는** 인간(人)이다.

臥床(와상)　　臥龍(와룡)　　臥食(와식)　　臥病(와병)　　臥虎(와호)

- 艸(草)와 新(신)의 합자니, 봄에 새순(新)으로 나온 나무(艸)를 베어서 쌓아놓은 것이니, 이것을 **섶**이라고 한다.

薪水(신수)　　薪炭(신탄)

- 尙(상)과 旨(지)의 합자니, 맛(旨)이 높은(尙)가 아닌가를 항상 **맛보는** 것이다.

嘗膽(상담)　　嘗試(상시)　　嘗新(상신)

- 儋(담)은 수량이나 역량이 많은 것을 뜻한 것인데, 月(肉)변을 붙였으니, 육체 속에서 역량이 많은 것은 장군의 기관인 **쓸개**이다.

膽汁(담즙)　　膽囊(담낭)　　肝膽(간담)　　膽大(담대)

　춘추시대, 越王(월왕) 句踐(구천)과 싸움에서 크게 패한 吳王(오왕) 闔閭(합려)는 적의 화살에 맞아 치료하던 중 상처가 악화되어 죽게 되었다. 태자인 夫差(부차)에게 유언하길 "월왕 구천을 쳐서 원수를 갚아라"라고 하였다.

　父王(부왕)의 뒤를 이어 王(왕)이 된 부차는 父王(부왕)의 遺命(유명)을 잊지 않으려고 '섶 위에서 잠을 자고(臥薪)' 자기의 방을 드나드는 신하들에게는 방문 앞에서 부왕의 유명을 외치게 했다.

　"부차야. 월왕 구천이 너의 아버지를 죽였다는 것을 잊어서는 안된다."

　"예. 결코 잊지 않고 3년 안에 원수를 꼭 갚겠나이다."

　이처럼 밤낮없이 복수를 맹세한 부차는 은밀히 군사를 훈련시키면서 때가 오기만을 기다리던 중, 월왕 구천이 쳐들어왔다. 잘 훈련된 오나라 군사는 용맹하게 싸워서 월왕 구천의 군사를 무찌르고 이겼으며, 곤경에 빠진 월왕 구천은 오나라 재상 '백비'에게 뇌물을 주고 항복을 청원하여 간신히 목숨만은 살아남게 되었다.

　그 뒤에 월왕 구천은 고국으로 돌아와서 쓸개를 옆에다 놓아두고 항상 쓴맛을 맛보면서(嘗膽) 회개의 치욕(會稽之恥)을 상기했다. 그로부터 12년이 지난 그 해 봄에 오나라로 쳐들어가서 7년 간의 전투 끝에 부차를 굴복시켰다.

•床 : 상 상　　•炭 : 숯 탄　　•汁 : 진액 즙　　•囊 : 주머니 낭　　•肝 : 간 간

臥	龍	鳳	雛
누울 **와**	용 **룡**	새 **봉**	병아리 **추**

뜻 아직 때를 못 만나 누워있는 용과 봉황의 새끼란 뜻으로 장차 크게 될 인물이나 뛰어난 소년의 비유이다.

자원(字源)

■ 「說文(설문)」에는 신하(臣)는 임금 앞에서 항상 **엎드리는** 인간(人)이다.

臥病(와병)　　臥龍(와룡)　　臥牛(와우)　　臥虎(와호)

■ 龍의 위는 용의 머리, 아래는 꼬리, 중간은 비늘 달린 몸이니, 곧 **용**인데, 그것은 하늘로 올라가니, 몸(月)이 서(立) 있는 것이다.

龍顔(용안)　　龍床(용상)　　龍山(용산)　　飛龍(비룡)

■ 凡(범)과 鳥(조)의 합자니, 무릇(凡) 새 중에서 봉오리(峯)처럼 높은 새는 **봉황**이다.

*鳳(봉)은 수컷, 凰(황)은 암컷이다.

鳳凰(봉황)　　鳳眼(봉안)　　鳳德(봉덕)　　鳳蝶(봉접)

■ 芻(추)는 새(隹) 알에서 깐 새끼를 상형한 勺자를 거듭한 것이니, 즉 **병아리**이다.

雛孫(추손)

•顔 : 얼굴 안　•床 : 상 상　•眼 : 눈 안　•蝶 : 나비 접　•孫 : 손자 손

210

> **뜻** 겉으로 보기엔 부드럽고 순한 듯하나 속은 꿋꿋하고 곧은 것을 말한다.

자원(字源)

- 「說文(설문)」에는 夕(석)과 卜(복)의 합자로서 저녁(夕)에는 점(卜)치는 것은 필요가 없으니, **밖**에 나갈 필요가 없기 때문이다,라고 하였다.

  外家(외가)　　外見(외견)　　外科(외과)　　外交(외교)　　外氣(외기)

- 矛(모)와 木(목)의 합자니, 창으로(矛) 나무(木)에 찌르면 창이 나무 속으로 푹 들어가니, 나무가 **부드러운** 것이다.

  柔順(유순)　　柔道(유도)　　柔弱(유약)　　柔軟(유연)　　柔和(유화)

- 冖(멱)과 入(입)의 합자니, 덮여있는 곳을 밖에서 들어가니, 그곳은 **안**이다.

  內科(내과)　　內室(내실)　　內子(내자)　　內容(내용)　　內外(내외)

- 岡(강)과 刂(도)의 합자니, 칼(刀)은 자체가 굳은 것이고, 무력으로 강한 것인데, 산(岡)처럼 높고 두터운 강도의 **굳센** 것이다.

  剛健(강건)　　剛直(강직)　　剛强(강강)　　剛暴(강포)

• 科 : 과목 과　　• 順 : 순할 순　　• 軟 : 연할 연　　• 健 : 건강할 건　　• 暴 : 사나울 포

뜻 어진 이는 산을 좋아하고, 지혜로운 이는 물을 좋아한다는 말의 줄인 말로 산과 물을 좋아한다는 뜻이다.

자원(字源)

- 나무판(木) 위에서 管(白)과 弦(幺)의 악기를 타면서 **즐거워**하고 좋아함.

樂器(악기)　　樂曲(악곡)　　樂觀(악관)　　樂譜(악보)　　樂師(악사)

- 지평선 위에 솟아있는 세 봉우리의 **산(ᐱᐱ)**을 상형한 글자.
 *山(산)이 솟은 것은 봉(峯)이고, 뻗어간 등은 강(岡)이다.

山頂(산정)　　山上(산상)　　山中(산중)　　山間(산간)　　山村(산촌)

- 위에 기록함.

樂天(낙천)　　樂工(악공)　　樂天主義(낙천주의)

- 물이 흐르는 것을 상형한(川) 것이다.

水上(수상)　　水源(수원)　　水色(수색)　　水沒(수몰)　　水中(수중)

「원어」仁者樂山 知者樂水(인자요산 지자요수) (論語)

•譜 : 계보 보　　•師 : 스승 사

窈	窕	淑	女
얌전할 **요**	고요할 **조**	맑을 **숙**	계집 **녀**

 ① 얌전하고 착한 여자를 말한다.
② 부덕을 갖춘 여자니, 군자의 짝을 말한다.

자원(字源)

- 穴(혈)과 幼(유)의 합자니, 어린아이가 깊은(穴) 방에 있으니, **얌전하게** 있는 것이다.

窈窕淑女(요조숙녀)

- 穴(혈)과 兆(조)의 합자니 깊이(穴) 들어가 있는 것 같으니(兆) **고요한** 것이다.

窈窕淑女 君子好求(요조숙녀 군자요구)

- 氵(水)와 朮(숙)과 又(우)의 합자니, 콩(朮)을 먹고 또(又)한 물(氵)을 마시는 사람은 가난한 사람이나 착하게 살으니 마음이 **맑은** 것이다.

淑女(숙녀)　淑人(숙인)　淑德(숙덕)　淑明女子大學校(숙명여자대학교)

- 甲骨文(갑골문)에는 　이니 양손을 교차시키고 자리에 앉아 있는 **여자**의 모습이다.

女人(여인)　女色(여색)　女子(여자)　女性(여성)　女軍(여군)

• 德 : 큰 덕　　• 校 : 학교 교

龍 頭 蛇 尾

용 용　　머리 두　　뱀 사　　꼬리 미

용 머리에 뱀 꼬리라는 뜻으로, 처음에게 황소 뿔이라도 뺄 듯이 기세 있게 시작했으나 끝에 가서는 시지부지한 것이다.

자원(字源)

- 흘의 위는 용의 머리, 아래는 꼬리, 중간은 비늘 달린 몸이니, 곧 **용**인데, 그것은 하늘로 올라가니, 몸(月)이 서(立) 있는 것이다.

龍鳳(용봉)　　現龍(현룡)　　潛龍(잠룡)　　亢龍(항룡)　　水龍(수룡)

- 豆(두)와 頁(혈)의 합자니, 나무 그릇(豆)처럼 바로 서 있는 **머리**(頁)이다.

頭痛(두통)　　頭巾(두건)　　頭領(두령)　　頭目(두목)　　頭髮(두발)

- 원래는 蟲(충)과 它(타) 모두가 뱀을 나타내는 글자였었는데, 뒤에 蟲(충)은 벌레를 뜻하게 되고 它(타)는 다를 타로 쓰이니, 蟲(충)과 它(타)를 합해서 **뱀 사**로 하였다.

蛇足(사족)　　蛇頭(사두)　　蛇心(사심)　　蛇行(사행)

- 尸(시)는 꼬리 형상인데 그 위에 털(毛)이 났으니, 짐승의 **꼬리**이다.

尾閭(미려)　　尾蔘(미삼)　　尾行(미행)　　後尾(후미)

•鳳 : 새 봉　　•潛 : 잠길 잠　　•亢 : 겨룰 항　　•痛 : 아플 통　　•領 : 거느릴 령
•蔘 : 삼 삼

<table>
<tr><td>龍
용 용</td><td>如
같을 여</td><td>得
얻을 득</td><td>雲
구름 운</td></tr>
</table>

뜻 용이 구름을 만나듯이, 큰 인물이 활동할 기회를 얻음을 말한다.

자원(字源)

- 龍의 위는 용의 머리, 아래는 꼬리, 중간은 비늘 달린 몸이니, 곧 **용**인데, 그것은 하늘로 올라가니, 몸(月)이 서(立) 있는 것이다.

龍骨(용골)　　龍宮(용궁)　　龍文(용문)　　龍女(용녀)　　龍馬(용마)

- 남자의 말(口)에 따라 여자(女)가 따라가며 일을 하면 그것은 말과 **같**은 것이다.

  *내용이 같음은 如(여), 겉만 같음은 似(사), 보기에 같음은 同(동), 만약에 같음은 若(약)이다.

如前(여전)　　如法(여법)　　如此(여차)　　如一(여일)　　如何(여하)

- 彳(척)과 㝵(득)의 합자니, 가서(彳) 취한(㝵) 것은 **얻은** 것이다.

  *득(得)은 운명적으로 얻어지는 것, 획(獲)은 자주적으로 얻어지는 것이다.

得男(득남)　　得達(득달)　　得女(득녀)　　得道(득도)　　得勢(득세)

- 원래는 云(운)이 **구름**을 뜻했는데, 이것이 말한다로 쓰이니, 위에다 雨(우)를 덧붙여서 쓰게 된 것이다.

雲雨(운우)　　雲霧(운무)　　靑雲(청운)　　白雲(백운)

•達：통달 달　　•勢：형세 세　　•霧：안개 무

> **뜻** 용과 범이 싸운다는 뜻으로, 두 강자의 싸움을 비유하여 이르는 말이다.

자원(字源)

- 의 위는 용의 머리, 아래는 꼬리, 중간은 비늘 달린 몸이니, 곧 용인데, 그것은 하늘로 올라가니, 몸(月)이 서(立) 있는 것이다.

龍飛(용비)　　龍象(용상)　　龍沼(용소)　　龍神(용신)　　龍王(용왕)

- 虍(호)와 几(궤)의 합자니, 虍(호)는 범가죽이고, 几(궤)는 몸이니, 즉 살아있는 **범**이다.

虎口(호구)　　虎窟(호굴)　　虎皮(호피)　　虎狼(호랑)　　虎兵(호병)

- 지상에서 첫째로 보이(目)는 것은 나무(木)니, 目(목)과 木(목)은 **서로** 도우는 것이다.

相對(상대)　　相生(상생)　　相見禮(상견례)　　相剋(상극)　　相當(상당)

- 扌(手)와 專(부)의 합자니, 손(手)을 펼쳐(專)서 **치는** 것이다.

搏殺(박살)

•飛 : 날 비　•沼 : 못 소　•窟 : 굴 굴　•狼 : 시랑 랑　•剋 : 이길 극
•殺 : 죽일 살

<table>
<tr><td>迂
굽을 우</td><td>餘
남을 여</td><td>曲
굽을 곡</td><td>折
꺾을 절</td></tr>
</table>

뜻
① 끈이 길게 남아돌아 구불구불 굽혔다는 뜻이다.
② 몹시 뒤얽힌 복잡한 사정을 말한다.

자원(字源)

- 篆字(전자)로는 于(우)를 ᏒᏒᏒ로 쓰니 굽은 것이다. ⻌(착)은 가는 것이니, **굽은** 길을 가는 것이다.

迂回(우회)　　迂遠(우원)　　迂路(우로)

- 食(식)과 余(여)의 합자니, 먹을(食) 것이 붙어(余)서 **남는** 것이다.
- *여(餘)는 많아서 남는 것, 잔(殘)은 없애고 남는 것, 례(餕)는 식사하고 남는 것이다.

餘興(여흥)　　餘暇(여가)　　餘慶(여경)　　餘光(여광)　　餘年(여년)

- 篆字(전자)에는 凹, 이렇게 이중의 **곡선**으로 된 것인데, 楷字(해자)로 변형된 것이다.

曲尺(곡척)　　曲調(곡조)　　曲論(곡론)　　曲流(곡류)　　曲法(곡법)

- 손(手)으로 도끼날(斤)을 들고 나무를 찍으면 나무가 **꺾이는** 것이다.

折半(절반)　　折骨(절골)　　折傷(절상)　　折中(절중)　　折衝(절충)

• 興 : 일 흥　　• 暇 : 빌 가　　• 調 : 고를 조

> **뜻** 소귀에 경 읽기란 뜻으로, 아무리 가르쳐도 알아듣지 못함의 비유이다.

자원(字源)

- 갑골문에는 ♉이니, 이것은 소의 머리를 정면에서 본 형태로 ∪은 소의 뿔이며 ♈은 머리와 두 귀를 나타낸 것이다.

  牛馬(우마)　　牛羊(우양)　　牛肉(우육)　　牛脂(우지)　　牛勞(우로)

- 갑골문에는 ∋이니, 사람의 **귀**를 상형한 글자이다.

  耳鳴(이명)　　耳鼻咽喉科(이비인후과)　　耳目(이목)

- 言(언)과 賣(매)의 합자니, 다니면서 물건을 소리내어(言) 파는(賣) 것처럼 글을 말(言)로 **읽어가는** 것이다.

  讀書(독서)　　讀經(독경)　　讀者(독자)　　讀誦(독송)　　讀聲(독성)

- 巠(경)은 베틀이라고 하고, |||은 실줄이므로, 糸(사)를 붙여서 **날줄**을 표시하였다.

  經國(경국)　　經書(경서)　　經過(경과)　　經濟(경제)　　經文(경문)

•脂 : 기름 지　　•鳴 : 울 명　　•鼻 : 코 비　　•咽 : 구멍 인　　•喉 : 목구멍 후
•科 : 과목 과　　•誦 : 외울 송

218

牛	入	鼠	穴
소 **우**	들 **입**	쥐 **서**	구멍 **혈**

뜻 소가 쥐구멍에 들어간다는 뜻인데, 결코 있을 수 없는 일의 비유이다.

자원(字源)

牛

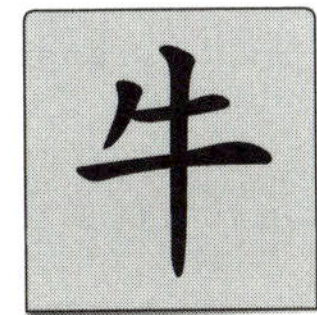

▪ 갑골문에는 Ψ이니, 이것은 소의 머리를 정면에서 본 형태로, ᛘ은 **소**의 뿔이며, 丫은 머리와 두 귀를 나타낸 것이다.

牛車(우거)　牛耕(우경)　牛公(우공)　牛頭(우두)　牛馬(우마)

入

▪ ノ 은 위에서 내려왔는데, ㇏의 밑으로 **들어가서** 서(立) 있기에, 음은 입이 되었다.

入閣(입각)　入庫(입고)　入棺(입관)　入口(입구)　入黨(입당)

鼠

▪ 臼(구)는 머리의 앞이마이고, 𠂤은 몸과 꼬리를 상형한 것이니, 즉 **쥐**를 표시한 것이다.

鼠族(서족)　鼠狼(서랑)　鼠輩(서배)　鼠思(서사)

穴

▪ 宀(면)과 八(팔)의 합자니, 집(宀)에 문을 열어(八)두면 하나의 **구멍**이다.

* 穴(혈)은 바깥에서 안으로 들여다 보는 구멍이고, 孔(공)은 속에서 바깥으로 내다보는 구멍이다.

穴居(혈거)　穴見(혈견)　穴處(혈처)

• 閣 : 집 각　• 庫 : 곳집 고　• 棺 : 널 관　• 狼 : 시랑 랑　• 輩 : 무리 배

雨	後	竹	筍
비 우	뒤 후	대 죽	대순 순

뜻 봄철에 비가 온 다음 죽순이 돋아나듯, 어떤 일이 일시에 많이 일어남의 비유이다.

자원(字源)

■ 一(일)은 하늘, 冂(경)은 구름인데 하늘에서 구름속으로 냉기가 내려와(丨) 물방울로 응결되어(ㆍㆍ) 떨어지는 **비**이다.

雨季(우계)　　雨期(우기)　　雨量(우량)　　雨露(우로)　　雨傘(우산)

■ 彳(척)과 幺(요)와 夂(치)의 합자니, 작은(幺) 아기가 걸어가(彳) 늦게 이르니(夂), 어른의 **뒤**에 선 것이다.

後見(후견)　　後宮(후궁)　　後記(후기)　　後年(후년)　　後代(후대)

■ **대**를 상형한 것인데, ㅅ은 입이고 丨은 줄기인데 대는 반드시 두 개 이상이 같이 나기 때문에 이중으로 쓴 것이다.

竹簡(죽간)　　竹根(죽근)　　竹刀(죽도)　　竹林(죽림)
竹馬故友(죽마고우)

■ 竹(죽)과 旬(순)의 합자니, **대(竹)**는 여기저기서 두루(旬) 나오는 것이다.

竹筍(죽순)

•季 : 끝 계　　•量 : 헤아릴 량　　•露 : 이슬 로　　•傘 : 우산 산　　•記 : 기록할 기
•簡 : 대쪽 간　　•根 : 뿌리 근

> **뜻** 남녀간의 육체적인 사랑을 말한다.

자원(字源)

- 원래는 云(운)이 구름을 상형한 것인데, 이것이 말한다는 뜻으로 쓰이니, 위에 雨(우)자를 덮어 씌워서 **구름 운**이라고 하였다.

雲氣(운기)　　雲路(운로)　　雲龍(운룡)　　雲霧(운무)　　雲山(운산)

- 一(일)은 하늘, 冂(경)은 구름인데 하늘에서 구름속으로 냉기가 내려와(丨) 물방울로 응결되어(ㆍㆍ) 떨어지는 **비**이다.

雨後(우후)　　雨天(우천)　　雨雪(우설)　　雨水(우수)　　雨裝(우장)

- 전서에서는 㞢 이니, 땅 위(一)에 초목의 움(屮)이 커가는 것이다.

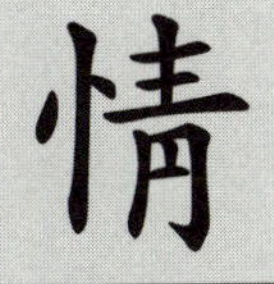

- 忄(心)과 生(생)과 丹(단)의 합자니, 즉 성(性)자에다 丹(단)을 합한 자다. 그러므로 이는 정신적인 性(성)에 대한 육체적인 丹心(단심)이니, **감정**을 뜻하는 것이다.

情感(정감)　　情景(정경)　　情念(정념)　　情夫(정부)　　情分(정분)

- 氣 : 기운 기　　• 路 : 이슬 로　　• 龍 : 용 룡　　• 霧 : 안개 무　　• 雪 : 눈 설
- 裝 : 장식할 장　　• 感 : 느낄 감　　• 景 : 경치 경

뜻 먹구름 속의 백학이란 뜻으로, 속세를 벗어난 고매한 인물의 비유이다.

자원(字源)

■ 원래는 云(운)이 구름을 상형한 것인데, 이것이 말한다는 뜻으로 쓰이니, 위에 雨(우)자를 덮어 씌워서 **구름 운**이라고 했다.

雲霧(운무)   雲雨(운우)   雲上(운상)   白雲(백운)   靑雲(청운)

■ 甲骨文(갑골문)에는 ⾋이니, ㅣ은 깃대고 ∥은 나부끼는 깃발이다. 旗(기)는 씨족사회를 상징하여 큰 행사가 있으면 기를 향해 사방에서 민중이 모여드니, 기가 있는 곳이 **중앙**이다.

中國(중국)   中央(중앙)   中等(중등)   中間(중간)   中上(중상)

■ 해(日) 빛이 하늘에서 땅으로 내리(ㅣ)비치는 것인데, 그 빛은 **흰색**이다.

白色(백색)   白丁(백정)   白玉(백옥)   白氏(백씨)   白鷗(백구)

■ 隺(학)은 덮인(冖)속에 있는 새(隹)가 위로 솟아 오르는 것이니, 그 우는 소리가 하늘까지 오르는 새(鳥)는 **학**이다.

白鶴(백학)   靑鶴洞(청학동)   龜鶴(구학)

• 霧 : 안개 무   • 鷗 : 갈매기 구

뜻 화를 멀리하고 복을 불러들인다.

자원(字源)

- 袁(원)과 辶(착)의 합자니, 袁(원)은 옷이 긴 것인데, 가는 길(辶)이 길어서 **먼** 것이다.

  遠行(원행)   遠近(원근)   遠大(원대)   遠心力(원심력)   遠方(원방)

- 示(시)와 咼(와)의 합자니, 신(示)이 사람의 운명을 삐뚤(咼)게 만든 것은 **재앙**이다.

  禍根(화근)   禍難(화난)   禍福(화복)   禍殃(화앙)   禍厄(화액)

- 刀(도)와 口(구)의 합자니, 도(刀)는 도(到)로 통해서 이르도록 입(口)으로서 **부르는** 것이다.

  * 呼(호)는 소리내어 부르는 것이고, 招(초)는 손으로 부르는 것이다.

  召命(소명)   召集(소집)   召致(소치)   召喚(소환)

- 示(시)와 畐(복)의 합자니, 복(畐)은 소전(小篆)에서는 ⚱이니, 이것은 술병이다. 신(示)에게 술(畐)을 가지고 제사를 지내면서 **복**을 달라고 비는 것이다.

  福德(복덕)   福人(복인)   福祉(복지)   福票(복표)

• 根 : 뿌리 근   • 難 : 어려울 난   • 殃 : 재앙 앙   • 厄 : 액 액   • 喚 : 부를 환
• 祉 : 복 지   • 票 : 표 표

月　滿　則　虧

달 월　　가득할 만　　곧 즉, 법칙 칙　　이지러질 휴

뜻 달이 차서 보름달이 되면 반드시 이지러진다는 뜻으로, 모든 일이 한번 성하면 한번 쇠퇴한다는 뜻의 비유이다.

자원(字源)

■ 저자로는, ☽이니, 달을 상형한 글자이다.

月刊(월간)　　月建(월건)　　月經(월경)　　月桂冠(월계관)　　月光(월광)

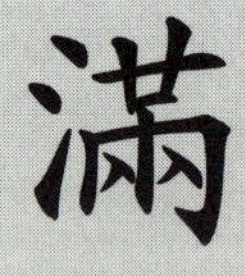

■ 氵(水)와 㒼(만)의 합자니, 물(氵)이 그릇에 **가득차서** 평면(㒼)으로 된 것이다.

滿足(만족)　　滿月(만월)　　滿發(만발)　　滿開(만개)

■ 貝(패)와 刂(도)의 합자니, 재물(貝)을 칼(刂)로 공평하게 나누려면 **법도**가 있어야 한다.

法則(법칙)　　則度(칙도)　　則見(즉견)

■ 虍(호)와 隹(추)와 亏(우)의 합자니, 범(虍)이 있으니, 새(隹)가 딴 곳으로 亏(간) 것이니, **이지러진** 것이다.

虧損(휴손)

•經 : 글 경　　•冠 : 갓 관　　•發 : 필 발　　•度 : 법도 도　　•損 : 덜 손

224

> **뜻** 달이 밝게 빛나면 별빛은 희미해진다는 뜻으로, 곧 한 영웅이 나오면 군웅의 존재가 희미해짐의 비유이다.

자원(字源)

- 전자로는 🌙이니, 달을 상형한 글자이다.

  月出(월출) 月色(월색) 月經(월경) 月下(월하) 月日(월일)

- 해(日)와 달(月)은 **밝은** 것이다.
 * 明(명)은 눈이 밝은 것, 晃(황)은 해가 밝은 것, 朗(랑)은 달이 밝은 것이다.

  明日(명일) 明月(명월) 明年(명년) 明朗(명랑) 明鏡(명경)

- 日(일)과 生(생)의 합자니, 태양(日) 광선을 받아 빛나는(生) **별**이다.

  火星(화성) 水星(수성) 木星(목성) 金星(금성) 土星(토성)

- 希(희)는 乂(예)와 布(포)의 합자니, 베(布)를 다스려(乂)서 옷을 잘해 입는 집도 드무니, 또 禾(화)변을 붙였으니, 음식을 잘해 먹는 집도 드물다.

  稀小(희소) 稀微(희미)

• 經 : 글 경   • 鏡 : 거울 경   • 微 : 작을 미

<table>
<tr><td>越</td><td>津</td><td>乘</td><td>船</td></tr>
<tr><td>넘을 월</td><td>나루 진</td><td>탈 승</td><td>배 선</td></tr>
</table>

뜻
① 나루를 건너가서 배를 탄다는 뜻이니, 곧 가까운데의 것을 버리고 먼곳의 것을 취함의 비유이다.
② 당사자를 제쳐놓고 엉뚱한 사람과 싸움의 비유이다.

자원(字源)

▪ 走(주)와 戉(월)의 합자니, 무기(戉)가 무서우니 멀리 달아나(走)서 다른데로 **넘어가는** 것이다.

越境(월경)　　越江(월강)　　越權(월권)　　越南(월남)　　越冬(월동)

▪ 氵와 聿(율)의 합자니, 드디어(聿) 물(氵)이 있는 곳에 당도하니, 이것은 **나루**이다.

津液(진액)　　津頭(진두)　　津涯(진애)　　津氣(진기)　　津口(진구)

▪ 사람(亻)이 두 발(北)로 딛고서 나무(木) 위를 올라가는 것이니, 나무에 **탄** 것이다.
* 乘(승)은 올라타는 것이고, 昇(승)은 올라오는 것이다.

乘馬(승마)　　乘車(승차)　　乘船(승선)

▪ 舟(주)와 㕣(연)의 합자니, 물길을 따라(㕣)서 다니는 **배(舟)**다.
* 舶(박)은 화물선, 艦(함)은 군용선이다.

船舶(선박)　　船主(선주)　　宇宙船(우주선)

•境 : 지경 경　　•權 : 권세 권　　•液 : 액 액　　•頭 : 머리 두　　•舶 : 배 박

> **뜻** 조금도 여유가 없이 닥친 썩 위급한 순간을 말한다.

자원(字源)

- ⺈(人)과 厂(엄)과 㔾(卩)의 합자니, 언젠가는 반드시 무너지기(㔾) 마련인 언덕(厂) 위에 사람(⺈)이 올랐으니, **위태**한 것이다.

危險(위험)   危計(위계)   危急(위급)   危亂(위란)   危重(위중)

- 木(목)과 幾(기)의 합자로 작은 작용(幾)으로 큰 성과를 내는 나무(木) 틀은 기계이다. 따라서 쇠로 만든 모든 **기계**도 통칭한다.

機械(기계)   機密(기밀)   機甲(기갑)   機關車(기관차)
機微(기미)

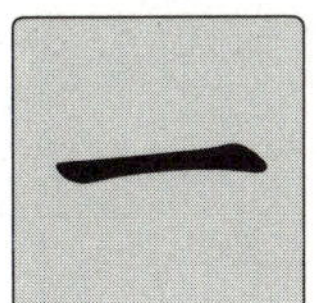

- **하나**의 선으로 표시한 指事(지사) 문자다.

一等(일등)   一級(일급)   一名(일명)   一人(일인)

- 털(彡)을 길게(镸) 빼낸(犮) 것이니, **머리털**이다.
- *毛(모)는 짧은 털, 髮(발)은 긴 털, 鬚(수)는 턱수염, 髥(염)은 볼 수염이다.

毛髮(모발)   理髮(이발)

- 險 : 험할 험   · 急 : 급할 급   · 亂 : 어지러울 난   · 械 : 기계 계   · 密 : 빽빽할 밀
- 級 : 등급 급

뜻 사람을 위해 벼슬자리를 마련하는 것을 말한다.

자원(字源)

■ 爪(조)와 이(㠯)와 勹(포)와 灬(화)의 합자니, 자동력을 가진 에너지(火)를 내포(勹)한 손(爪)으로써(㠯) 일을 **하는** 것이다.

爲國(위국)　　爲人(위인)　　爲政(위정)

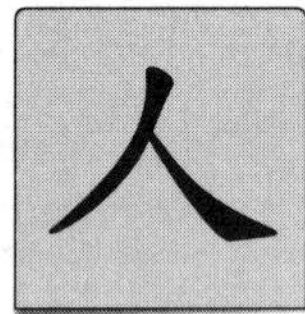

■ 정신을 하늘에서 내려오고(丿) 육체는 땅에서 올라(乀)가서 합한 것이니, **사람**이다.

人情(인정)　　人員(인원)　　人口(인구)　　人權(인권)　　人君(인군)

■ 「說文(설문)」에는 「殳(수)는 사인야(使人也)」라고 했으니, 사람을 말(言)로서 시켜(殳) 일을 **베풀게** 한다.

設問(설문)　　設計(설계)　　設令(설령)　　設定(설정)

■ 宀(면)과 㠯(부)의 합자니, 높은(㠯)곳에 있는 집(宀)이니, **관청**이다.

官家(관가)　　官界(관계)　　官軍(관군)　　官權(관권)　　官奴(관노)

・國 : 나라 국　　・政 : 정사 정　　・定 : 정할 정　　・界 : 지경 계　　・奴 : 종 노

柔　能　制　剛

부드러울 **유**　능할 **능**　마를 **제**　굳셀 **강**

뜻 부드러운 것이 능히 강한 것을 이긴다.

자원(字源)

- 矛(모)와 木(목)의 합자니, 창(矛) 앞에 있는 나무(木)는 **부드러운**(柔) 것이다.

柔道(유도)　　柔弱(유약)　　柔順(유순)　　柔軟性(유연성)
柔和(유화)

- 원래는 곰의 형태를 상형한 글자니, 그 짐승은 체력이나 知力(지력)이 우수해서 무슨 일이든지 **능히** 해낼 수 있다.

能力(능력)　　能動(능동)　　能率(능률)　　能辯(능변)　　能事(능사)

- 巾(건)과 止(之)와 刂(도)의 합자니, 포목(巾)을 칼(刀)로 끊으면 수건(巾)이 되니, 이것은 **마르는** 것이다.

制御(제어)　　制作(제작)　　制裁(제재)　　制定(제정)　　制覇(제패)

- 岡(강)과 刂(도)의 합자니, 칼(刀)은 자체가 굳은 것이고, 무력으로 강한 것인데, 산(岡)처럼 높고 두터운 강도의 **굳센** 것이다.

剛健(강건)　　剛直(강직)　　剛强(강강)　　剛暴(강포)

· 軟 : 연할 연　　· 率 : 능률 률　　· 辯 : 말잘할 변　　· 御 : 어거할 어　　· 裁 : 마를 재
· 覇 : 으뜸 패　　· 健 : 건강할 건　　· 暴 : 사나울 포

뜻 푸른 버들과 붉은 꽃이란 뜻으로, 봄의 자연 그대로의 아름다운 풍경을 이르는 말이다.

자원(字源)

- 木(목)과 卯(묘)의 합자니, 봄 문이 열리는 이월(卯)에 잎이 피는 나무(木)이니, **버들나무**다.
- *柳(유)는 가지가 늘어진 버들이고, 楊(양)은 가지가 위로 올라간 버들이다.

柳絲(유사)　　柳葉(유엽)　　柳眉(유미)　　柳色(유색)　　柳枝(유지)

- 糸(사)와 彔(록)의 합자니, 실(糸)의 빛이 **녹두**(彔)색이다.
- *靑(청)은 푸른색, 綠(록)은 청황색, 碧(벽)은 청백색이다.

綠色(녹색)　　綠豆(녹두)　　綠潭(녹담)　　綠樹(녹수)　　綠水(녹수)

- 糸(사)와 工(공)의 합자니, 흰 실(糸)을 염색(工)하는 것인데, 색에는 영명한 빛을 최고로 하니, **붉은빛**이다.
- *紅(홍)은 적백의 간색, 紫(자)는 적흑의 간색이다.

紅葉(홍엽)　　紅燈(홍등)　　紅巾賊(홍건적)　　紅軍(홍군)　　紅茶(홍차)

- 풀(艸)이 아름다운 것으로 화(化)한 **꽃**이다.
- *초(草)의 꽃은 花(화)고, 나무의 꽃은 榮(영)이다.

花葉(화엽)　　花草(화초)　　花甲(화갑)　　花客(화객)　　花界(화계)

• 絲 : 실 사　　• 眉 : 눈썹 미　　• 潭 : 못 담　　• 樹 : 나무 수　　• 燈 : 등불 등
• 賊 : 도적 적　　• 界 : 지경 계

有	名	無	實
있을 유	이름 명	없을 무	열매 실

뜻
① 이름만 있고 실제가 없음을 말한다.
② 평판과 실제가 같지 않음을 말한다.

자원(字源)

- ナ(又)와 月(월)의 합자니, 그믐밤에 없던 달(月)이 초 三日(삼일)이 되면 또(又) **있는** 것이다.

有力(유력)　　有識(유식)　　有情(유정)　　有價(유가)　　有故(유고)

- 어두워서 보이지 않는 저녁(夕)에는 입(口)으로 불러서 가르치는 **이름**이다.

名聲(명성)　　名望(명망)　　名言(명언)　　名譽(명예)

- 갑골문에서 보면 　이니, 이것은 사람이 양손에 소 꼬리를 들고 춤추는 것으로, 본래의 뜻은 「춤춘다」의 뜻인데, 뒤에 「**없다**」로 假借(가차) 되었다.

無名(무명)　　無識(무식)　　無法(무법)　　無告(무고)　　無骨(무골)

- 宀(면)과 毌(관)과 貝(패)의 합자니, 집(宀)안에 꿰어놓은(毌) 재물(貝)이 **가득찬** 것이다.

實力(실력)　　實利(실리)　　實感(실감)　　實果(실과)　　實權(실권)

•識 : 알 식　　•價 : 값 가　　•聲 : 소리 성　　•譽 : 명예 예　　•感 : 느낄 감
•權 : 권세 권

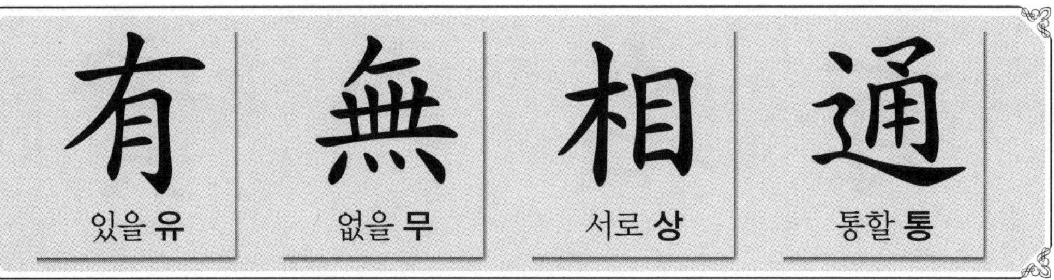

뜻 있는 것과 없는 것이 융통한다는 것을 뜻한다.

자원(字源)

- ナ(又)와 月(월)의 합자니, 그믐밤에 없던 달(月)이 초 三日(삼일)이 되면 또(又) **있는** 것이다.

  有望(유망)　　有餘(유여)　　有德(유덕)　　有毒(유독)　　有理(유리)

- 갑골문에서 보면 이니, 이것은 사람이 양손에 소 꼬리를 들고 춤추는 것으로, 본래의 뜻은 「춤춘다」의 뜻인데, 뒤에 「**없다**」로 假借(가차)되었다.

  無爲(무위)　　無聲(무성)　　無主空山(무주공산)　　無恥(무치)

- 땅 위에서 첫째로 보이는 것은 나무(木)니, 目(목)과 木(목)은 서로 주와 객의 사이로 주와 객은 **서로** 도우는 것이다.

  相對(상대)　　相關(상관)　　相當(상당)　　相面(상면)　　相反(상반)

- 甬(통)과 辶(辵)의 합자니, 속이 빈 통(甬)으로 나가면(辶) 이쪽에서 저쪽으로 **통하는** 것이다.

  通達(통달)　　通姦(통간)　　通信(통신)　　通鑑(통감)

•望 : 바랄 망　　•毒 : 독 독　　•恥 : 부끄러울 치　　•關 : 관계할 관　　•姦 : 간사 간
•鑑 : 볼 감

唯	我	獨	尊
오직 유, 대답할 유	나 아	홀로 독	높을 존

뜻 세상에서 자기 혼자만이 잘났다고 한다.

자원(字源)

▪ 口(구)는 言(언)의 약자이고, 隹(추)는 推(추)의 약자니, 말(口)을 미루어(隹)서 **대답하는** 것이나, 옳은 대답은 **오직** 하나인 것이다.

唯諾(유락)　　唯名論(유명론)　　唯物論(유물론)　　唯心論(유심론)
唯一(유일)

▪ 手(수)와 戈(과)의 합자니, 손(手)으로 창(戈)을 가지고 해치려고 오는 적을 막는 **나(我)**다.

我等(아등)　　我田引水(아전인수)　　我邦(아방)　　我欲(아욕)

▪ 양(羊)은 떼를 지어 있으나 개(犭)는 홀로 있는 것이니, 더욱이 蜀(촉)나라는 어두운 지방이므로 蜀犬(촉견)은 **홀로** 있다.

獨立(독립)　　獨島(독도)　　獨對(독대)　　獨自(독자)　　獨步(독보)

▪ 술(酉)을 나누어(八) 먹으려고 잔을 돌리는데도 법도(寸)가 있으니, 늙은이로부터 시작하여 어린 사람에게로 돌아가는 것이니, 노인을 **높이**는 것이다.

尊敬(존경)　　尊貴(존귀)　　尊者(존자)　　尊卑(존비)　　尊崇(존숭)

•論 : 의논 논　•等 : 무리 등　•邦 : 나라 방　•島 : 섬 도　•敬 : 공경 경
•卑 : 낮을 비　•崇 : 높을 숭

流 흐를 유　言 말씀 언　蜚 날 비　語 말씀 어

뜻
① 아무 근거없이 널리 퍼진 소문을 말한다.
② 소란을 목적으로, 또는 남을 모략하려고 세상에 퍼뜨리는 낭설이다.

자원(字源)

- 氵(水)와 㐬(류)의 합자니, 㐬(류)는 달아놓은 기폭이 아래로 내려진 것이니, 물(氵)의 흐름이 기폭처럼 아래로 **흐르**는 것이다.

流年(유년)　流水(유수)　流行(유행)　流動(유동)　流配(유배)

- 「說文(설문)」에는 辛(건)과 口(구)의 합자라고 했으나, 楷書(해서)의 言(언)은 二(上)과 二(下)와 口(구)의 합자로, 위와 아래로 입을 놀려서 **말**하는 것이다.

言爭(언쟁)　言語(언어)　言及(언급)　言聲(언성)　言辯(언변)

- 非(비)와 蟲(충)의 합자로, 기어다니는 벌레(蟲)가 아니(非)고 **날아다니**는 풍뎅이를 말한다.

蜚禽(비금)　蜚騰(비등)　蜚語(비어)　蜚鴻(비홍)

- 言(언)과 吾(오)의 합자로, 내(吾)가 하는 **말**(言)이다.
- *話(화)는 혀로 하는 말, 談(담)은 열이 나게 하는 말, 譯(역)은 외국의 말을 전하는 말이다.

語問(어문)　語感(어감)　語句(어구)　語頭(어두)　語尾(어미)

• 聲 : 소리 성　　• 辯 : 말 잘할 변

234

類	類	相	從
무리 유	무리 유	서로 상	좇을 종

뜻 같은 무리끼리 서로 오가며 친하게 지내는 것을 말한다.

자원(字源)

- 米(미)와 犬(견)과 頁(혈)의 합자니, 사람의 머리(頁)로는 곡식(米)과 짐승(犬)의 많은 **무리**도 능히 구별할 수 있는 것이다.

類似(유사)　　類似品(유사품)　　類例(유례)　　類人猿(유인원)

- 위에 기록함.

類推(유추)　　類聚(유취)　　類型(유형)　　類化(유화)

- 지상에서 눈(目)으로 제일 먼저 보이는 것은 나무(木)니 눈과 나무는 주객관계로 **서로** 도우는 것이다.

相國(상국)　　相對(상대)　　相當(상당)　　相互(상호)　　相助(상조)

- 원래는 씨(종)을 썼으니, 한 사람(人)을 또 한 사람(人)이 따르는 것인데 辵(착)을 했으니, **따라가**는 것이다.

從軍(종군)　　從軍記者(종군기자)　　從孫(종손)　　從孫女(종손녀)

- 似 : 같을 사　　• 例 : 법식 례　　• 猿 : 원숭이 원　　• 推 : 밀 추　　• 聚 : 모을 취
- 型 : 꼴 형　　• 助 : 도울 조　　• 孫 : 손자 손

뜻 속세를 떠나 아무것에도 속박되지 않고, 제멋대로 편안히 살아가는 것을 말한다.

자원(字源)

- 攸(유)와 心(심)의 합자니, 마음(心)에 생각하는 바(攸)가 **먼** 것이다.

  悠久(유구)　　悠然(유연)　　悠遠(유원)

- 위에 기록함.

  悠長(유장)　　悠悠蒼天(유유창천)　　悠忽(유홀)

- 원래 코를 본떠서 만든 鼻(비)자였는데, 뒤에 **스스로** 자로 假借(가차)되었다. 코는 **스스로** 숨을 쉰다.

  自由(자유)　　自信(자신)　　自己(자기)　　自得(자득)　　自力(자력)

- 啇(적)과 辶(착)의 합자니, 진리의 근본(啇)으로 찾아갔으니(辶) 마친 것이며 **맞은** 것이다.

  適格(적격)　　適法(적법)　　適期(적기)　　適量(적량)　　適否(적부)

・然 : 그럴 연　　・遠 : 멀 원　　・蒼 : 푸를 창　　・忽 : 홀연 홀　　・格 : 격식 격
・期 : 기약할 기　　・否 : 아니 부

236

| 뜻 | 시작한 일을 끝까지 잘하여 끝맺음이 좋다. |

자원(字源)

- ナ(又)와 月(월)의 합자니, 그믐밤에 없던 달(月)이 초 三日(삼일)에 보면 또(又) 있는 것이다.

有力(유력)　有情(유정)　有心(유심)　有足(유족)　有終(유종)

- 糸(사)는 실이고 冬(동)은 일 년의 끝이다. 연속해 오던 것(糸)이 **끝마치는** 겨울(冬)이다.

終點(종점)　終了(종료)　終結(종결)　終局(종국)　終期(종기)

- 篆書(전서)에는 止 이니, 땅 위(一)로 초목의 움(屮)이 올라 **가는** 것이다.

之東之西(지동지서)　之字路(지자로)

- 羊(양)과 大(대)의 합자로, 큰(大) 양(羊)의 맛이 **아름답다.**
- *佳(가)는 아름다운 물건을 말하고, 嘉(가)는 아름답다고 하는 것을 가리킨 것이다.

美人(미인)　美色(미색)　美食家(미식가)　美容(미용)　美女(미녀)

・點 : 점 점　・局 : 판 국　・期 : 기약할 기

뜻 괴로움을 숨기어 참고 몸가짐을 조심함을 말한다.

자원(字源)

▪ 阝(阜)와 㥯(은)의 합자니, 삼가(㥯)서 언덕(阜)에 의지하는 마음(心)으로 **숨는** 것이다.

隱者(은자)　　隱居(은거)　　隱遯(은둔)　　隱君子(은군자)
隱德(은덕)

▪ 칼날(刃) 앞에 마음(心)이 눌려서 꼼짝하지 못하고 **참는** 것이다.

忍苦(인고)　　忍耐(인내)　　忍心(인심)　　忍人(인인)　　忍辱(인욕)

▪ 원래 코를 본떠서 만든 鼻(비) 자였는데, 뒤에 **스스로** 자로 假借(가차)되었다. 코는 **스스로** 숨을 쉬는 기관이다.

自力(자력)　　自己(자기)　　自動(자동)　　自轉(자전)　　自生(자생)

▪ 甬(삽)과 土(토)의 합자니, 삽으로(甬) 흙(土)을 뜨니 **무겁다**.

重力(중력)　　重工業(중공업)　　重大(중대)　　重量(중량)
重罰(중벌)

• 遯 : 달아날 둔　　• 耐 : 견딜 내　　• 辱 : 욕될 욕　　• 轉 : 구를 전　　• 業 : 일 업
• 罰 : 벌줄 벌

뜻 작은 일에서부터 시작하여 큰일을 이루는 것을 말한다.

자원(字源)

- 원래의 글자는 㠯이다. ㄥ와 人의 합자로, 사람(人)이 도구(ㄥ)로써 일 하는 것이다.

  以南(이남)　　以民爲天(이민위천)　　以上(이상)　　以下(이하)

- 사람이 두 발을 모으고 손을 **조금(작게)** 벌린 것이다.

  小人(소인)　　小者(소자)　　小富(소부)　　小家(소가)　　小鼓(소고)

- 戊(무)와 丁(정)의 합자로, 戊(무)는 茂(무)로 통하고 丁(정)은 當(당)을 뜻하니, 초목이 무성해서 완전한 형태에 당도한 것이니, 즉 **이루는** 것 이다.

  成功(성공)　　成家(성가)　　成氏(성씨)　　成果(성과)　　成均館(성균관)

- 사람이 사지를 크게 벌리고 서 있는 모습을 상형(大)한 것이다.

  大人(대인)　　大川(대천)　　大學(대학)　　大小(대소)　　大地(대지)

•鼓 : 북 고　　•館 : 객사 관

써 **이** 　 더울 **열** 　 다스릴 **치** 　 더울 **열**

뜻 열로써 열을 다스린다.

자원(字源)

- 원래의 글자는 㠯이다. ㄥ와 人의 합자니, 사람(人)이 도구(ㄥ)로**써** 일하는 것이다.

- 埶(집)과 火(灬)의 합자니, 埶(집)은 勢(세)의 古字(고자)라. 火(화)의 세(勢)는 **뜨거운** 것이다.

  熱心(열심)　　熱湯(열탕)　　熱狂(열광)　　熱帶(열대)　　熱度(열도)

- 원래는 물 이름이었으나, 氵(水)는 평(平)한 수면이고 台(이)는 일하는 나니, 내(台)가 무엇을 평하게 **다스리는** 것이다.

  治家(치가)　　治國(치국)　　治民(치민)　　治世(치세)　　治安(치안)

- 위에 기록함.

  熱情的(열정적)　　熱氣(열기)　　熱烈(열렬)　　熱望(열망)

- 湯 : 끓일 탕　 · 狂 : 미칠 광　 · 帶 : 띠 대　 · 度 : 법도 도　 · 的 : 과녁 적
- 氣 : 기운 기　 · 烈 : 매울 렬　 · 望 : 바랄 망

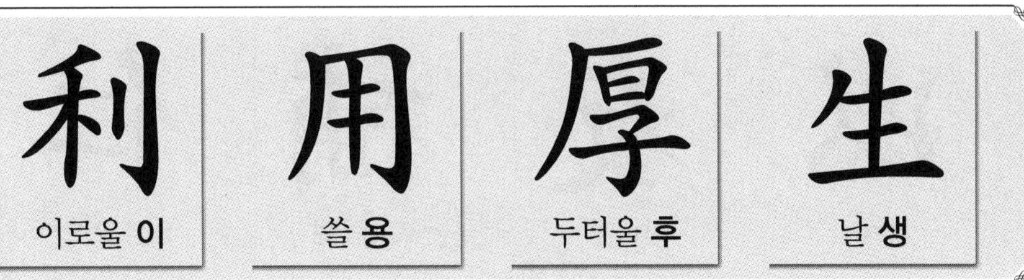

> **뜻** 기구를 사용해서 편안하게 살게 하고, 건강한 문화를 향유하는 삶의 뜻이다.

자원(字源)

▪ 禾(화)와 刂(刀)의 합자로, 낫(刂)으로 벼(禾)를 베어 왔으니, **이로움이** 왔다.

利權(이권)　利子(이자)　利息(이식)　利己心(이기심)　利得(이득)

▪ 「說文(설문)」에는 卜(복)과 中(중)의 합자라고 했으니, 점(卜)이 맞으면 (中) 그것을 **쓰는** 것이다.

用具(용구)　用法(용법)　用度(용도)　用量(용량)

▪ 원래는 曰(왈)과 子(자)의 합자로, 아들(子)에게 말(曰)하는 아버지와의 사이는 **두터운** 것이다. 그런데 또 厂(엄)을 붙였으니, 물체의 **두터움**도 뜻한다.

厚德(후덕)　厚待(후대)　厚生(후생)　厚味(후미)　厚意(후의)

▪ 屮(철)과 土(토)의 합자로 땅(土)에서 움(屮)이 **나오는** 것이다.

生覺(생각)　生鮮(생선)　生活(생활)　生命(생명)　生靈(생령)

• 具 : 갖출 구　• 覺 : 깨달을 각　• 靈 : 신령 령

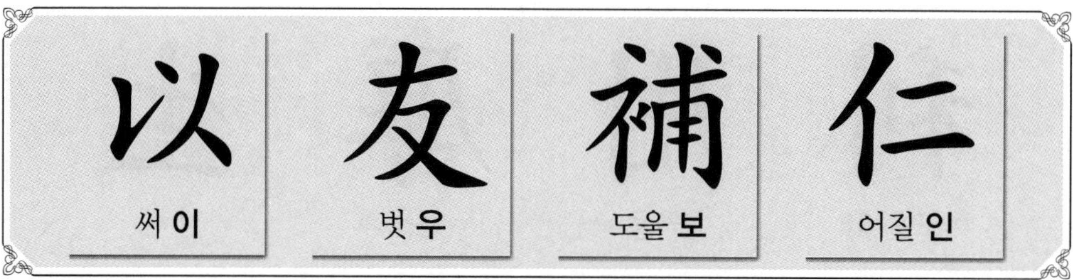

뜻 벗과 더불어 착한 일을 하되, 인자한 마음으로 하면 더욱 좋다는 뜻이다.

자원(字源)

- 원래의 글자는 㠯이다. ㄴ와 人의 합자니, 사람(人)이 도구(ㄴ)로써 일 하는 것이다.

  以南(이남)　　以民爲天(이민위천)　　以卵投石(이란투석)　　以北(이북)

- 옛 자에는 又(우)자를 이중으로 썼으니, 𠂇은 又(우)의 변형이다. 又 (우)는 손이니, 손에 손을 잡은 **친구**이다.

  *友(우)는 뜻이 맞는 벗이고, 朋(붕)은 당을 같이 하는 벗이다.

  友情(우정)　　友人(우인)　　友邦(우방)　　友愛(우애)　　友好(우호)

- 衣(의)와 甫(보)의 합자니, 떨어진 옷(衣)을 더 크게(甫) 덮어서 깁는 것 이다.

  *補(보)는 완전하게 만드는 것이고, 輔(보)는 강대한 것을 더욱 더 돕는 것이다.

  補養(보양)　　補身(보신)　　補強(보강)　　補給(보급)　　補賞(보상)

- 二人(이인) 이상이 사회생활을 하는데 **필요한 진리**이다.

  仁者(인자)　　仁義(인의)　　仁義禮智(인의예지)

  [주] 仁(인)은 孔子(공자)의 중심사상으로, 仁(인)에서 義(의)가 나와서 禮(예)로 되 고 樂(악)도 된다.

•邦 : 나라 방　　•養 : 기를 양　　•給 : 줄 급　　•賞 : 상줄 상　　•義 : 옳을 의
•禮 : 예도 례　　•智 : 지혜 지

242

> **뜻** 동등한 타당성을 가지고 주장되는 두 命題(명제)가 서로 矛盾(모순), 대립하여 양립하지 않는 일, 곧 定立(정립)과 反立(반립)이 동등한 권리로 주장함이다.

자원(字源)

- **두** 개의 선으로써 둘을 표시하였으니, 指事(지사) 문자다.

二等(이등)　　二更(이경)　　二班(이반)　　二毛作(이모작)　　二年(이년)

- 彳(척)과 聿(률)의 합자니, 사람이 행(彳)할 바를 붓(聿)으로서 기록한 **법**이다.
  *律(율)은 엄격성과 절대성이 있는 법이고, 法(법)은 공평성과 변화성이 있는 법이다.

律令(율령)　　律格(율격)　　律法(율법)　　律士(율사)　　律詩(율시)

- 사람은 항상 양명한 남쪽을 향하니, 육(月)의 북쪽(北)은 **등**이다.

背信(배신)　　背反(배반)　　背景(배경)　　背心(배심)　　背泳(배영)

- 厂(엄)은 업혀 있는 집이고, 又(우)는 재쳐있는 손이니, 그것은 서로 **반**대다.

反睦(반목)　　反對(반대)　　反省(반성)　　反面(반면)　　反日(반일)

• 等 : 무리 등　　• 班 : 나눌 반　　• 信 : 믿을 신　　• 睦 : 화목 목　　• 對 : 대할 대
• 省 : 살필 성

以	夷	制	夷
써 **이**	오랑캐 **이**	제어할 **제**	오랑캐 이, 평평할 이

뜻 오랑캐 나라를 이용하여 오랑캐 나라를 제어한다는 뜻으로, 즉 외국을 이용하여 외국을 제어하고 자국의 이익과 안전을 도모하는 외교정책을 말한다.

자원(字源)

- 원래의 글자는 目이다. ㄴ와 人의 합자니, 사람(人)이 도구(ㄴ)로써 일하는 것이다.

以上(이상)　　以小易大(이소역대)　　以食爲天(이식위천)
以心傳心(이심전심)

- 弓(궁)과 大(대)의 합자로 큰(大) 활(弓)을 가지고 사람을 해치는 짐승을 잡는 동쪽의 **오랑캐**다.

東夷(동이)　　東夷族(동이족)

- 巾(건)과 ⤳(之)와 ⼐(도)의 합자니, 포목(巾)을 칼(刀)로 끊으면 수건(巾)이 되니, 이것은 **마르는** 것이다.

制服(제복)　　制限(제한)　　制可(제가)　　制度(제도)　　制馭(제어)

- 위에 기록함.

夷簡(이간)　　夷踞(이거)　　夷考(이고)　　夷光(이광)　　夷然(이연)

・族 : 겨레 족　　・限 : 한할 한　　・馭 : 말 어거할 어　　・簡 : 대쪽 간　　・踞 : 걸터앉을 거
・考 : 상고 고

뜻 사귀어서 자기에게 유익한 벗, 곧 정직한 벗, 신의있는 벗, 지식있는 벗이다.

자원(字源)

- 仌은 ≒(坎)의 변형으로 물을 뜻하며, 그릇(皿)에 물(≒)을 채우니, **더하는** 것이다.

  益母草(익모초)　益友(익우)　益鳥(익조)　益智(익지)　益蟲(익충)

- 耂(老)와 白(백)의 합자니, 노인(耂)의 고백(白)이다. 그는 일생동안 경험한 人(인), 物(물), 時(시), 所(소), 事(사) 등등 무수한 것을 말한다.

- **세** 선을 그려서 셋을 표시하였으니, 指事(지사) 문자다.

  三等(삼등)　三位(삼위)　三更(삼경)　三歲(삼세)　三萬(삼만)

- 옛 자에는 又(우)자를 이중으로 썼으니, 𠂇은 又(우)의 변형이다. 又(우)는 손이니, 손에 손을 잡는 **동무**이다.

  友邦(우방)　友愛(우애)　友情(우정)　友人(우인)

• 智 : 지혜 지　• 蟲 : 벌레 충　• 更 : 고칠 경　• 歲 : 해 세　• 邦 : 나라 방

> **뜻** 사람이 짓는 선악의 因業(인업)에 의해 果報(과보)가 있음을 말한다.

자원(字源)

- 囗(위)와 大(대)의 합자니, 영토를 확대(大)하는데는 반드시 한 지역(囗)으로 **인해서** 되는 것이다.

因果(인과)　　因習(인습)　　因緣(인연)　　因人成事(인인성사)

- 木(목) 위의 田(전)은 열매를 뜻하니, **과실**이다.

果實(과실)　　果然(과연)　　果敢(과감)　　果斷(과단)　　果木(과목)

- 雁(응)은 집(广)에서 사람(亻)이 먹이는 새(隹)니, 즉 매다. 매를 키우는 마음(心)은 **응당** 꿩을 잡으려는 것이다.

應答(응답)　　應急(응급)　　應諾(응락)　　應報(응보)　　應分(응분)

- 幸(행)과 𠬝(복)의 합자니, 다행(幸)하게 **다스린다**(𠬝)는 것을 알려주는 것이다.

報告(보고)　　報國(보국)　　報答(보답)　　報道(보도)　　報復(보복)

- 習 : 익힐 습　　- 緣 : 인연 연　　- 實 : 열매 실　　- 敢 : 구태여 감　　- 斷 : 끊을 단
- 答 : 대답 답　　- 急 : 급할 급　　- 諾 : 허락 락　　- 復 : 회복할 복

人 사람 인　面 낯 면　獸 짐승 수　心 마음 심

얼굴은 사람의 모습이나 마음은 짐승과 다름이 없다는 뜻으로, 은혜와 수치를 모르거나 흉악·음탕한 사람을 가르키는 말이다.

자원(字源)

■ 정신은 하늘에서 내려(ノ)오고, 육체는 땅에서 올라(乀)가서 합한 것이 **사람**이다.

人家(인가)　人間(인간)　人情(인정)　人爲(인위)　人口(인구)

■ 머리털(ㅛ) 없는 首(수)자와 턱수염(ㅛ) 없는 頁(혈)자에다 좌우 살을 덧붙인([]) **낯**이다.

面長(면장)　洗面(세면)　假面(가면)　假面劇(가면극)

■ 嘼(수)는 **짐승**을 상형한 것이니, ㅛ은 두 귀, 田(전)은 머리, ㅁ은 발이 땅을 밟는 것인데 犬(견)을 붙여서 의미를 강화한 것이다.

獸面(수면)　獸性(수성)　獸心(수심)　獸慾(수욕)　獸醫(수의)

■ 원래는 ♨이니, **심장**을 상형한 것이다.

心情(심정)　心事(심사)　心境(심경)　心計(심계)　心力(심력)

·洗 : 닦을 세　·假 : 거짓 가　·劇 : 연극 극　·醫 : 의원 의　·境 : 지경 경

| 뜻 | ① 의식을 잃고 실신한 상태이다.
② 사람으로서의 예절을 차릴 줄 모름을 말한다. |

자원(字源)

▪ 정신은 하늘에서 내려(丿)오고, 육체는 땅에서 올라(乀)가서 합한 것이니, **사람**이다.

人家(인가)　　人格(인격)　　人間(인간)　　人工(인공)　　人口(인구)

▪ 一(일)은 일의 목표, 口(구)는 말하는 계획이니 목표(一)을 가지고 계획(口)을 세워서 손으로(ヨ) **일을** 하는(丨) 것이다.

事實(사실)　　事情(사정)　　事用(사용)　　事必歸正(사필귀정)

▪ 전자로는 ⏦이니, 이것은 꽃봉오리라고 한다. 꽃이 활짝 피지 **아니한** 것이다.

不可(불가)　　不感症(불감증)　　不眠症(불면증)　　不健全(불건전)
不結實(불결실)

▪ 少(소)와 目(목)의 합자니, 작은(少) 눈으로(目) 둘러 **살피는** 것이다.

省墓(성묘)　　省長(성장)　　省察(성찰)　　省略(생략)　　省文(성문)

•歸 : 돌아갈 귀　　•症 : 증세 증　　•眠 : 졸 면　　•健 : 굳셀 건　　•墓 : 무덤 묘
•察 : 살필 찰　　•略 : 간략 략

248

<table>
<tr><td>人</td><td>死</td><td>留</td><td>名</td></tr>
<tr><td>사람 인</td><td>죽을 사</td><td>머무를 유</td><td>이름 명</td></tr>
</table>

뜻 사람은 죽어도 이름은 남겨진다.

자원(字源)

- 정신은 하늘에서 내려(丿)오고, 육체는 땅에서 올라(乀)가서 합한 것이니, **사람**이다.

人生(인생)　　人德(인덕)　　人權(인권)　　人道(인도)　　人性(인성)

- 歹(알)과 匕(化)의 합자니, 뼈로 화하는 것이니, **죽음**이다.

死生(사생)　　死神(사신)　　死守(사수)　　死亡(사망)　　死地(사지)

- 卯(묘)와 田(전)의 합자니, 卯月(묘월)에 田地(전지)에는 아직 경작하지 않으니, 밭만 그대로 **머물러** 있다.
  *卯月(묘월)은 二月(이월)을 말한다.

留客(유객)　　留念(유념)　　留守(유수)　　留宿(유숙)　　留意(유의)

- 夕(석)과 口(구)의 합자니, 저녁(夕)에는 어두워서 보이지 않으니 입으로(口) **이름**을 불러서 가르친다.

名家(명가)　　名山(명산)　　名聲(명성)　　名譽(명예)　　名言(명언)

•權 : 권세 권　　•性 : 성품 성　　•神 : 귀신 신　　•客 : 손 객　　•宿 : 잘 숙
•聲 : 소리 성　　•譽 : 명예 예

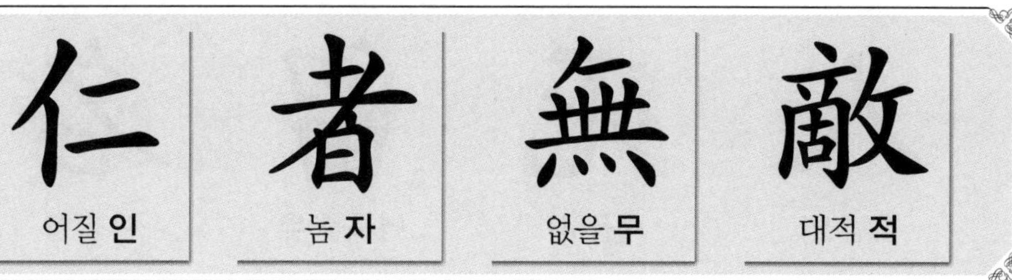

뜻 인(仁)자는 적이 없다.

자원(字源)

■ 二人(이인) 이상이 사회생활을 하는데 필요한 **진리**이니, 이것은 仁(인)이다.

仁敎(인교)　仁德(인덕)　仁君(인군)　仁道(인도)　仁義(인의)

■ 耂(老)와 白(백)의 합자니, 노인(耂)의 고백(白)이다. 그는 일생동안 경험한 人(인), 物(물), 時(시), 所(소), 事(사) 등등 무수한 것을 말한다.

■ 갑골문에 보면 이니, 이것은 사람이 양손에 소 꼬리를 들고 춤추는 것으로, 본뜻은 「춤춘다」인데 뒤에 「없다」로 假借(가차)되었다.

無識(무식)　無學(무학)　無情(무정)　無援(무원)　無知(무지)

■ 啇(적)과 攵(치)의 합자니, 오직(啇) **공격(攵)해야만 되는 상대**이다.

＊ 투쟁하는 상대는 敵(적)이고, 압박하는 원수는 仇(구)고, 보복하는 원수는 讐(수)다.

敵國(적국)　敵機(적기)　敵軍(적군)　敵對(적대)　敵兵(적병)

・義 : 옳을 의　・識 : 알 식　・援 : 도울 원　・機 : 틀 기

> **뜻** 아주 짧은 시간이 삼 년같이 길게 느껴지는 것으로, 애타게 기다리는 마음이 간절함을 이르는 말이다.

자원(字源)

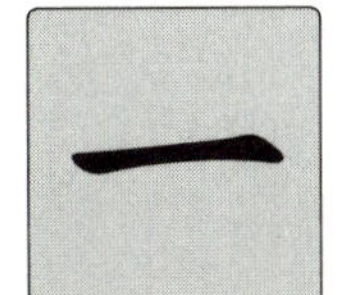

- **하나**를 하나의 선으로 표시한 글자니, 指事(지사) 문자이다.
  一家(일가)　一刻(일각)　一喝(일갈)　一擊(일격)　一見(일견)

- 亥(해)와 刂(刀)의 합자니, 亥(해)에서 전날 하루가 다 가고 子(자)시로서 다음날이 시작되니, 이로써 亥(해)와 子(자) 사이를 **새겨**(刂)서 날짜를 구분하는 것이다.
  刻苦(각고)　刻骨(각골)　刻工(각공)　刻名(각명)　刻木(각목)　刻本(각본)

- 남자의 말(口)에 여자(女)가 따라가며 일을 하면, 그것은 말과 **같은** 것이다.
  如干(여간)　如來(여래)　如流(여류)　如意(여의)　如一(여일)

- 세 **선**을 그어서 셋을 표시한 글자니, 指事(지사) 문자다.
  三角(삼각)　三更(삼경)　三經(삼경)　三苦(삼고)　三敎(삼교)

- 禾(화)와 火(화)의 합자니, 벼(禾)가 일광(火)으로 인해서 익어가는 **가을**이다.
  秋夕(추석)　秋節(추절)　秋葉(추엽)　秋山(추산)　秋月(추월)

- 擊 : 칠 격　　• 經 : 경서 경　　• 節 : 절기 절　　• 葉 : 잎 엽

뜻 한 명의 騎兵(기병)이 천명의 적을 당해낼 수 있다는 말로, 무예가 썩 뛰어남의 비유이다.

자원(字源)

▪하나를 **하나**의 선으로 표시한 글자니, 指事(지사)문자이다.

一萬(일만)　　一千(일천)　　一百(일백)　　一億(일억)　　一兆(일조)

▪뛰어가는 말(馬) 위에서 떨어지지 않고 기이(奇)하게 **타는** 것이다.

騎馬(기마)　　騎馬兵(기마병)　　騎士(기사)　　騎手(기수)　　騎將(기장)

▪농경시대에는 토지(田)를 숭상(尙)함이 **마땅**한 것이다.

當局(당국)　　當今(당금)　　當年(당년)　　當代(당대)　　當身(당신)

▪「說文(설문)」에는 열 개의 百(백)이며 人(인)에서 나왔다고 하였다. 이
것은 지사자이다.

千萬(천만)　　千個(천개)　　千百(천백)　　千秋(천추)

•億 : 억 억　　•兆 : 억조 조　　•將 : 장수 장　　•局 : 판 국

一罰百戒

一	罰	百	戒
한 **일**	벌줄 **벌**	일백 **백**	경계 **계**

뜻 한 사람을 벌줌으로써 여러 사람의 경각심을 불러 일으키는 것을 말한다.

자원(字源)

一

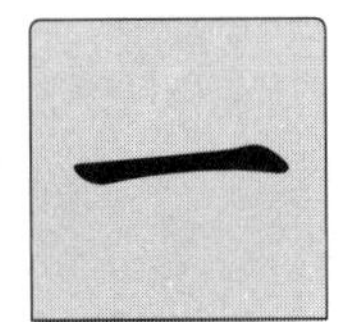

▪ 하나를 **하나**의 선으로 표시한 지사문자이다.

一喜一悲(일희일비)　一枝春心(일지춘심)　一片丹心(일편단심)

罰

▪ 罒(网)과 言(언)과 刂(刀)의 합자니, 죄지은 자를 법망(罒)으로 잡아서 **말(言)로 꾸짖고 칼(刀)로 치는** 것이다.

罰金(벌금)　罰杯(벌배)　罰錢(벌전)　罰酒(벌주)　罰則(벌칙)

百

▪ 白(백)자 위에 一(일)자를 덧붙여서 일백을 표시한 것인데, 더 자세한 내용은 모르겠다.

百歲(백세)　百年(백년)　百家(백가)　百名(백명)　百姓(백성)

戒

▪ 廾(초)와 戈(과)의 합자니, 두 손(廾)으로 창(戈)을 들고서 적의 침입을 **경계**하는 것이다.

＊말로서 경계함은 誡(계)다.

戒告(계고)　戒律(계율)　戒文(계문)　戒色(계색)　戒酒(계주)

• 喜 : 기쁠 희　• 悲 : 슬플 비　• 丹 : 붉을 단　• 杯 : 술잔 배　• 錢 : 돈 전
• 則 : 법칙 칙　• 歲 : 해 세　• 律 : 법칙 률

> **뜻** 강물의 흐름이 빨라 단숨에 천 리밖에 다다른다는 뜻으로 사물이 거침없이 매우 빠르게 진행됨의 비유이다.

자원(字源)

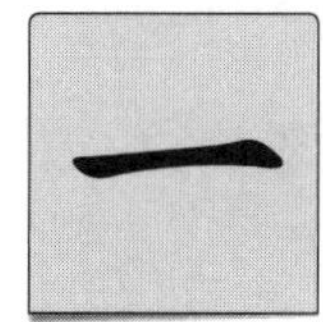

- 하나를 **하나**의 선으로 표시한 지사자이다.

一家(일가)　一刻(일각)　一刻如三秋(일각여삼추)
一家和合(일가화합)

- 氵(水)와 寫(사)의 합자니, 물(氵)을 기울여서 아래로 **빠지게**(寫)하는 것이다.

瀉痢(사리)　瀉劑(사제)　瀉出(사출)　瀉土(사토)

- 「說文(설문)」에는 열 개의 百(백)이며 人(인)에서 나왔다고 하였다.

千圓(천원)　千位(천위)　千壽(천수)　千萬(천만)　千個(천개)

- 田(전)과 土(토)의 합자니, 田土(전토)가 있는 **마을**이다.

里門(이문)　里民(이민)　里仁(이인)　里程標(이정표)
里巷(이항)

• 痢 : 이질 리　• 劑 : 약재료 제　• 壽 : 목숨 수　• 程 : 길 정

> **뜻** 하나의 이치로 모든 일을 꿰뚫는 것을 말한다.

자원(字源)

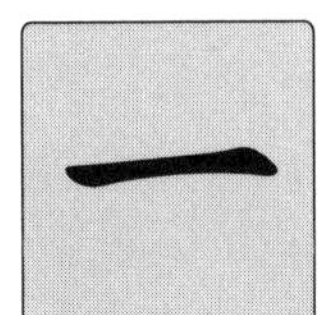

- 하나를 **하나**의 선으로 표시한 指事(지사)자이다.
  一喝(일갈)　一擧(일거)　一動(일동)　一去(일거)　一來(일래)
  一更(일경)　一頃(일경)

- 원래의 글자는 㠯이다. ㄥ와 人의 합자니, 사람(人)이 도구(ㄥ)로써 일하는 것이다.
  以上(이상)　以下(이하)　以小成大(이소성대)　以往(이왕)
  以熱治熱(이열치열)

- 毋(관)과 貝(패)의 합자니, 재물(貝)을 꿰(毋)는 것이니, 여럿을 하나로 **꿰는** 것이다.
  貫通(관통)　貫行(관행)　貫子(관자)　貫珠(관주)　貫鄕(관향)

- 篆字(전자)로는 㞢이니, 땅 위로(一) 초목의 움(屮)이 커 올라**감**이다.
  之東之西(지동지서)

• 喝 : 입 벌려 말할 갈　• 擧 : 들 거　• 頃 : 잠깐 경　• 熱 : 더울 열　• 珠 : 구슬 주

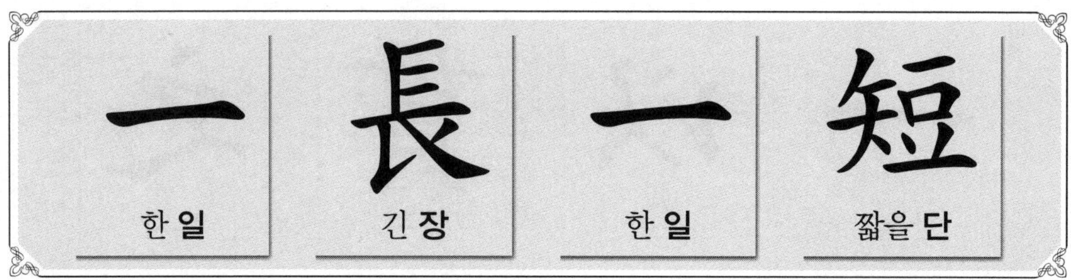

> **뜻** 단점도 있고 장점도 있다.

자원(字源)

- 하나를 **하나**의 선으로 표시한 指事(지사)자이다.

一考(일고)　一曲(일곡)　一過(일과)　一國(일국)

一騎當千(일기당천)

- 甲(갑)에서 乙(을)로 자라나 변화(匕)해서 지상으로 올라(⊥)가서 그 처음은 匚, 다음은 Ɓ, 끝으로 Ɓ, 이렇게 커서 자라니, **길어서 어른**이 되는 것이다.

長江(장강)　　長計(장계)　　長谷(장곡)　　長官(장관)　　長久(장구)

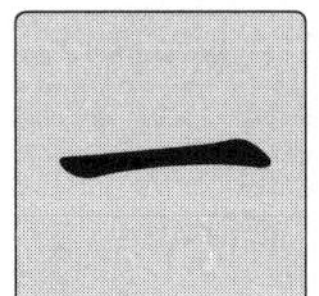

- 위에 기록함.

一代(일대)　一同(일동)　一列(일렬)　一里(일리)　一方(일방)

- 옛날에는 화살로서 길이를 재고 됴(두)로서는 양을 이름하였으니, 팥(豆)만한 길이는 **짧은** 것이다.

短命(단명)　短刀(단도)　短歌(단가)　短劍(단검)　短計(단계)

•騎 : 말탈 기　•當 : 당할 당　•命 : 목숨 명　•歌 : 노래 가　•劍 : 칼 검
•計 : 계산할 계

뜻 한 장면의 봄꿈처럼 헛된 인생, 영화, 또는 덧없이 사라져 버림의 비유이다.

자원(字源)

- 하나를 **하나**의 선으로 표시한 指事(지사)자이다.

一泊(일박)　　一味(일미)　　一發(일발)　　一分(일분)
一石二鳥(일석이조)

- 土(토)는 地(지)의 약자고, 昜(양)은 陽(양)의 약자니, 사람들이 많이 모이는 陽地(양지) **마당**이다.
  *場(장)은 넓은 공간, 所(소)는 물건이 있는 곳, 處(처)는 머무르는 곳이다.

場所(장소)　　場內(장내)　　場面(장면)　　場外(장외)　　場稅(장세)

- 원래는 풀(艸)이 땅속에서 싹터서(屯) 나는 때(日)는 봄이라. 屯艸日(둔초일)의 합자로 썼던 것인데, 뒤에 위대(大)한 태양(日)이 따뜻하게 떠오르는(二) 때인 **봄**이다.

春夏(춘하)　　春夢(춘몽)　　春日(춘일)　　春草(춘초)　　春節(춘절)

- 卝(관)과 目(목)과 冖(멱)과 夕(석)의 합자니, 어두움에 덮인 밤(夕)에 자면서 무의식중에 유치하게(卝) 보는(目) **꿈**이다.

夢寐(몽매)　　夢事(몽사)　　夢泄(몽설)　　夢遊(몽유)　　夢中(몽중)

• 泊 : 배 댈 박　　• 稅 : 세금 세　　• 節 : 마디 절　　• 寐 : 잘 매　　• 遊 : 놀 유

뜻 날로 달로 끊임없이 진보하고 발전한다.

자원(字源)

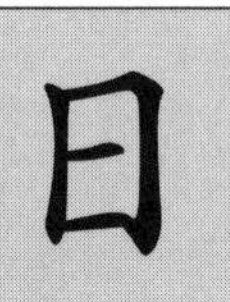

- 원래는 ⊙이니, **태양**을 상형한 글자다.

日間(일간) 日刊(일간) 日計(일계) 日課(일과) 日光(일광)

- 隹(추)와 辶(착)의 합자니, 참새(隹)가 뛰어가는(辶) 것은 **나아가는** 것이니, 참새는 앞으로 나아가기는 하지만 뒤로 물러가지는 못한다.

進學(진학) 進級(진급) 進步(진보) 進攻(진공) 進軍(진군)

- 원래는 ☽이니, 하늘에 떠 있는 **달**을 상형한 글자이다.

月間(월간) 月刊(월간) 月建(월건) 月經(월경) 月計(월계)

- 止(지)와 少(소)의 합자니, 발을 그쳤다가(止) 또 조금씩(少) 옮겨 **걷는** 것이다.

步行(보행) 步軍(보군) 步兵(보병) 步道(보도) 步合(보합)

•課 : 공부 과   •級 : 등급 급   •攻 : 칠 공   •建 : 세울 건   •經 : 지날 경
•計 : 계산 계

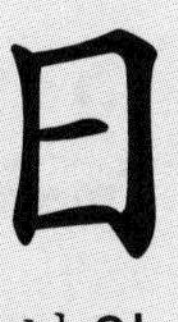

日	就	月	將
날 **일**	나갈 **취**	달 **월**	나아갈 **장**, 장수 **장**

뜻 날로 달로 진보하고 발전한다.

자원(字源)

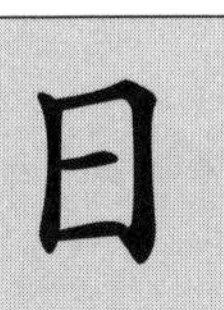

- 원래는 ⊙이니, **태양**을 상형한 글자다.

日久月深 (일구월심)　　日給(일급)　　日記(일기)　　日氣(일기)
日本(일본)

- 京(경)과 尤(우)의 합자니, 더욱(尤) 나은 서울(京)로 **나아가**는 것이다.
 *就(취)는 나아간 곳에만 있는 것이고, 進(진)은 나아가기만 하는 것이다.

就職(취직)　　就業(취업)　　就職難(취직난)　　就學(취학)
就航(취항)

- 원래는 ☽이니, 하늘에 떠 있는 **달**을 상형한 글자이다.

月桂冠(월계관)　　月光(월광)　　月宮(월궁)　　月給(월급)
月末(월말)

- 爿(장)과 㪔(륙)의 합자니, 창(爿)을 가진(㪔) **장수**이다.

將帥(장수)　　將軍(장군)　　將校(장교)　　將兵(장병)

•深 : 깊을 심　　•給 : 줄 급　　•職 : 직분 직　　•難 : 어려울 난　　•航 : 배 항
•冠 : 갓 관　　•帥 : 장수 수

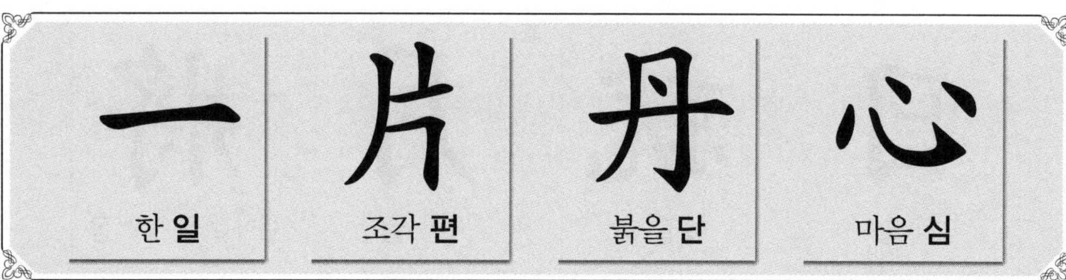

뜻 한 조각 붉은 마음, 곧 진정에서 우러나는 충성된 마음이다.

자원(字源)

- 하나를 **하나**의 선(線)으로 표시한 지사자이다.

一心不亂(일심불란)　　一葉片丹(일엽편단)　　一場春夢(일장춘몽)

- 篆字(전자)로 된 木字(米)를 **반으로 나눈 것**이니, 왼쪽 자는 爿(장)자가 되고, 오른쪽은 편(片)자가 되었다.

片心(편심)　　片月(편월)　　片刻(편각)　　片面(편면)　　片雲(편운)

- 丹(단)은 광물을 파내는 井(정)이고, 丶은 그 속에서 파내는 주사니, **붉은 것**이다.

丹歌(단가)　　丹心(단심)　　丹田(단전)　　丹楓(단풍)　　丹靑(단청)

- 篆字(전자)에는 ⍟이니, **심장**을 상형한 글자이다.

心情(심정)　　心力(심력)　　心願(심원)　　心思(심사)　　心靈(심령)

• 亂 : 어지러울 난　　• 夢 : 꿈 몽　　• 刻 : 새길 각　　• 歌 : 노래 가　　• 楓 : 단풍나무 풍
• 願 : 원할 원　　• 靈 : 신령 령

260

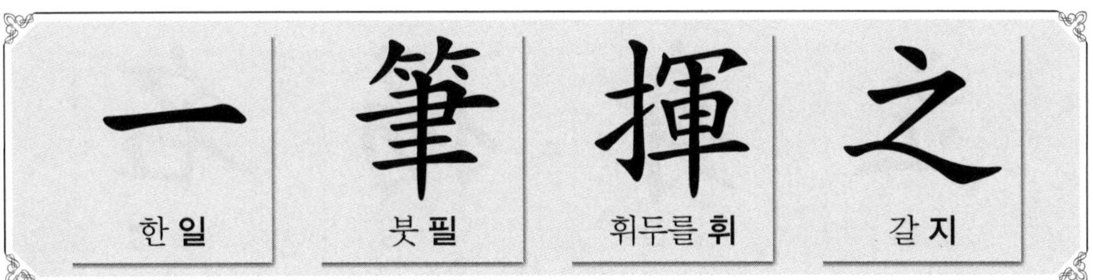

> **뜻** 단숨에 힘차게 글씨를 써 내려간다.

자원(字源)

- 하나를 **하나**의 선으로 표시한 指事(지사)자이다.

一人者(일인자)　　一朝一夕(일조일석)　　一族(일족)
一進一退(일진일퇴)

- 원래는 聿(율)이 붓인데, 秦代(진대)에 竹(죽)을 위에다 붙여서 썼다. 蒙恬(몽염)이 처음으로 대(竹)와 털(毛)로서 **붓**을 만들었기에 笔(필) 자로도 쓴다.

筆家(필가)　　筆耕(필경)　　筆記(필기)　　筆談(필담)　　筆名(필명)

- 軍(군)은 병졸들이 병거(車)를 둘러(冖) 싸고 있으니, 손(扌)으로 **휘두**르는 것이 되며 병사들을 **지휘하**는 것도 된다.

揮劍(휘검)　　揮發(휘발)　　揮帳(휘장)　　揮筆(휘필)　　揮毫(휘호)

- 篆字(전자)로는 𡳿 이니, 一(일)은 땅 위고, 屮은 초목의 움이 올라**감**이다.

之東之西(지동지서)

・族 : 겨레 족　　・退 : 물러갈 퇴　　・耕 : 갈 경　　・談 : 말씀 담　　・劍 : 칼 검
・帳 : 장막 장　　・毫 : 털 호

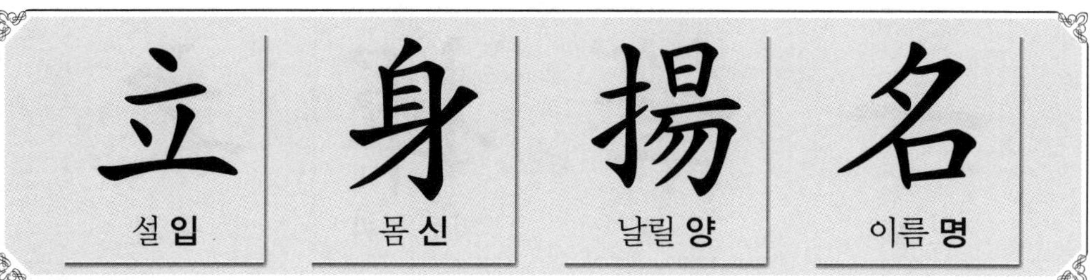

뜻 출세하여 이름을 세상에 드날린다.

자원(字源)

- 지상(一)에 사람이 사지를 벌리고 **서** 있는 형상(⧀)이다.

立件(입건)　　立敎(입교)　　立國(입국)　　立冬(입동)　　立方(입방)

- 사람의 **몸**을 상형(身)한 글자이다.

身命(신명)　　身病(신병)　　身分(신분)　　身上(신상)　　身世(신세)

- 才(手)와 昜(양)의 합자니, 昜(양)은 陽(양)의 本字(본자)이므로 太陽(태양)을 향해서 손(才)을 **치켜 올리는** 것이다.

*擧(거)는 배꼽까지 들어올리는 것이고, 揚(양)은 머리 위로 올리는 것이다.

揚名(양명)　　揚水(양수)　　揚子江(양자강)　　揚揚(양양)

- 어두워 보이지 않는 저녁(夕)에는 입으로(口) 불러서 **알리는** 것이다.

名聲(명성)　　名譽(명예)　　名札(명찰)　　名工(명공)　　名官(명관)

•件 : 일 건　　•敎 : 가르칠 교　　•病 : 병 병　　•聲 : 소리 성　　•譽 : 명예 예
•札 : 편지 찰

> **뜻** 자기의 문장이나 언행이 앞뒤가 모순됨을 말한다.

자원(字源)

- 甲骨文(갑골문)을 보면 肖 이니, 이것은 사람의 코를 본떠서 만든 상형자이다. 鼻(비)의 처음 글자인데, 후에 「自己(자기)」의 뜻으로 가차되어서 **스스로** 자가 되었다. 또한 코는 **스스로** 숨을 쉬는 기관이다.

  自古(자고)　　自決(자결)　　自國(자국)　　自身(자신)　　自己(자기)

- 돼지는 언제나 우리안에서만 들어있는 동물이니, 돼지처럼(豕) 집 안(宀)으로 들어가서 쉬는 **집**이다.
  * 家(가)는 자기 집이나 일반 집을 통칭하고, 宅(택)은 남의 집을 지칭한다.

  家庭(가정)　　家屋(가옥)　　家勢(가세)　　家門(가문)　　家臣(가신)

- 扌(手)와 童(동)의 합자니, 어린 아이(童)의 손(扌)으로 무엇을 **치는** 것이다.
  * 衝(충)은 길(行)에서 여기저기(重)에 마주치는 것이고, 突(돌)은 개(犬)가 구멍(穴)에서 갑자기 나오는 것이다.

  撞球(당구)　　撞球場(당구장)　　撞棒(당봉)

- 著(저)자의 변형이니, 풀(艸)이란 것(者)은 땅속에서 위로 나타나는 것인데, 着(착)자로 변해서 이르니, 따라서 두 자는 하나로 붙은 것이다. 몸에 **붙는** 옷을 입는 뜻도 된다.

  着念(착념)　　着陸(착륙)　　着色(착색)　　着席(착석)　　着手(착수)

・決 : 결단할 결　　・屋 : 집 옥　　・勢 : 형세 세　　・球 : 공 구　　・棒 : 방망이 봉
・席 : 자리 석

> **뜻** 스스로 힘써 가다듬고 쉬지 않는 것이니, 해와 같이 항상 세상을 비춤이 쉬지 않는 것과 같은 것이다.

자원(字源)

- 갑골문을 보면 ㅂ이니, 이것은 사람의 코를 본떠서 만든 상형자이다. 鼻(비)의 처음 글자인데, 후에 「자기」의 뜻으로 假借(가차)되어서 **스스로** 자가 되었다. 코는 **스스로** 숨을 쉬는 기관이다.

  自家(자가) 自家用(자가용) 自覺(자각) 自强(자강) 自決(자결)

- 집운(集韻)에는 畺(강)은 「사부후야(死不朽也) : 죽어도 썩지 않음」이라 했는데, 弓(궁)변을 붙였으니, 활 힘이 썩지 아니함이니, **힘씀이 강한** 것이다.

  *强(강)은 힘이 센 것이고, 彊(강)은 세게 힘쓰는 것이다.

  彊記(강기)   彊要(강요)   彊壯(강장)

- 전자로는 ㅈ이니, 초목의 꽃봉오리의 형상이라 하니, 꽃이 아직 피지 **아니한** 것이다.

  不法(불법)   不行(불행)   不規則(불규칙)   不文律(불문률)

- 自(자)와 心(심)의 합자니, 自(자)는 鼻(비)로, 古人(고인)들은 사람이 호흡할 때 가슴속(心) 깊은 곳에서부터 코(自)로 나온다고 여겼다. 따라서 息(식)의 본의는 호흡인데 인신(引申)되어 「**쉬다**」의 뜻으로 되었다.

  息民(식민)   息婦(식부)   息影(식영)   息子(식자)   息土(식토)

• 覺 : 깨달을 각   • 決 : 결단할 결   • 律 : 법칙 률   • 婦 : 며느리 부   • 影 : 그림자 영

自	愧	之	心
스스로 **자**	부끄러워할 **괴**	갈 **지**	마음 **심**

뜻 스스로 부끄럽게 여기는 마음을 말한다.

자원(字源)

- 갑골문을 보면 ❺이니, 이것은 사람의 코를 본떠서 만든 상형자이다. 鼻(비)의 처음 글자인데, 후에 「자기」의 뜻으로 假借(가차)되어서 **스스로** 자가 되었다. 코는 **스스로** 숨을 쉬는 기관이다.

自家保存(자가보존)　　自覺(자각)　　自强(자강)　　自强不息(자강불식)

- 귀신(鬼)에 홀린 것처럼 괴로운 마음(心)은 **부끄러운** 것이다.
*怍(작)은 부끄러움이 얼굴에 나타난 것이고, 羞(수)는 부끄러움이 행동에 나타난 것이다.

愧心(괴심)　　愧羞(괴수)

- 篆字(전자)로는 ✑이니, 一(일)은 땅 위고, ㄓ은 초목의 움이 올라**감**이다.

之東之西(지동지서)

- 전자에는 ✑이니, 이것은 **심장**을 상형한 것이다.

心情(심정)　　心性(심성)　　心思(심사)　　心遠(심원)

・覺 : 깨달을 각　　・羞 : 부끄러울 수　　・遠 : 멀 원

뜻 자애(慈愛)가 지나친 어머니 슬하에서는 집안을 망칠 자식이 나온다는 말이다.

자원(字源)

■ 모든 생물이 다 가지고 있는 이(玆) 마음(心)은 자식에 대한 **사랑**이니, 이 마음으로써 다른 생명을 **사랑**하는 인정도 뜻한다.

慈愛(자애)　　慈堂(자당)　　慈母(자모)　　慈父(자부)　　慈悲(자비)

■ 女(녀)에 두 점(:)을 加(가)한 글자니, 두 점은 乳房(유방)을 뜻하며 아기를 낳아 기를 수 있는 **어머니**를 나타낸 글자이다.

母情(모정)　　母係(모계)　　母國(모국)　　母女(모녀)　　母子(모자)

■ 재물(貝)을 매(攵)로 쳐서 **부서지**게 하는 것이다.
＊부서지는 것은 敗(패), 부수는 것은 破(파), 부수려는 것은 毁(훼)다.

敗亡(패망)　　敗退(패퇴)　　敗家(패가)　　敗者(패자)

■ 篆字(전자)로는 Ұ 이니, 두 팔을 벌리고 있는 **아이**의 형상이다.

子息(자식)　　子女(자녀)　　子孝(자효)　　子孫(자손)　　子婦(자부)

•愛 : 사랑 애　　•悲 : 슬플 비　　•係 : 이을 계　　•退 : 물러갈 퇴　　•婦 : 며느리 부

自	繩	自	縛
스스로 **자**	노끈 **승**	스스로 **자**	묶을 **박**

뜻
자기가 가진 포승으로 제 몸을 묶는다는 뜻이니, 곧
① 제 마음씨나 언행으로 인하여 스스로 얽혀 들어감의 비유이다.
② 번뇌로 자기 자신을 괴롭힘의 비유이다.

자원(字源)

- 갑골문을 보면 㠯이니, 이것은 사람의 코를 본떠서 만든 상형자이다. 鼻(비)의 처음 글자인데, 후에 「자기」의 뜻으로 假借(가차)되어서 **스스로** 자가 되었다. 코는 **스스로** 숨을 쉬는 기관이다.

自力(자력)　　自謙(자겸)　　自生(자생)　　自戒(자계)　　自古(자고)

- 糸(사)와 黽(민)의 합자니, 黽(민)은 蠅(승)의 약자로 파리가(蠅) 앞발을 비비는 것처럼 실(糸)을 비빈(黽) 노끈이다.
  * 노의 작은 것은 繩(승)이고, 노의 큰 것은 索(색)이다.

繩矩(승구)　　繩技(승기)　　繩度(승도)　　繩墨(승묵)　　繩索(승색)

- 위에 기록함.

自國(자국)　　自今(자금)　　自矜(자긍)　　自棄(자기)　　自己(자기)

- 糸(사)와 尃(부)의 합자니, 실(糸)밧줄을 펴(尃)서 물건을 **묶는** 것이다.
  * 여러번 동여매는 것은 縛(박)이고, 간단하게 묶는 것은 束(속)이다.

縛擒(박금)　　縛束(박속)　　縛繩(박승)　　縛鐵(박철)

• 謙 : 겸손 겸　• 戒 : 경계 계　• 矩 : 법 구　• 技 : 재주 기　• 墨 : 먹 묵
• 索 : 새끼 색　• 棄 : 버릴 기　• 擒 : 사로잡을 금　• 鐵 : 쇠 철

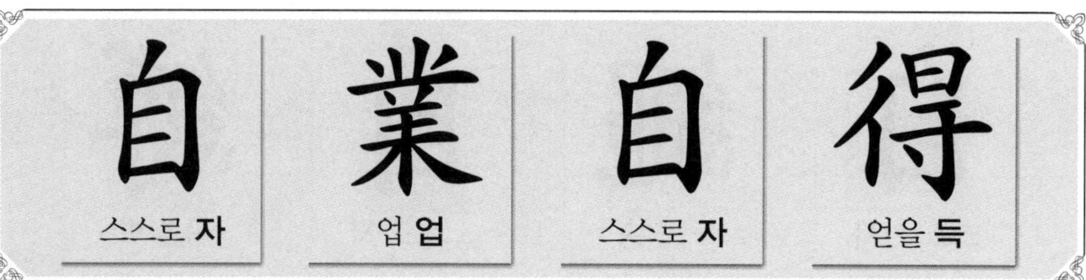

> **뜻** 제가 저지른 과보(果報)를 제가 받는 것을 말한다.

자원(字源)

- 갑골문을 보면 ﾟ이니, 이것은 사람의 코를 본떠서 만든 상형자이다. 鼻(비)의 처음 글자인데, 후에 「자기」의 뜻으로 假借(가차)되어서 **스스로** 자가 되었다. 코는 **스스로** 숨을 쉬는 기관이다.

自黨(자당)　自量(자량)　自利(자리)　自立(자립)　自滅(자멸)

- 丵(족)은 풀이 많이 나서 서로 엉켜져 있는 것이다. 나뭇(木)가지가 엉켜져 있는 것처럼 사람의 한 **일**이 서로 엉켜 싸인 것이다.

業界(업계)　業務(업무)　業報(업보)　業績(업적)

- 위에 기록함.

自立(자립)　自營(자영)　自負心(자부심)　自殺(자살)
自白(자백)

- 彳(척)과 㝵(득)의 합자니, 가(彳)서 취한(㝵)것은 **얻은** 것이다.
- *得(득)은 운명적으로 얻어지는 것이고, 獲(획)은 자주적으로 얻는 것이다.

得男(득남)　得女(득녀)　得達(득달)　得道(득도)　得病(득병)

- 黨 : 무리 당　　· 滅 : 멸할 멸　　· 務 : 힘쓸 무　　· 績 : 길쌈 적　　· 營 : 경영 영
- 負 : 질 부　　· 殺 : 죽일 살　　· 達 : 통달 달

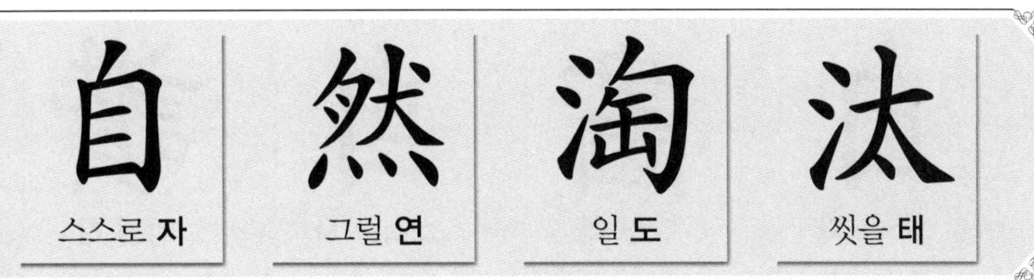

> **뜻** 자연계에서 그 생활조건에 적응하는 생물은 생존하고, 그렇지 못한 생물은 사라지는 현상을 말한다.

자원(字源)

- 갑골문을 보면 ᠪ이니, 이것은 사람의 코를 본떠서 만든 상형자이다. 鼻(비)의 처음 글자인데, 후에 「자기」의 뜻으로 假借(가차)되어서 **스스로** 자가 되었다. 코는 **스스로** 숨을 쉬는 기관이다.

  自書(자서)　　自說(자설)　　自首(자수)　　自習(자습)　　自信(자신)

- 然(연)은 개(犬) 고기(月)인데 灬(火)자로 받쳤으니 타는 것이라 음은 연(煙)이다. 뒤에 **그러나**로 쓰이니 탄다는 뜻으로는 火(화)변을 붙여 燃(연)으로 쓴다.

  然故(연고)　　然後(연후)　　然諾(연락)　　然則(연즉)

- 쌀을 질그릇(匋)에 담아 물(氵)로 **일어서** 잡것을 가려내는 것이다.

  淘汰(도태)　　淘金(도금)　　淘淘(도도)

- 흙에 물(氵)이 넘쳐(太)들어가 흐트러져 **씻어내니**, 큰것만 남은 것이다.

  沙汰(사태)

・說 : 말씀 설　　・習 : 익힐 습　　・故 : 연고 고　　・後 : 뒤 후　　・諾 : 허락 락
・則 : 곧 즉　　・沙 : 모래 사

> **뜻** 자기가 그린 그림을 자기가 칭찬하는 뜻으로, 자기가 한 일을 스스로 칭찬함을 이르는 말이다.

자원(字源)

- 갑골문을 보면 사람의 코를 본떠서 만든 상형자(白)이다. 鼻(비)의 처음 글자인데, 후에 「자기」의 뜻으로 假借(가차)되어서 **스스로** 자가 되었다. 코는 **스스로** 숨을 쉬는 기관이다.

  自我(자아)　自愛(자애)　自然(자연)　自然主義(자연주의)
  自由(자유)

- 金文(금문)을 보면 畵이니, 붓으로(聿) 밭(田) 구획을 긋는 모양이다. 畵(화)와 劃(획)은 同字(동자)로 引申(인신)되어 繪畵(회화)의 화로도 쓰인다.

  畵家(화가)　畵工(화공)　畵具(화구)　畵壇(화단)　畵廊(화랑)

- 위에 기록함.

  自願(자원)　自慰(자위)　自衛(자위)　自律(자율)　自意(자의)

- 言(언)과 贊(찬)의 합자로, 말(言)로써 도와주는(贊) 것이다.

  讚歌(찬가)　讚美(찬미)　讚佛(찬불)　讚辭(찬사)　讚頌(찬송)

- 壇 : 단 단　• 廊 : 행랑 랑　• 願 : 원할 원　• 慰 : 위로 위　• 衛 : 지킬 위
- 歌 : 노래 가　• 佛 : 부처 불　• 辭 : 말씀 사　• 頌 : 기릴 송

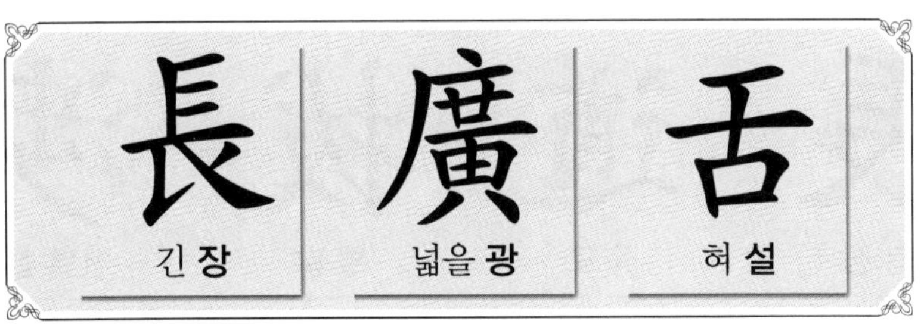

> **뜻**
> ① 길고 세차게 지껄이는 말솜씨이다.
> ② 뛰어난 변설이다.

자원(字源)

▪ 초목의 씨가 甲(갑)에서 乙(을)로 자라나 변화(匕)하여 땅 위로(一) 올라가(丄)니, 그 처음은 厂, 다음은 厃, 끝으로 厔, 이렇게 커서 기니, **긴 장, 어른 장**이 된다.

長江(장강)　　長計(장계)　　長谷(장곡)　　長空(장공)　　長廣(장광)
長期(장기)

▪ 높은 집(广)의 중앙(黃)은 **넓은** 것이다.

＊五行論(오행론)에서 黃(황)은 土(토)니 中央(중앙)이 된다.

廣大(광대)　　廣野(광야)　　廣作(광작)

▪ 干(간)과 口(구)의 합자니, 즉 입(口)의 방패(干)라, 맛을(口) 보아서 해로운 것은 배제하고, 말을 해서는 불리한 것은 배격하는 **혀**다. 혀는 說(말)하는 것이니, 음은 설이다.

舌根(설근)　　舌端(설단)　　舌頭(설두)　　舌鋒(설봉)　　舌音(설음)
舌戰(설전)　　舌尖(설첨)

• 期 : 기약 기　　• 野 : 들 야　　• 端 : 끝 단　　• 頭 : 머리 두　　• 鋒 : 뾰족할 봉
• 戰 : 싸움 전　　• 尖 : 뾰족할 첨

뜻 산을 넘고 물을 건너서 먼 길을 가다.

자원(字源)

- 초목이 甲(갑)에서 乙(을)로 자라나 변화해서(匕) 지면(一)으로 나와서 처음은 厂, 다음은 厃, 끝으로 厃, 이렇게 커가니, **어른**이란 뜻이 된다.

  長子(장자)　　長女(장녀)　　長者(장자)　　長姪(장질)

- 首(수)와 착(辶)의 합자니, 머리(首)로는 목적지를 생각하면서 발로 가는 **길**(道)이다. 인간이 가는 길이니, 이것은 곧 진리라는 뜻도 된다.

  道上(도상)　　道邊(도변)　　道中(도중)　　道路(도로)

- 扌(手)와 犮(발)의 합자니, 犮(발)은 개(犬)가 뻗쳐(丿) 달아나는 것이니, 여럿 중에서 그중 하나를 손(扌)으로 집어내는 것이니, 즉 **빼는** 것이다.

  拔去(발거)　　拔群(발군)　　拔刀(발도)　　拔俗(발속)

- 氵(수)와 步(보)의 합자니, 걸어서(步) 물(氵)을 **건너는** 것이다.

  * 얕은 물을 건너는 것은 涉(섭)이고, 깊이를 헤아려 건넘은 渡(도)고, 이미 건너간 것은 濟(제)다.

  涉歷(섭력)　　涉世(섭세)　　涉水(섭수)　　涉秋(섭추)

•姪 : 조카 질　　•邊 : 갓 변　　•群 : 무리 군　　•俗 : 풍속 속　　•歷 : 지날 력

뜻 재물운이 형통하다.

자원(字源)

- 貝(패)와 才(재)의 합자니, 貝(패)는 보배이고, 才(재)는 재질이다. 보배의 바탕이 되는 **재물**이다.

財力(재력)　財物(재물)　財産(재산)　財寶(재보)

- 軍(군)과 辶(착)의 합자니, 군대(軍)가 가는(辶)데는 전차를 운행하는 것이다. 따라서 천신(天神)이 운행하는 **인생의 운명**도 의미하는 것이다.

運數(운수)　運命(운명)　運轉(운전)　運輸(운수)

- 亠(두)와 口(구)와 了(료)의 합자니, 머리(亠)로 생각하는 것을 입(口)으로 말해서 이해(了)시키는 것이니, **통하는** 것이다.

亨途(형도)　吉亨(길형)　豊亨(풍형)　元亨(원형)

- 甬(통)과 辶(착)의 합자니, 속이 빈 통(甬)으로 나가면(辶) 이쪽에서 저쪽으로 **통하는** 것이다.

通信(통신)　通禁(통금)　通行(통행)　通路(통로)

- 物 : 물건 물　　· 産 : 날 산　　· 寶 : 보배 보　　· 數 : 셈 수　　· 轉 : 구를 전
- 輸 : 보낼 수　　· 禁 : 금할 금

| 뜻 | 재주있는 남자와 예쁜 여자를 말한다. |

자원(字源)

▪「옥편(玉篇)」에는 手(수)부에 있으니, 손(手)처럼 일할 수 있는 능력의 **재주**를 말하며, 그러한 재(材)목의 뜻이니, 음은 재가 되었다.

才人(재인)　　才氣(재기)　　才能(재능)　　才德(재덕)

▪子(자)의 篆(전)자는 Ｑ이니, 위는 머리고 아래는 발인데, 팔을 벌리고 있는 **아이**이다.

子息(자식)　　子女(자녀)　　子弟(자제)　　子姪(자질)

▪圭(규)는 옛적에 천자가 제후들에게 준 부서(표적)이니, 이것을 가진 자(人)는 제후라는 표시이므로 **아름다운** 것이다.

佳人(가인)　　佳色(가색)　　佳女(가녀)　　佳景(가경)

▪하늘에서 내려온 정신(丿)과 땅에서 올라온(乀) 육체가 합해진 것이니, **사람**이다.

人格(인격)　　人心(인심)　　人口(인구)　　人性(인성)

•能 : 능할 능　　•德 : 덕 덕　　•景 : 경치 경　　•格 : 격식 격

274

積	善	餘	慶
쌓을 **적**	착할 **선**	남을 **여**	경사 **경**

뜻 남에게 착한 일을 많이 한 집에는(자손에게까지) 반드시 경사스런 일이 있고, 남에게 악한 일을 많이 한 집에는 반드시 재앙이 있는 법으로, 착한 일은 하고, 악한 일은 하지 말라는 말이다.

 자원(字源)

- 禾(곡식)이나 貝(재물)을 여러 층(三)으로 쌓아(丨) 올리는 것이다.

積善(적선)　積惡(적악)　積雨(적우)　積怨(적원)　積金(적금)

- 원래는 誩(競)과 羊(양)의 합자로, 둘이 다투는(競) 것을 양(羊)이 중간 에서 조화시키니, **착한** 것이다.

善行(선행)　善心(선심)　善德(선덕)　善良(선량)　善書(선서)

- 먹은 것(食)이 불어(余)서 풍부하니, **남은** 것이다.
- *餘(여)는 많아서 남긴 것, 殘(잔)은 없애고 남은 것, 餕(준)은 식사하고 남은 것이다.

餘暇(여가)　餘光(여광)　餘年(여년)　餘念(여념)　餘白(여백)

- 严(鹿)과 心(심)과 夂(치)의 합자니, 남의 吉事(길사)에는 사슴가죽(鹿) 을 가지고 축하하는 마음(心)으로 가서(夂) 인사함이다.

慶事(경사)　慶雲(경운)　慶日(경일)　慶賀(경하)

• 怨 : 원망할 원　• 暇 : 빌 가　• 念 : 생각 념　• 賀 : 하례할 하

뜻 작은 것도 모이고 쌓이면 크게 된다.

자원(字源)

▪禾(곡식)이나 貝(재물)을 여러 층(三)으로 **쌓아**(丨) 올리는 것이다.

積極的(적극적)　　積極主義(적극주의)　　積德(적덕)
積立(적립)　　積雪(적설)

▪사람이 두 발을 서로 붙이고 서서 두 손을 조금 벌린 것이니, 즉 **작은** 것이다.

小人(소인)　　小路(소로)　　小室(소실)　　小子(소자)　　小數(소수)

▪戊(무)와 丁(정)의 합자니, 戊(무)는 茂(무)로 통하고 丁(정)은 當(당)을 뜻함이라. 초목이 무성하여 완전한 상태에 이르는 것이니, **이루**는 것이다.

成功(성공)　　成年(성년)　　成果(성과)　　成立(성립)　　成法(성법)

▪사람이 사지를 **크게** 벌려(大) 서 있는 형상이다.

大學(대학)　　大成(대성)　　大家(대가)　　大將(대장)　　大田(대전)

・極 : 다할 극　　・的 : 과녁 적　　・德 : 큰 덕　　・雪 : 눈 설　　・數 : 수 수
・將 : 장수 장

276

電 光 石 火

번개 전　빛 광　돌 석　불 화

자원(字源)

■ 雨(우)는 雲(운)의 약자고 电은 申(갑)의 변자니, 구름이 양전기를 가진 ㅌ와 음전기를 가진 ㅋ이 부딪친 중간에서 일어나는 광선 ㄴ은 **번개**다.

電氣(전기)　電線(전선)　電株(전주)　電工(전공)　電業(전업)

■ 사람(儿) 위에 불(火)이 있으니, **빛**이 보이는 것이다. 그 빛은 넓게(廣) 비취니, 음은 광이다.

光線(광선)　光明(광명)　光景(광경)　光復(광복)　光陰(광음)

■ 바위 덤(厂)에 떨어진 돌(口)이다.

石油(석유)　石炭(석탄)　石質(석질)　石鏡(석경)　石工(석공)

■ 篆字(전자)로는 불이 타오르는 것을 상형(灬)한 것이다.

火力(화력)　火災(화재)　火魔(화마)　火急(화급)　火光(화광)

•氣 : 기운 기　•線 : 줄 선　•株 : 줄기 주　•景 : 볕 경　•油 : 기름 유
•炭 : 숯 탄　•鏡 : 거울 경　•魔 : 마귀 마

뜻 극도로 궁박한 끝에 다행히 살길이 생긴다.

자원(字源)

- 金文(금문)에는 𢇍이니, 한 자루의 칼이 두 묶음의 실을 **끊는** 모양이다. 인신(引申)되어 **단절**, **단교** 등의 뜻으로 쓰인다.

絕交(절교)　　絕線(절선)　　絕景(절경)　　絕大(절대)　　絕代(절대)

- 夊(쇠)는 편안히 걷는 것이고, 几(궤)는 기대 앉는 상이니, 걸어가다(夊)가 기대 앉아(几)서 머물러 있는 것인데, 범(虍)처럼 유력하게 사는 **곳**이다.

處地(처지)　　處女(처녀)　　處方(처방)　　處罰(처벌)　　處分(처분)

- 夆(봉)과 辶(착)의 합자니, 서로 가다(辶)가 마주쳐(夆) **만나**는 것이다.
  * 逢(봉)은 마주쳐 만나는 것이고, 遭(조)는 불운의 만남이고, 遇(우)는 우연히 만남이다.

逢年(봉년)　　逢變(봉변)　　逢別(봉별)　　逢辱(봉욕)　　逢敗(봉패)

- 屮(철)과 土(토)의 합자니, 움(屮)이 땅에서(土) **나는** 것이다.

生命(생명)　　生覺(생각)　　生靈(생령)　　生水(생수)　　生活(생활)

• 線 : 줄 선　　• 景 : 경치 경　　• 罰 : 벌줄 벌　　• 變 : 변할 변　　• 辱 : 욕될 욕
• 覺 : 깨달을 각　　• 靈 : 신령 령

> **뜻** 몹시 분하여 이를 갈고 속을 썩이는 것을 말한다.

자원(字源)

- 七(칠)과 刀(도)의 합자니, 꼭 맞(七)게 **끊는**(刀) 것이다.

切痛(절통)　　切斷(절단)　　切迫(절박)　　切言(절언)　　切要(절요)

- 止(지)와 幽의 합자니, 幽은 **이**를 상형한 것인데, 그는 정지(止)된 것이다.

齒科(치과)　　齒骨(치골)　　齒根(치근)　　齒石(치석)　　齒牙(치아)

- 府(부)와 肉(육)의 합자니, 곳집(府)에 고기(肉)를 넣어두면 **썩는** 것이다.

腐木(부목)　　腐心(부심)　　腐植土(부식토)　　腐敗(부패)
腐臭(부취)

- 篆字(전자)에는 ♡이니, 이것은 심장 모양을 본뜬 글자이다.

心情(심정)　　心德(심덕)　　心意(심의)　　心性(심성)　　心神(심신)

・痛 : 아플 통　　・斷 : 끊을 단　　・科 : 과목 과　　・敗 : 패할 패　　・臭 : 냄새 취

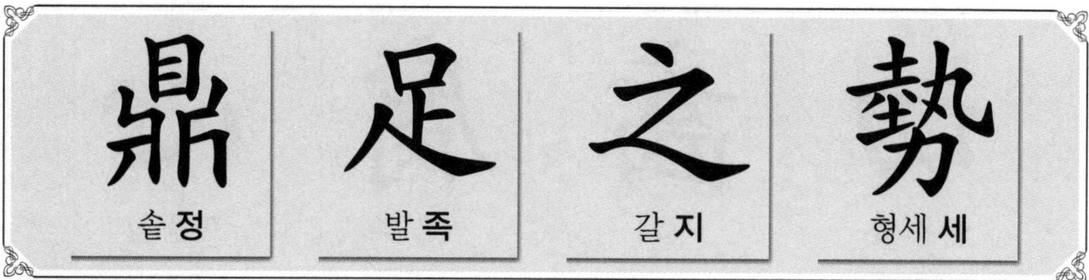

> **뜻** 솥귀처럼 세 세력이 맞서 대립한 형태를 말한다.

자원(字源)

- 目(목)은 눈이 아니고 솥이니, 그 밑에 나무(爿片)로 불을 떼는 **솥**이다.
  鼎立(정립)　　鼎銘(정명)　　鼎足(정족)　　鼎足之勢(정족지세)

- 口(구)는 발가락이 합한 것이고, 止(지)는 발뒤꿈치가 그치는 것이니, **발**이다.
  足球(족구)　　足心(족심)　　足掌(족장)　　足下(족하)　　足上(족상)

- 篆字(전자)에는 屮 이니, 땅 위(一)로 초목의 움(屮)이 커 올라**가는** 것이다.
  之東之西(지동지서)

- 원래는 坴(육)과 丸(극)의 합자로서 흙덩이(坴)를 드는(丸) 힘을 뜻한 것인데, 力(력)을 붙여서 **힘의 작용**을 의미한 것이다.
  勢力(세력)　　勢家(세가)　　勢道(세도)　　勢不兩立(세불양립)

•銘 : 새길 명　　•球 : 공 구　　•掌 : 손바닥 장　　•兩 : 두 량

朝令暮改

朝	令	暮	改
아침 **조**	법령 **령**	저물 **모**	고칠 **개**

뜻 **아침에 명령을 내렸다가 저녁에 다시 바꾸어 내린다는 뜻으로, 법령이나 명령을 자주 바꿈을 이르는 말이다.**

자원(字源)

朝

▪ 丄(上)과 日(일)과 丅(下)와 月의 합자니, 달(月)은 떨어지고(丅) 해(日)는 떠오르는(丄) **아침**이다.

朝鮮(조선)　朝貢(조공)　朝食(조식)　朝命(조명)　朝明(조명)

令

▪ 甲骨文(갑골문)에서는 이니, 위는 사람의 입이고 아래는 꿇어 엎드린 사람이다. 두 뜻을 합하면 높은 사람이 입(口)으로 명령을 내리고, 아래의 엎드린 사람은 듣는 형상이다. 그러므로 **명령**이 된다.

令監(영감)　令妹(영매)　令夫人(영부인)　令息(영식)　令室(영실)

暮

▪ 본래는 莫(저물 모) 자가 해가 풀 속으로 들어가서 날이 저무는 자인데, 뒤에 말 莫(막)자로 쓰이게 되니, 아래에 日(일)을 덧붙여서 **저물 모**로 쓰게 된 것이다.

暮春(모춘)　暮年(모년)　暮冬(모동)　暮世(모세)　暮夜(모야)

改

▪ 己(기)와 攵(복)의 합자니, 자기(己)의 잘못을 매로 쳐(攵)서 **고치는 것**이다.

改善(개선)　改嫁(개가)　改惡(개악)　改刊(개간)　改名(개명)

• 鮮 : 고울 선　• 監 : 볼 감　• 夜 : 밤 야　• 嫁 : 시집갈 가　• 惡 : 악할 악
• 刊 : 새길 간

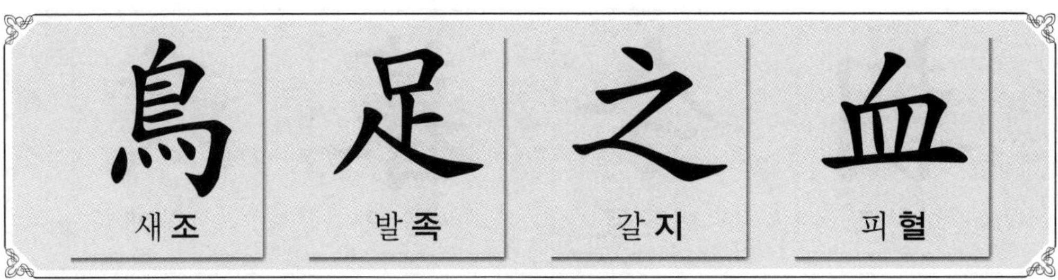

> **뜻** 새 발의 피, 곧 극히 적은 분량의 비유이다.

자원(字源)

- 篆字(전자)에는 🐦이니, **새** 모양을 본뜬 상형문자이다.

  鳥路(조로)　　鳥網(조망)　　鳥聲(조성)　　鳥獸(조수)　　鳥語(조어)

- 口(구)는 발가락을 합한 것이고, 止(지)는 발꿈치가 그치는 것이니, 즉 **발**이다.

  足部(족부)　　足鎖(족쇄)　　足掌(족장)　　足跡(족적)　　足下(족하)

- 篆字(전자)에는 止이니, 一(일)은 땅 위이고 屮은 초목의 움이 커 올라가는 것이다.

- 그릇(皿)에 담겨(丿) 있는 피이니, 이것은 옛날에 하늘에 제사시 제물로 바친 **피**를 뜻하는 것이다.

  血管(혈관)　　血色(혈색)　　血氣(혈기)　　血路(혈로)　　血書(혈서)

· 網 : 그물 망　　· 聲 : 소리 성　　· 獸 : 짐승 수　　· 鎖 : 자물쇠 쇄　　· 跡 : 자취 적
· 管 : 대롱 관

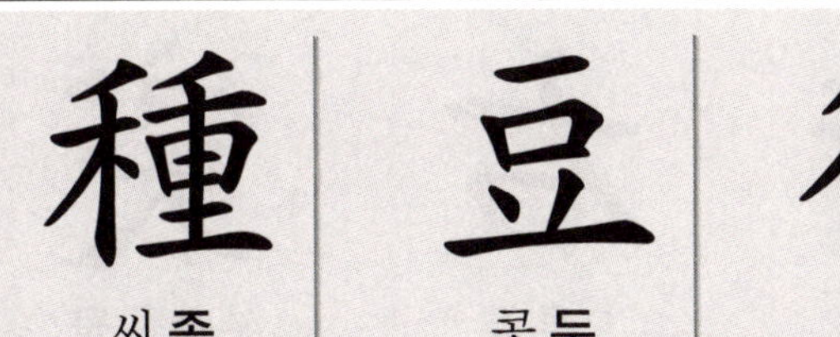

> **뜻** 콩 심은데 콩 난다는 뜻으로, 원인에 따라 결과가 생긴다는 말이다.

자원(字源)

- 禾(화)와 重(중)의 합자니, 귀중(重)한 벼(禾)알은 씨다.

種子(종자)　　種犬(종견)　　種豚(종돈)　　種目(종목)　　種馬(종마)

- 甲骨(갑골)에 보면 이것은 발 높은 나무그릇인데, 뒤에 **팥**이 란 뜻으로 假借(가차)되었다.

豆腐(두부)　　豆滿江(두만강)　　豆油(두유)　　豆粥(두죽)
豆太(두태)

- 彳(척)과 틝(득)의 합자니, 가(彳)서 취(틝)한 것은 **얻은** 것이다.

得勢(득세)　　得男(득남)　　得女(득녀)　　得病(득병)　　得喪(득상)

- 위에 기록함.

小豆(소두)　　大豆(대두)　　豆餅(두병)

•豚 : 돼지 돈　　•腐 : 썩을 부　　•滿 : 가득할 만　　•粥 : 죽 죽　　•勢 : 형세 세
•喪 : 초상 상　　•餅 : 떡 병

뜻 이리저리 닥치는 대로 찌르고 맞닥뜨린다.

자원(字源)

- 원래는 ナ 이것이 왼손인데, 또 工(공)자를 덧붙여서 오른손이 일하는 (工)데 도움을 주는 **왼손**이다.

左右(좌우)　　左側(좌측)　　左靑龍(좌청룡)　　左相(좌상)
左手(좌수)

- 行(행)과 重(중)의 합자니, 길(行)가던 사람이 이중(重)으로 됨은 즉 서로 **들어받는** 것이다.

衝突(충돌)　　衝擊(충격)　　衝動(충동)　　衝心(충심)　　衝天(충천)

- 원래 ナ(ヲ) 이것만으로도 **오른손**인데, 口(구)를 덧붙여서 입(口)에 밥을 떠 넣는 손이다.

右側(우측)　　右向(우향)　　右記(우기)　　右相(우상)　　右翼(우익)

- 개(犬)가 구멍(穴)에서 **튀어나오는** 것이다.

突擊(돌격)　　突入(돌입)　　突發(돌발)　　突然(돌연)　　突進(돌진)

•龍：용 룡　　•擊：칠 격　　•側：곁 측　　•翼：날개 익

晝 낮 주　　**耕** 갈 경　　**夜** 밤 야　　**讀** 읽을 독

> **뜻** 낮에는 농사짓고 밤에는 글을 읽는다는 뜻으로, 어렵게 공부함을 이르는 말이다.

자원(字源)

- 聿(율)과 旦(단)과 百(혼)의 합자니, 해가 뜰(旦) 때부터 질 때(百)까지 이(聿)동안은 **낮**이다.

晝夜(주야)　　晝耕夜讀(주경야독)　　晝間(주간)　　晝食(주식)

- 井(정)자로 구획된 밭은 쟁기(耒)로 **가는** 것이다.
  * 稼(가)는 곡식을 심는 것이고, 穡(색)은 곡식을 거두는 것이다.

耕作(경작)　　耕稼(경가)　　耕農(경농)　　耕讀(경독)　　耕牛(경우)

- 亦(역)과 夕(석)의 합자니, 저녁(夕)때로부터 또(亦) 오는 시간은 **밤**이다.

夜間(야간)　　夜行(야행)　　夜勤(야근)　　夜食(야식)　　夜深(야심)

- 言(언)과 賣(매)의 합자니, 다니면서 물건을 소리내어 파는(賣) 것처럼 글을 소리내어(言) **읽는** 것이다.

讀書(독서)　　讀經(독경)　　讀法(독법)　　讀本(독본)　　讀誦(독송)

•稼 : 심을 가　　•勤 : 부지런할 근　　•深 : 깊을 심　　•經 : 글 경　　•誦 : 외울 송

走 달아날 주　　馬 말 마　　加 더할 가　　鞭 채찍 편

뜻 달리는 말에 채찍질 한다는 뜻으로, 잘하는 사람을 더 잘하도록 격려함을 이르는 말이다.

 ## 자원(字源)

▪ 大(土)와 止(足)의 합자니, 발을 크게 벌려 **달아나**는 것인데, 음은 주다.
 * 목적을 취하려고 달려감은 趣(취), 급한 일을 위해서 달려감은 赴(부), 경건하게 달려감은 趨(추)다.

走行(주행)　　走狗(주구)　　走力(주력)　　走馬(주마)　　走破(주파)

▪ **말** 형상(馬)을 그린 상형문자다.

馬車(마차)　　馬耕(마경)　　馬具(마구)　　馬軍(마군)　　馬夫(마부)

▪ 力(력)과 口(구)의 합자니, 말하기가 쉽다고 말(口)에만 힘쓰(力)면 **더욱**더 말하게 되는 것이다.

加減(가감)　　加味(가미)　　加工(가공)　　加設(가설)

▪ 가죽(革)으로서 사람(亻)의 나쁜점을 고치(更)도록 **채찍질**하는 것이다.

鞭撻(편달)　　鞭擊(편격)　　鞭策(편책)　　鞭殺(편살)

• 狗 : 개 구　　• 破 : 쪼갤 파　　• 耕 : 갈 경　　• 減 : 덜 감　　• 撻 : 종아리 칠 달
• 擊 : 칠 격　　• 策 : 꾀 책

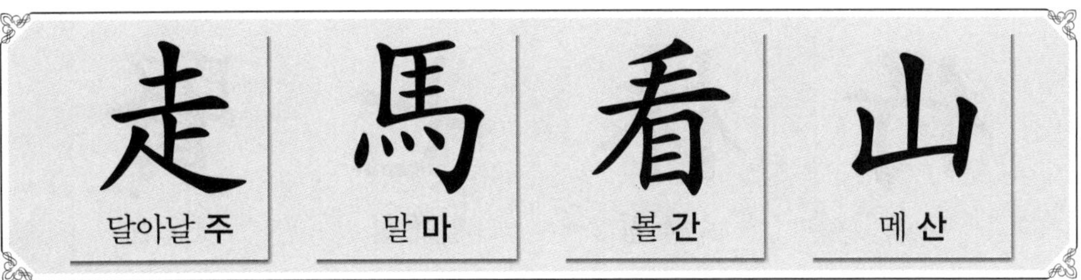

뜻 말을 타고 달리면서 산을 바라본다는 뜻으로, 바빠서 그냥 지나쳐 봄의 비유이다.

자원(字源)

- 大(土)와 止(足)의 합자니, 발(止)을 크게(大)벌려 **달아나**는 것인데, 음은 주다.

走狗(주구)　　走馬(주마)　　走者(주자)　　走破(주파)　　走筆(주필)

- 말 형상(馬)을 그린 상형문자다.

馬夫(마부)　　馬事會(마사회)　　馬上(마상)　　馬皮(마피)
馬草(마초)

- 手(수)와 目(목)의 합자니, 눈(目)에 손(手)을 얹고 목적물을 **보는** 것이다.

看守(간수)　　看護(간호)　　看護師(간호사)　　看山(간산)

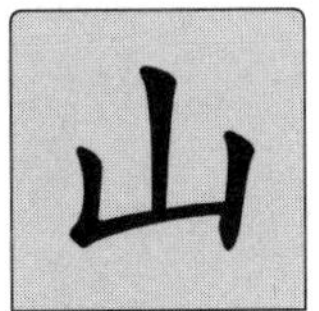

- 지평선 위에 솟아있는 세 산봉오리로 **산**을 상형(⋀⋀)한 글자이다.

山水(산수)　　山川(산천)　　山行(산행)　　山頂(산정)　　山景(산경)

• 狗 : 개 구　　• 破 : 쪼갤 파　　• 會 : 모을 회　　• 護 : 보호할 호　　• 師 : 스승 사
• 頂 : 이마 정　　• 景 : 경치 경

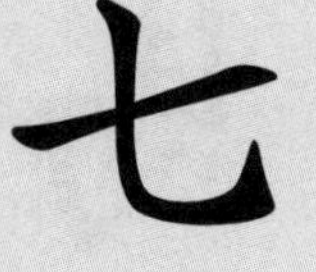

<table>
<tr><td>竹</td><td>林</td><td>七</td><td>賢</td></tr>
<tr><td>대 죽</td><td>수풀 림</td><td>일곱 칠</td><td>어질 현</td></tr>
</table>

뜻 魏(위)나라 말에서 晉(진)나라 초에 老莊(노장)의 허무사상을 숭상, 竹林(죽림)에 은거하여 名聞(명문)을 떠난 淸談(청담)을 일삼았던 7인의 隱士(은사), 곧 山濤(산도) 王戎(왕융) 劉怜(유령) 阮籍(완적) 阮咸(완함) 嵇康(혜강) 尙洙(상수) 등이다.

자원(字源)

- 대를 상형한 것인데, ㅅ은 잎이고, ㅣ은 줄긴데, **대**는 반드시 두 그루 이상이 같이 나기 때문에 이중으로 쓴 것이다.
  * 대(竹)가 두 개(二) 길이로 높이 올라간 것은 竺(축)이다.

  竹杖(죽장)　竹梅(죽매)　竹竿(죽간)　竹工(죽공)　竹馬故友(죽마고우)

- 나무(木)가 둘 이상이 모여서 **숲**이 된 것이다.
  * 林(림)은 木(목)의 다수가 모인 것을 말하고, 森(삼)은 그 중에서 높게 우뚝 솟은 것을 말한다.

  林間(임간)　林産(임산)　林地(임지)　林下(임하)　林泉(임천)

- 甲骨文(갑골문)에서는 十(십)인데, 이것은 切(절)의 本字(본자)로 물건이 잘려 둘이 되는 모양으로 가운데가 끊어지는 것을 말한다. 뒤에 十(십)자와 구별하기 위해서 小篆(소전) 때 七으로 바뀌었다.

  七夕(칠석)　七星(칠성)　七日(칠일)　七萬(칠만)　七千(칠천)

- 신하(臣) 곧 관리가 잡아야 할 보배(貝)는 **착한 마음**이다.

  賢者(현자)　賢人(현인)　賢君(현군)　賢相(현상)　賢友(현우)

• 杖 : 지팡이 장　• 竿 : 장대 간　• 産 : 낳을 산　• 泉 : 샘 천　• 星 : 별 성

 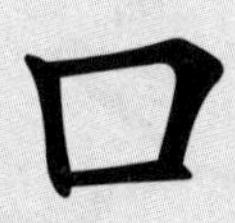 

衆	口	難	防
무리 **중**	입 **구**	어려울 **난**	막을 **방**

뜻 뭇 사람의 입은 막기가 어렵다는 뜻으로, 여러 사람이 서로 자기의 주장을 펼치니 조리있는 말로 상대하기가 어려움을 말한다.

자원(字源)

- 원래는 人(인)자 셋으로 썼으니, 三人(삼인) 이상이 모인 여럿인데, 뒤에 目(목)자를 붙여 썼다가, 또 血(혈)자를 붙였으니 눈이나(目) 피(血)를 가진 **무리**를 뜻한다.

衆口(중구)　　衆寡(중과)　　衆論(중론)　　衆生(중생)　　衆臣(중신)

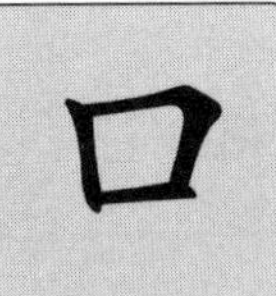

- 사람의 **입**을 상형한 것인데, 그것은 절구(臼) 같기도 하니, 음은 절구 구의 구다.

口鼻(구비)　　口碑(구비)　　口內(구내)　　口傳(구전)

- 莫(탄)은 菫(근)의 변체로서 黃(황)의 약자와 土(토)와의 합자로서 황토색의 아름다운 새(隹)는 구하기가 **어렵다**는 뜻이다.

難望(난망)　　難得(난득)　　難色(난색)　　難言(난언)　　難治(난치)

- 침해가 들어올 쪽(方)을 언덕(阜)처럼 굳게 **막는** 것이다.
  * 침해를 막는 것은 防(방), 빈 곳을 막는 것은 塞(색)이다.

防水(방수)　　防備(방비)　　防腐(방부)　　防沙林(방사림)
防川(방천)

• 寡 : 작을 과　• 鼻 : 코 비　• 碑 : 비석 비　• 望 : 바랄 망　• 備 : 갖출 비
• 腐 : 썩을 부

뜻
① 나이 쉰살을 달리 일컫는 말이다.
② 천명(天命)을 알 수 있는 나이를 말한다.

자원(字源)

- 矢(시)와 口(구)의 합자니, 과녁을 맞추는 화살(矢)처럼 진리에 맞는 말(口)은 **아는** 것이다.

知的財産權(지적재산권)   知識(지식)   知覺(지각)   知己(지기)

- 口(구)와 令(령)의 합자니, 말(口)로서 **명령**(令)하는 것이다.

命令(명령)   命宮(명궁)   命中(명중)   命名(명명)   命根(명근)

- 篆字(전자)에는 㞢 이니, 一(일)은 땅 위이고, 屮은 초목의 움이 커 올라**가는** 것이다.

- 원래는 벼 익을 때를 표준해서 禾(화)와 千(천)의 합자[秊]로 했으나, 지금의 글자는 남방을 표시하는 午(오)자에 一(일)로서 동서를 표시하고, 북동의 중간에 점을 찍어 입춘을 표시했으니 새해다.

年中(연중)   年初(연초)   年月(연월)   年歲(연세)   年上(연상)

• 的 : 과녁 적   • 財 : 재물 재   • 産 : 날 산   • 權 : 권세 권   • 覺 : 깨달을 각
• 宮 : 집 궁   • 初 : 처음 초   • 歲 : 해 세

290

知 알 **지** 　　足 만족할 **족**, 발 **족** 　　不 아니 **불** 　　辱 욕될 **욕**

자원(字源)

- 과녁을 맞추는 화살(矢)처럼 진리에 맞는 말(口)은 **아는** 것이다.

知見(지견)　　知己之友(지기지우)　　知德(지덕)　　知道(지도)
知名(지명)

- 口(구)는 발가락을 합한 것이고, 止(지)는 발뒤꿈치가 땅에 그치는 것이니, 발이다. 발이 動(동)하다가 그치는(止) 것은 욕심이 움직이다가 그치는 것이니, **만족**한 것이다.

足下(족하)　　足上(족상)　　足掌(족장)　　足球(족구)　　足跡(족적)

- 篆字(전자)에는 ⿱로 이니, 이것은 꽃봉오리라고 하니, 꽃이 아직 활짝 피지 **않은** 상태다.

不完全(불완전)　　不健全(불건전)　　不幸(불행)　　不然(불연)

- 辰(진)은 三(삼)월의 풀이 유약할 때고, 寸(촌)은 손으로 재는 치수라. 유약하다고 인격을 재니, **욕된** 것이다.

辱說(욕설)　　辱及父兄(욕급부형)　　辱交(욕교)

•掌：손바닥 장　　•跡：자취 적　　•健：굳셀 건　　•說：말씀 설

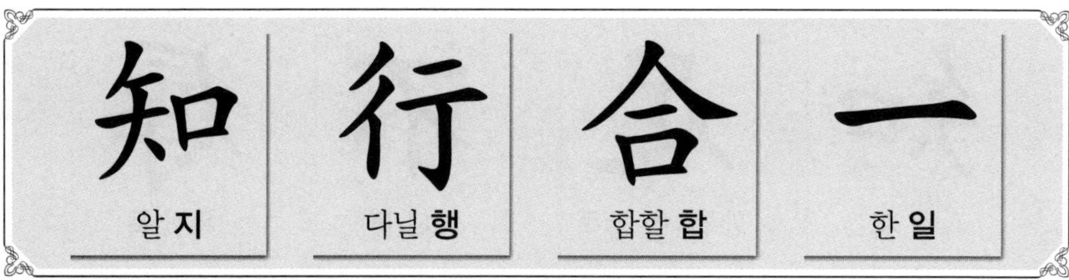

> **뜻** '지식과 행위는 표리 일체'라는 왕양명의 학설이다.

자원(字源)

- 과녁을 맞추는 화살(矢)처럼, 진리에 맞는 말(口)은 **아는** 것이다.

  知性(지성)　　知事(지사)　　知心(지심)　　知音(지음)　　知足(지족)

- 왼쪽 발(彳)과 오른쪽 발(亍)을 서로 옮겨서 **걸어가는** 것이다.

  行人(행인)　　行動(행동)　　行爲(행위)　　行政(행정)　　行實(행실)

- 甲骨文(갑골문)에는 佮이니, 위는 덮개고, 아래는 그릇이니, 뚜껑이 덮혀있는 그릇 모양이니, **합한** 것이다.

  合意(합의)　　合格(합격)　　合勢(합세)　　合力(합력)　　合計(합계)

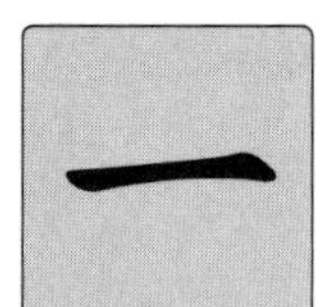
- 하나를 **하나**의 선으로 표시한 指事(지사)자이다.

  一等(일등)　　一位(일위)　　一萬(일만)　　一千(일천)

•性 : 성품 성　　•實 : 열매 실　　•勢 : 형세 세　　•計 : 셀 계

나갈 **진** | 물러갈 **퇴** | 모퉁이 **유**, 밧줄 **유** | 골 **곡**

> **뜻** 궁지에 몰려 앞으로 나갈 수도, 뒤로 물러갈 수도 없어 꼼짝하지 못함을 이른다.

자원(字源)

- 隹(추)와 辶(착)의 합자니, 참새(隹)가 뛰어가는(辶) 것은 **나아가는** 것이니, 참새는 앞으로 나아가기는 하지만 뒤로 물러가지는 못한다.

進前(진전)　　進一步(진일보)　　進甲(진갑)　　進攻(진공)
進士(진사)

- 그쳐(艮) 있어서 제자리로 가는(辶) 것은 **물러가**는 것이다.

退廳(퇴청)　　退位(퇴위)　　退去(퇴거)　　退軍(퇴군)　　退妓(퇴기)

- 糸(사)와 隹(추)의 합자니, 실(糸)을 가늘고 길게 미루어(隹) 나가는 것이니, 즉 **밧줄**이다.

維綱(유강)　　維新(유신)　　維舟(유주)　　維持(유지)
維歲次(유세차)

- 八은 산이 갈라진 것이고 口(구)는 그 속의 빈 골짜기를 말하니, **골**이다.

谷水(곡수)　　谷風(곡풍)　　谷線(곡선)　　谷神(곡신)　　谷玉(곡옥)

・前 : 앞 전　・攻 : 칠 공　・廳 : 대청 청　・妓 : 기녀 기　・綱 : 벼리 강
・持 : 가질 지　・歲 : 해 세

뜻 말과 안색을 살피다.

자원(字源)

- 宀(면)과 祭(제)의 합자니, 집(宀)에서 제사(祭)를 지낼 때는 불결한 것
  이 없게 자세히 **살피는** 것이다.

  * 깨끗하게 하기 위해 살핌은 察(찰)이고, 불간하기 위해 살핌은 審(심)이다.

  察見(찰견)　　察究(찰구)　　察納(찰납)　　察照(찰조)

- 言(언)자는 二(上)과 二(下)와 口(구)자의 합자니, 입(口)속의 혀를 위
  와 아래로 놀려서 **말하는** 것이다.

  言聲(언성)　　言語(언어)　　言者(언자)　　言志(언지)

- 雚(관)과 見(견)의 합자니, 올빼미(雚)는 어두운 밤에도 잘도 **보인(見)**
  다.

  觀客(관객)　　觀光(관광)　　觀念(관념)　　觀燈(관등)

- 𠂉(人)과 巴(巳)의 합자니, 사람의 마음에 있는 것이 병부(巳)처럼 맞
  게 얼굴에 나타나는 **빛**이다.

  色經(색경)　　色界(색계)　　色德(색덕)　　色魔(색마)

・納 : 드릴 납　　・照 : 비칠 조　　・燈 : 등불 등　　・經 : 경서 경　　・魔 : 마귀 마

294

> **뜻** 흐르는 물은 쉬지 않는다.

자원(字源)

- 본래는(巛) 이렇게 썼는데, 직선으로 변한 것이다.
  * 〈 (견)은 작은 도랑이고, 巜 (괴)는 좀 큰 도랑이고, 川(천)은 큰 물이 흐르는 내다. 그는 江(강)보다 얕은(淺) 내니, 음은 천이다.

  川谷(천곡)　　川獵(천렵)　　川邊(천변)　　川上(천상)

- 氵(水)와 㐬(류)의 합자니, 㐬(류)는 세워놓은 깃발이 아래로 늘어진 모습이다. 깃발이 아래로 늘어진 것 같이 물이 아래로 **흐르는** 것이다.

  流光(유광)　　流年(유년)　　流泳(유영)　　流馬(유마)

- 篆字(전자)는 𣎵이니, 이것은 꽃봉오리이니, 꽃이 아직 피지 **아니한** 것이다.
  * 不(불)자 뒤에 한글 ㅈ과 ㄷ이 오면 부로 읽어야 한다.

  不定(부정)　　不言(불언)　　不時(불시)　　不出(불출)

- 自(자)와 心(심)의 합자니, 自(자)는 鼻(비)로, 古人(고인)들은 사람이 호흡할 때 가슴속(心) 깊은 곳에서부터 코(自)로 나온다고 여겼다. 따라서 息(식)의 본의는 호흡인데, 인신(引申)되어 「**쉬다**」의 뜻으로 되었다.

  息利(식리)　　息錢(식전)　　息災(식재)　　息土(식토)

• 獵 : 수렵할 렵　　• 泳 : 헤엄칠 영　　• 錢 : 돈 전　　• 災 : 재앙 재

뜻 관가에서 출세하거나 사업이 순조로워 득의양양한 모습이다.

자원(字源)

- 원래는 풀(艸)이 땅속에서 싹터서(屯) 나는 때(日)는 봄이라 둔초일(屯艸日)의 합자로 썼던 것인데, 뒤에 위대(大)한 태양(日)이 따뜻하게 떠오르는(二) 때인 **봄**이다.

春日(춘일)　　春花(춘화)　　春夏(춘하)　　春心(춘심)

- 凡(범)과 虫(충)의 합자니, 모든(凡) 생물(虫)이 숨쉬고 사는데 필요한 유동하는 공기 즉 **바람**이다.

風霜(풍상)　　風勢(풍세)　　風流(풍류)　　風吟(풍음)

- 彳(척)과 㝵(득)의 합자니, 가서(彳) 취한(㝵) 것은 **얻은** 것이다.
 *득(得)은 운명적으로 얻어지는 것, 획(獲)은 자주적으로 얻어지는 것.

得意(득의)　　得官(득관)　　得子(득자)　　得女(득녀)

- 音(음)과 心(심)의 합자니, 마음(心)의 **뜻**을 음성(音)으로 나타내는 것.

意見(의견)　　意思(의사)　　意志(의지)　　意息 (의식)

•霜 : 서리 상　　•息 : 쉴 식

296

沈	默	寡	言
잠길 **침**	잠잠할 **묵**	적을 **과**	말씀 **언**

뜻 조용하고 말이 없다.

자원(字源)

- 氵(수)와 冘(용)의 합자니, 물(氵)이 덮였으니(冘) **잠긴** 것이다.

  沈默(침묵)　　沈潛(침잠)　　沈降(침강)　　沈屈(침굴)

- 黑(흑)과 犬(견)의 합자니, 사람만 보면 짖는 개(犬)가 암흑(黑)한 밤에는 사람이 안보이니, **잠잠히** 있는 것이다.

  默記(묵기)　　默念(묵념)　　默思(묵사)　　默言(묵언)

- 宀(면)과 頒(반)의 합자니, 무엇이나 나누어준(頒) 집(宀)에는 물건이 **적은** 것이다.

  *나누어 적어진 것은 寡(과)고, 분량이 적은 것은 小(소)고, 수량이 적은 것은 少(소)다.

- 言(언)자는 二(上)과 二(下)와 口(구)자의 합자니, 입(口)속의 혀를 위와 아래로 놀려서 **말하는** 것이다.

  言辭(언사)　　言色(언색)　　言語(언어)　　言謂(언위)

・潛 : 잠길 잠　　・辭 : 말씀 사　　・謂 : 이를 위

뜻 관문을 닫고 외부와 단절하다.

자원(字源)

- 甲骨文(갑골문)에는 才(재)를 十(십)으로 썼으니, 문(門)을 **잠그는** 빗장 이다. 출입을 폐하니, 음은 폐다.

  閉門(폐문)　　閉講(폐강)　　閉居(폐거)　　閉會(폐회)

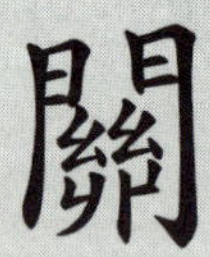

- 門(문)과 絲(관)의 합자니, 두 쪽문(門)에 빗장을 꿰(絲)어서 잠그는 것 이다. 국경을 드나드는 관문역할을 하니, **관계**하는 곳이다.

  關鍵(관건)　　關係(관계)　　關內(관내)　　關稅(관세)

- 원래 코를 본떠서 만든 鼻(비)자였는데, 뒤에 **스스로** 자로 假借(가차) 되었다. 코는 **스스로** 숨을 쉰다.

  自主(자주)　　自身(자신)　　自立(자립)　　自成(자성)

- 법도(寸)로서 가정(宀)을 **지킨**다.

  守城(수성)　　守勢(수세)　　守門(수문)　　守舊(수구)

· 講 : 강할 강　　· 會 : 모일 회　　· 鍵 : 자물쇠 건　　· 稅 : 세금 세　　· 舊 : 옛 구

廢	寢	忘	食
폐할 폐	잘 침	잊을 망	먹을 식

뜻 침식을 잊다.

자원(字源)

- 广(엄)과 發(발)의 합자니, 집(广)을 쏘아(發) 나간 화살처럼 **쓰지않고** 내버려둔 것이다.
  * 떨어진 것은 敝(폐)고, 닫혀진 것은 閉(폐)다.
  廢人(폐인)　　廢車(폐차)　　廢家(폐가)　　廢擧(폐거)

- 宀(면)과 爿(장)과 킁(침)의 합자니, 집(宀)에 침대(爿)가 있는 깊은(킁) 곳, 즉 **침실**이다.
  寢具(침구)　　寢門(침문)　　寢房(침방)　　寢牀(침상)

- 亡(망)과 心(심)의 합자니, 마음(心) 위에는 기억이 **없어진**(亡) 것이다.
  忘機(망기)　　忘恩(망은)　　忘形(망형)　　忘吾(망오)

- 人(인)과 良(량)의 합자니, 사람(人)에게 가장 좋은(良) 것은 **먹는** 것이다.
  食客(식객)　　食口(식구)　　食堂(식당)　　食糧(식량)

• 擧 : 들 거　　• 寢 : 잘 침　　• 機 : 기틀 기　　• 糧 : 양식 량

避 피할 **피**　重 무거울 **중**　就 나갈 **취**　輕 가벼울 **경**

뜻 쉬운 일만 찾아 한다.

자원(字源)

- 辟(벽)과 辶(착)의 합자니, 남에게 보이지 않도록 막아(辟) 가는(辶) 것이다. 즉, **피하는** 것이다.
 * 보이지 않게 함은 避(피)고, 잡히지 않게 하는 것은 免(면)이다.

避難(피난)　　避亂(피난)　　避暑(피서)　　避世(피세)

- 臿(삽)과 土(토)의 합자니, 삽(臿)으로 흙(土)을 뜨니 **무거운** 것이다.

重要(중요)　　重職(중직)　　重責(중책)　　重點(중점)

- 京(경)과 尤(우)의 합자니, 더욱(尤) 나은 서울(京)로 **나아가**는 것이다.
 * 就(취)는 나아간 곳에만 있는 것이고, 進(진)은 나아가기만 하는 것이다.

就業(취업)　　就任(취임)　　就職(취직)　　就學(취학)

- 車(차)가 물이 내려가듯(巠) **가볍게** 가는 것이다.

輕減(경감)　　輕車(경차)　　輕重(경중)　　輕量(경량)

• 職 : 직분 직　　• 暑 : 더울 서　　• 點 : 점 점　　• 任 : 맡길 임　　• 減 : 덜 감
• 量 : 헤아릴 량

참고문헌

- 「說文字典」柳正基「아세아 문화사 88.」

- 「篆刻字林」三正新三「山田印刷所, 昭和 55」

- 「說文解字注」漢 許愼, 淸 殷玉裁 · 民國, 魯 實先「海王印刷有限公司」中華民國 63.

- 「고사성어 · 숙어 · 대백과」오문영「동아일보사 1994」

- 「東方文字뿌리」陳泰夏「이화문화출판사」1996.

- 「漢字探源」王延林 · 李淸華「이화문화출판사」1996.

- 「新大字典」金星文化史 編輯局「金星文化社」1990.

- 「綜合大玉篇」김산웅「양문출판사」1986.

- 「동아새국어사전」권태명「동아출판사」1989.

● 한자완전정복 ●

자원고사성어

초판 인쇄 : 2009年 11月 26日
초판 발행 : 2009年 11月 30日

저   자 : 전규호(全圭鎬)
발행자 : 김동구(金東求)
발행처 : 명문당(1923. 10. 1 창립)
서울시 종로구 안국동 17~8
우체국 010579-01-000682
 Tel (영)733-3039, 734-4798
      (편)733-4748 Fax 734-9209
Homepage : www.myungmundang.net
E-mail : mmdbook1@kornet.net
등록 1977.11.19. 제1~148호

• 낙장 및 파본은 교환해 드립니다.

• 불허복제

값 15,000원
ISBN 978-89-7270-938-1 03720